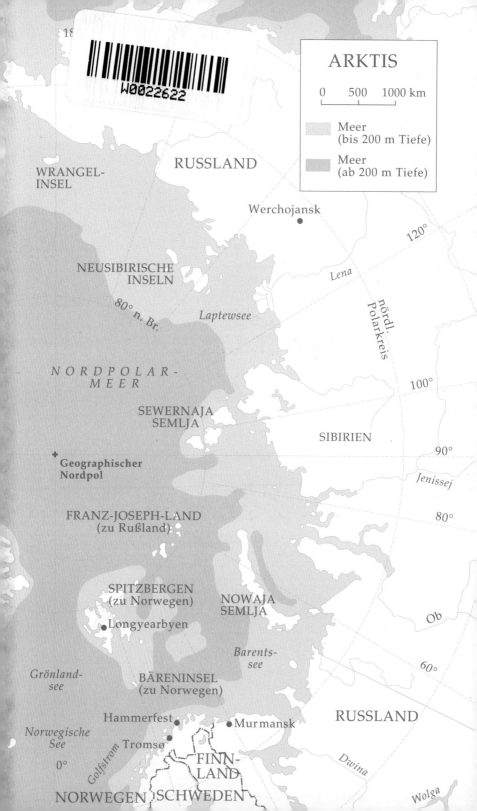

Birgit Lutz · Unterwegs mit wilden Kerlen

Birgit Lutz

Unterwegs mit wilden Kerlen

Eine Frau erobert die Arktis

btb

Verlagsgruppe Random House FSC-DEU-0100
Das für dieses Buch verwendete
FSC®-zertifizierte Papier *Munken Premium*
liefert Arctic Paper Munkedals AB, Schweden.

1. Auflage
Copyright © 2012 by btb Verlag
in der Verlagsgruppe Random House GmbH, München
Vorsatzkarte: Astrid Fischer-Leitl
Wegskizzen: Peter Palm
Satz: Uhl + Massopust, Aalen
Druck und Einband: GGP Media GmbH, Pößneck
Printed in Germany
ISBN 978-3-442-75340-6

www.btb-verlag.de

Gewidmet Katharina und Josef Lutz,
die einen viel weiteren Weg gegangen sind
und uns ein liebendes Herz mitgegeben haben.

»Unbeschreibliche Einsamkeit lag über diesen
Schneegebirgen, welche der Dämmerungsbogen im Süden
und der Mond gleichmäßig schwach erleuchteten.
Wenn das Strandeis nicht durch Ebbe und Flut ächzend und
klingend erhoben wurde, der Wind nicht seufzend über
die Steinfugen dahinstrich, so lag die Stille des Todes über der
geisterbleichen Landschaft. Wir hören von dem feierlichen
Schweigen eines Waldes, einer Wüste, selbst einer in Nacht
gehüllten Stadt. Aber welch ein Schweigen liegt über
einem solchen Lande und seinen Gletschergebirgen,
die in unerforschlichen, duftigen Fernen sich verlieren,
und deren Dasein ein Geheimnis zu bleiben schien
für alle Zeiten.«

Julius Payer

Inhalt

Wie ich Poliarnitsa wurde	11
Das arktische Virus	21
Traktor rabotet	31
Haben Sie ein Gerät für Frauen?	43
Rettung aus dem Eis	51
Als Igor Stille Nacht sang	63
Ein Herz für Poliarniks	73
Bamsemums	87
Plackerei im Packeis	95
Mit Heidi im Nordmeer	111
Eklat im Eis	127
Echte Helden – mit Peary am Pol	135
Die Arktis ist gerecht	143
Und was ist mit dem Klima?	151
Die Schnecke in mir	161
Ein Mann für jede Sportart	171
Wind essen Willen auf	183
Im Dunkeln zum Pol	191
Zu dritt am Ziel	199
Sturz ins Wasser	207
Der nördlichste Zeltplatz der Welt	217
Vom Nachhausekommen	227
Epilog	237
Glossar	241
Wegskizzen	265
Danke	269
Bildnachweis	272

Wie ich Poliarnitsa wurde

Es muss schnell gehen, sagt Victor. Erinnere dich! Wir machen es so wie im Winter, wenn wir Teams aufs Eis setzen, du darfst die Leute nicht weglaufen lassen.

Wir stehen in einem Helikopter. Passagiere um uns, dicht gedrängt. Dies ist ein Rettungsflug. Ohne Victor wären wir auf einer arktischen Insel eingeschlossen. Weil die Brandung zu hoch ist für unsere Schlauchboote, die uns zu unserem Schiff bringen sollten. Victor, gerade auf einem anderen Schiff unterwegs, hilft mit dem Hubschrauber aus. Der nicht mehr viel Treibstoff hat. Sie werden uns an einem Küstenstreifen rauswerfen, an dem die Wellen niedriger sind. Unsere Schlauchboote werden hinterherfahren und uns von dort abholen. Der Helikopter berührt den Boden. Los, sagt Victor. Ich springe hinaus. Wir helfen den Passagieren die Stufen hinunter. Sie müssen sich niederkauern, direkt am Helikopter, Rücken zum Hubschrauber. Hier ist der Abwind am geringsten. Alle draußen. Ein kurzer Blick. Victor hebt die Hand, Daumen nach oben. Mit den Lippen formt er: Molodez! Was hier so viel heißt wie: Gut gemacht! Der Heli steigt auf, weg sind sie. Der Herzschlag kann wieder langsamer werden. Das ist der arktische Sommer.

Der Bär ging durch das Tor. Im Wortsinn. Wenn Bären etwas wollen, finden sie einen Weg. Bob Windsor steht vor den Trümmern. Wie in einem Comic hat ein Eisbär einfach den direktesten Weg genommen. Hinein in die Recyclingstation des Krankenhauses, durch das Metallrolltor hindurch. Bob ist der Chef der Eisbärenpolizei von Churchill, an der kanadischen Hudson Bay. Er kratzt sich am Kopf. Ich glaube, ich weiß, welcher Bär das war, sagt er. Der ist schon eine Weile hier unterwegs. Es wird Zeit, dass wir ihn fangen. Bob nimmt mich mit hinaus zum Eisbärgefängnis. Hinein darf ich nicht, die Bären darin sollen keine Menschen sehen, sollen sich nicht an sie gewöhnen. Es ist nicht ihre Schuld, dass sie in dem Gefängnis sind. Die Bären waren vorher hier, an der Hudson Bay. Die Menschen haben den Fehler gemacht, eine Siedlung mitten in den Wanderweg der Bären zu bauen. Nun ist es Bobs Job, Bären und Menschen voreinander zu schützen. Deswegen stellen er und seine Wachen Eisbärfallen auf. Patrouillieren rund um den Ort. Und fast alle Einwohner tragen Waffen. Durch die Blechwand des Gefängnisses dringt ein Scharren nach draußen. Ein leises Schnauben. Seit es die Bärenpolizei gibt, müssen nur noch sehr selten Bären erschossen werden. Der letzte für einen Menschen tödliche Eisbärangriff in Churchill war 1983. Darauf sind die Männer stolz. Bob hängt einen Riesenlappen Fleisch in eine Metallröhre, eine Lebendfalle. Das ist der arktische Herbst.

Es ist dunkel. Die Schwärze frisst an der funzeligen Lampe, 50 Meter entfernt. Keine Sterne, kein Mond. November in Spitzbergen. Dort drüben: das Toilettenhäuschen. Hinter mir: eine Hütte, aus der ein Duft nach Grillfleisch dringt. Zehn Kilometer außerhalb von Longyearbyen. Wenn ich ein Eisbär wäre … Also renne ich. Durch den tiefen Schnee. Am Toilettenhäuschen angekommen, klopft das Herz wie verrückt. Auf dem Rückweg das gleiche Spiel. An der Hütte drehe ich mich um. Langsam, ganz langsam kriecht ein schwaches grünes Licht über den Himmel. Polarlicht. Schnell geht der Atem, kleine Dampfwölkchen steigen auf, der grünliche Schimmer wandert über den Himmel, im Dunkeln, ganz allein, für mich. Das ist der arktische Winter.

Das Eis singt. Wenn die Ski darübergleiten, spricht es. Es sagt, ob es dick oder dünn ist, alt oder jung. Man muss nichts sehen. Der Klang erklärt den Untergrund. Das Singen des Eises, an Tagen mit wenig Wind ist das die Melodie des Polarfahrens. Der Himmel, so hell. Die Welt, gemalt in zwei Farben, weiß und blau. Der Schlitten bleibt hängen, zwischen zwei Eisblöcken. Die Seile spannen sich, der Hüftgurt drückt auf die Knochen, die Skistöcke bohren sich ins Eis. Druck, mehr Druck, noch mehr Druck. Nachgeben. Ausatmen. Schwung holen. Die Jungs rufen, los, los, gleich hast du ihn! Mit Gewalt in die Seile stürzen. Knirschen. Druck auf die Arme, in die Schlaufen. Ein Schrei muss raus, so viel Druck. Der Schlitten kommt. Endlich. Das hundertste Hindernis überwunden. Ich falle nach vorn in den Schnee. Das mit der Kräftedosierung habe ich immer noch nicht raus. Die Jungs stützen sich auf ihre Skistöcke und lachen schallend, ich lache. So viel Leben in den Adern. Das ist der arktische Frühling.

In Momenten wie diesen liegt die Antwort. Manchmal fragen mich Menschen, warum ich immer wieder dorthin muss. Ob es nicht langsam langweilig wird oder zu anstrengend, immer dieses Eis, immer diese Kälte. Und wie das überhaupt alles so gekommen ist. Es liegt an Augenblicken wie diesen. Seit ich zum ersten Mal dort oben war, muss ich immer wieder los. Das Leben dort ist so völlig anders. Diese Erlebnisse, sie machen süchtig – wenn man einmal angefangen hat damit, kann man nicht mehr aufhören.

Eis ist niemals langweilig. Manche Menschen sagen, irgendetwas ist hier oben. Eine Kraft, eine Energie. Das klingt esoterisch. Aber ich steige in Spitzbergen aus dem Flugzeug und bin wach, voller Leben, ganz anders am Leben als in München. Es ist, als würde etwas in mir angeknipst. Klingt das verrückt?

Wo ich dann hingehe, da sind nicht viele Menschen, und Frauen noch weniger. Es ist kalt, es ist ungemütlich, es ist mitunter lebensgefährlich. Es ist wunderschön. Es ist eine raue Umgebung, und meistens begegne ich dort nur Männern. Ich nächtige gemeinsam mit fünf Russen in einem Zelt in einer Eisstation. Starte mit vier Männern zu einer Expedition zum Nordpol. Fliege stundenlang im Hubschraubercockpit über das Eis. Fünf Jahre bin ich nun so in der hohen Arktis unterwegs, auf Schiffen, mit Skiern, in Frachtflugzeugen und Hubschraubern.

Kurioserweise sind die meisten Männer, je rauer die Umgebung wird, umso höflicher. Die wildesten Kerle sind oft die zurückhaltendsten. Vielleicht, weil die schon erlebt haben, wie zäh Frauen sein können. Vielleicht, weil sie einfach mehr in sich ruhen, souveräner sind. Jemand, der Jahre seines Lebens durchs Eis marschiert ist, braucht vielleicht keine Sprüche mehr, um seine Männlichkeit zu beweisen.

Warum fährst du da schon wieder hin, werde ich oft gefragt. Es geht darum, immer unterwegs zu sein, es geht ums Draußensein, ums Frohsein. Es ist so viel mehr als nur das Eis, das einen immer wieder hinaufzieht. Diese eisige, wundervolle Wüste ist angefüllt mit so vielen Dingen, wenn man es einmal in sie hinein geschafft hat. Die Vorbereitungen für diese Reisen beginnen meistens Monate vorher. Wenn ich als Journalistin unterwegs bin, ist die Vorbereitung am einfachsten. Wenn ich aber als Mitglied des Expeditionsteams an Bord eines Eisbrechers unterwegs bin, beginnt alles damit, rund um den Globus mit den Kollegen abzusprechen, wer welche Vorträge halten wird. Dann wühlt man sich durch tausende neue Fotos, die man aus der letzten Saison mitgebracht hat, liest noch einmal in den alten Abenteuergeschichten, erweitert die Vorträge, die man schon vorbereitet hat, bewegt sich tagelang im Geiste dort oben. Und freut sich. Die Ski-Expeditionen beginnen noch früher: mit hartem Training. Mit dem monatelangen Feilen an der Ausrüstung. Mit dem Abwiegen des Essens. Die Freude wächst, und auch der Respekt. Der aufgeregte Schauder, wenn man daran denkt, wo man bald sein wird. Und es wächst vor allem das Gefühl, in einem Netz aus Freunden eingewoben zu sein, die um die ganze Welt verstreut sind und trotzdem gerade mit dem Gleichen beschäftigt sind. Die das Gleiche wollen. Losziehen. Hinauf. Dorthin, wo die Sonne nie untergeht.

Und wenn ich dann, nach so langem Kreisen der Gedanken um einen Ort, nach so vielem Lesen der alten Geschichten von Abenteurern, Entdeckern und Pionieren, irgendwann tatsächlich dort stehe, dort, wo kaum jemand hinkommt, an einem Ort, der bisher nur in alten Büchern existiert hat – dann könnte ich hüpfen und tanzen und weinen, alles gleichzeitig. So ging es mir, als ich zum ersten Mal am Kap Norwegen stand, wo Fridtjof Nansen 1895 überwinterte. Es ist, als würde man eine Zeitreise machen, als würde man, wie in der »Unendlichen Geschichte«, hineintauchen in ein aufregendes Buch. In eine Welt, die es eigentlich gar nicht gibt und die man jetzt geschenkt bekommen hat. Und ich konnte nicht glauben, dass ich wirklich dort war.

Wer im arktischen Eis immer nur die kalte Wüste sieht, dem wird sich diese Welt nie öffnen. Für alle anderen wird die Kargheit der arktischen Landschaft bei Weitem wettgemacht, durch all die Geschichten, die der Mensch schon in sie hineingeschrieben hat. Und durch die tapferen, zähen Lebewesen, egal ob Tiere oder Pflanzen, die sich an diese harte Welt angepasst haben. In einem saftigen, vor Leben strotzenden Dschungel sehen wir die kleinen Blüten nicht mehr, die winzigen Einzelheiten, wir werden überflutet mit Eindrücken, Gerüchen, alle Sinne haben zu tun und werden darüber stumpf. Die Eislandschaft hat den gegenteiligen Effekt. Unsere Sinne werden geschärft, Kleinigkeiten werden groß, die kleinsten Blümchen auf einem Platz, den das Eis freigelassen hat, werden bewundert, bejubelt, mit größter Dankbarkeit begrüßt. Man wird still, von Frieden und Freude erfüllt. Eingehüllt in Daunen fühlt man sich klein, so klein, gegenüber einer zarten Blume, die schutzlos diesen Gewalten trotzt. Der Mensch, begreift man, ist das schwächste aller Lebewesen.

Eines hat auf meinen Reisen immer das andere gegeben, auf jeder ist wieder etwas Neues entstanden. Du hast das, was man braucht, hier oben, sagt Victor einmal zu mir, auf der Brücke eines Eisbrechers, auf der ich seit Stunden stehe und mit dem Fernglas das Eis nach Bären absuche. Die Arktis, sie hat mich Geduld gelehrt, viel Geduld, und noch mehr Dankbarkeit. Aus dir wird noch eine richtige Poliarnitsa. Poliarniks, das sind im Russischen die Männer, die sich aufmachen zum Pol – und Poliarnitsas eben die Frauen.

Zu meiner Münchner hat sich langsam eine neue Welt gefügt. Das Hin- und Herwandern zwischen diesen Welten fällt mir manchmal leicht, manchmal schwer. Manchmal ist es schwierig wegzufahren, und manchmal ist es noch viel schwieriger wieder nach Hause zu kommen. Frauen in meinem Alter bekommen Kinder, bauen Nester, verbinden sich auf eine Art immer enger mit dem Ort, an dem sie leben, mit Häusern, Eigentumswohnungen, Kindergärten, Krabbelgruppen. Mein Leben ist anders. Es dreht sich im Großen und Ganzen immer um die nächste Reise nach Norden. Ich weiß gar nicht mehr, wie mein Leben war ohne das Eis.

Manche Menschen inspiriert das. Einmal hat mir ein mehr als 70 Jahre alter US-Amerikaner einen Brief geschrieben. Der Vortrag über meine Ski-Expedition habe ihn dazu gebracht, sich ein Fahrrad zu kaufen und viel weniger mit dem Auto zu fahren. Er radelt jetzt regelmäßig, und als Trainingsziel will er einen ziemlich langen Radwanderweg in Colorado in Angriff nehmen. Weil ich gesagt hatte, man müsse es eben einfach mal machen. Das, was man will.

Manche Menschen provoziert es auch. Vielleicht, weil ich der Gegenentwurf bin. Weil ich denen ein schlechtes Gewissen mache, die sich einreden wollen, dass man bestimmte Träume eben einfach nicht verwirklichen kann. Aber wie traurig wäre das Leben, wenn man daran nicht glauben könnte!

Manche Menschen irritiert es auch, was ich da mache – vor allem, wenn sie all die Bilder sehen, die ich aus dem Eis mitbringe. Auf denen ich mit bärtigen Männern in Hubschrauber steige, im Eis stehe, in Zelten sitze.

Wild sieht das aus, aber so wild ist es oft gar nicht, und manchmal geradezu herzerwärmend. Wenn mir urplözlich in einem Zelt voller fremder russischer Piloten ein Ständchen gesungen wird, zum Beispiel. Wahrscheinlich ist dieser abwartende und leicht distanzierte Respekt, der mir allermeistens entgegengebracht wird, eine ganz natürliche Reaktion: Je weiter man sich von der Zivilisation entfernt, umso weniger Regeln gibt es. Gleichzeitig trägt aber jeder Einzelne einen viel größeren Teil dazu bei, durch sein Verhalten Regeln und Funktionsmechanismen für diese kleine, im Eis zusammengefundene Gesellschaft zu definieren.

Während ich das schreibe, mit Blick über das Adventdalen auf Spitzbergen, hat in München der Sommer begonnen. Freunde schreiben mir, warum zum Teufel ich nach diesem langen Winter immer noch in der Kälte sitzen will. Hier hat gestern Abend ein Polarfuchs an meinem Fenster herumgeschnuppert. Das hat mir zugegeben einen halben Herzinfarkt eingebracht, weil ich ohne Kontaktlinsen mal wieder nicht gesehen habe, was oder wer es ist, der sich da bewegt – und die Vorstellung, gleich einen Eisbären im Bett sitzen zu haben, nicht gerade meinem Bild von einem perfekten Abend entspricht. Als ich dann die Brille auf der Nase hatte, habe ich mich über den Besuch aber gefreut. Dem Fuchs dabei zugeschaut, wie er auf dem Schneehaufen vor dem Fenster herumscharrte. Und immer wieder zu mir hereinschaute, bevor er wieder auf den Hügel hinauflief, in seinem weiß-braunen Fell, das langsam schon die Sommerfarbe annimmt. Heute Morgen lag der Schnee vor der Tür anderthalb Meter hoch. Wir mussten durchs Fenster nach draußen steigen und ihn wegschaufeln. Die Sonne sinkt noch unter den Horizont, aber es wird nicht mehr dunkel, das Licht wird nur weicher, blauer.

Die Isarkiesel können warten. Ich bin richtig hier, in dieser blauen, einfachen, aufregenden, wundervollen Welt, und ich weiß jetzt schon, wie schwer mir der Abschied fallen wird. Das Herz wird mir schwer, jedes Mal, wenn ich wieder Richtung Süden fliege. Und immer bin ich froh, dass es schon den nächsten Plan gibt, das nächste Tor nach Norden.

Nur manchmal, wenn ich sechs Wochen auf einem Schiff zubringe und die einzige Abwechslung meiner Garderobe in der Wahl zwischen einer dünnen und einer dicken Skitourenhose besteht, dann stelle ich mir doch vor, wie es ist, ein leichtes Sommerkleid überzuziehen und barfuß einen warmen Strand entlangzulaufen oder über eine Blumenwiese. Ich denke nicht, dass sich das einer der wilden Kerle wünscht.

Longyearbyen, April 2011

Das arktische Virus

Arktischer Ozean, August 2007
Mit der Yamal zum ersten Mal zum Nordpol

Es kracht. Das Schiff ruckelt. Geschirr scheppert. Holla, sagt
Sepp. Sind wir schon im Eis?

Wir sitzen noch beim Abendessen, auf der Yamal, dem
russischen Atomeisbrecher. Auf dem Weg von Murmansk
zum Nordpol. Sepp zieht die Vorhänge des Speisesaals zur
Seite. Eine Eisscholle treibt vorbei. Schnell die Kamera,
Jacke, Treppe hinauf, springend. Bis auf das oberste Deck,
über der Brücke. Atemlos im Abendlicht. Neugierig, aufgeregt, so gespannt. Der Atem bildet kleine Wölkchen. Alles
ist anders auf einmal. Das Licht, das Wasser, die Luft. Es ist
kalt.

Wir fahren durch Gold. Der Polartag hat begonnen. Die
Sonne steht tief über dem Horizont, aber sie versinkt
nicht mehr. Sie strahlt durch den Dunst, taucht das Wasser, den Nebel, die Luft in ein weiches, warmes Gold, mit
einem Glanz wie aus dem Kindermalkasten. In der feuchten Luft glitzert es. Einfach so. Als führen wir durch eine
geschmückte Weihnachtsgasse auf den Pol zu. Minutenlang
kann man nur dastehen, schauen, schauen, schauen, nicht
einmal fotografieren. Kann man so ein Licht fotografieren?

Langsam beginnen sich in dem Nebel Konturen zu formen. Helle Umrisse, ungleichmäßige Formen. Eisschollen. Nass, schwer, kalt liegen sie im Wasser. Wir passieren diese Eisinseln, die still weiterziehen, nach Süden. In wärmeres Wasser. Und dort schmelzen. Immer mehr werden es. Der Kapitän lenkt seinen Eisbrecher durch dieses Mosaik aus Wasser und Eis.

Wenn die Stahlhaut eine Scholle streift, durchdringt ein hohles Kratzen das Schiff. Ich blicke zurück. Die schaumige Schiffsspur, sie führt nicht mehr schnurgerade dahin, sie macht jetzt ein Zickzack. Ein Eisbrecher fährt so wenig wie möglich durch Eis, sagt der Kapitän später zu mir. Er fährt so lange es geht um das Eis herum.

Die Schollen schaukeln. Das Eis knistert. Eis, das nach Süden zieht. Julius Payer, der große Entdecker und Polarforscher, schreibt 1872 in sein Tagebuch, es gebe wohl kein melancholischeres Bild als dieses flüsternde Hinsterben des Eises: »Langsam, stolz wie eine Festung, zieht die ewige Reihenfolge weißer Särge dem Grabe zu, in der südlichen Sonne.« Wie gut diese Beschreibung passt. Die Schollen liegen nicht einfach nur im Wasser. Ihr langsames Dahindriften wirkt seltsam erhaben. Es rührt an mein Herz, dieses Bild.

Das Meer hat seine Farbe verändert. War es gestern und auch heute Morgen noch grünlich, ist es jetzt schwarz. Ein dunkles, kaltes Schwarz. Wir haben die Schelfgebiete der Barentssee verlassen und befinden uns nun im Arktischen Ozean. Mehr als 4000 Meter ist das Meer hier tief. Der Golfstrom, hier ist er kaum noch zu spüren. Jene Meeresströmung, die uns in Europa das warme Klima beschert. Gestern Nachmittag konnten wir noch in der Sonne sitzen, an einem windgeschützten Fleck an Deck. 15 Grad hatte es dort. Mit dem Herausfahren aus der warmen Strömung ist die Temperatur innerhalb weniger Stunden auf den Gefrierpunkt gesunken. Eine eindrucksvolle Klimastunde.

Es kracht. Die Yamal erzittert. Ich greife nach dem Geländer. Die Schollen, es werden immer mehr. Sepp, Österreicher, als Dozent für Geologie an Bord, kommt mir hinterher. Mit einem riesigen Teleobjektiv. Seit Jahren macht er diese Touren. Schweigend stehen wir lange da und staunen die Welt an. Das erste Eis ist doch immer was Besonderes, sagt er irgendwann. Dann schweigen wir weiter. Stehen im Windschatten der hohen Reling und beobachten, wie das Eis immer dichter und dichter wird. Wir sollten einen Schnaps trinken, sagt Sepp als Nächstes. Das sollten wir, sage ich.

Die Yamal, sie ist ein wunderbares Schiff. Schiff allerdings darf man zu ihr nicht sagen, auch das lerne ich später noch vom Kapitän. Sie ist ein Eisbrecher. Und ein Eisbrecher ist ein Eisbrecher ist ein Eisbrecher. Kein Schiff. Mit diesem Eisbrecher also, angetrieben von zwei Atomreaktoren, reisen normalerweise keine Passagiere. Sondern Seeleute. Und die machen keine lustigen Seefahrten. Sondern ernsthafte Arbeit. Der Job der Yamal ist es, entlang der Nordostpassage den Weg frei zu brechen für Frachtschiffe. Frachter, die als Versorgungsschiffe dienen und gleichzeitig Nickel und andere Bodenschätze aus den riesigen Minen der Region abtransportieren. Nur einmal im Jahr müssen die russischen Seeleute zusammenrücken. Für Passagiere, die zum Nordpol wollen. Ein bunter Haufen aus zahlungskräftigen Urlaubern und einigen an der hohen Arktis hochinteressierten Historikern und Wissenschaftlern. Nicht alle Seeleute sind begeistert davon. Auch für den Kapitän ist diese Art der Reise unter seiner Würde, das versteht man gleich. Ein Eisbrecherkapitän ist kein Kreuzfahrtdirektor, signalisiert er. Und die Yamal, sie ist auch nicht für Kreuzfahrten gebaut. Es gibt nicht viele Aufenthaltsmöglichkeiten, keinen Bordfrisör, keinen Zimmerservice. Sie ist ein stolzes Schiff, pardon, ein stolzer Eisbrecher, ein Stahlkoloss. Ohne Schnickschnack. Es gibt genau zwei Meter poliertes Messinggeländer auf der Yamal. Es ist an der winzigen Bar angebracht. Und die befindet sich im Treppenhaus, in dem kleinen Vorraum vor dem Speisesaal. Jeder, der in seine Kabine will, muss an der Bar vorbei. Das Messinggeländer, manchmal wird es dringend gebraucht.

Wir wärmen uns an dieser Bar auf. Holen dickere Jacken und klettern wieder nach oben, nach kaum einer Stunde. Es zieht einen hinaus. Und wieder ist alles anders. Der Dunst ist weg. Der Himmel, dunkelblau hängt er über uns. Die Sonne, jetzt steht sie genau im Norden. Wir fahren direkt auf sie zu. Kurz vor Mitternacht ist es so hell, dass wir unsere Sonnenbrillen aufsetzen. Hinter uns hat sich vor dem Nebel, den wir durchfahren haben, ein Nebelbogen gebildet. Zum ersten Mal sehe ich einen solchen breiten, hellen, weißen Bogen, eines der Phänomene, die man hier so oft beobachten kann: Ein Regenbogen ohne Farben. Weil die Tröpfchen des Nebels so fein sind, dass nur weißes Licht reflektiert wird. Er scheint sich zu bewegen, vor dem Blau des Himmels. Die Nebelwand selbst, die diesen Effekt verursacht, sieht man kaum mehr. Es sieht aus, als seien wir genau durch diesen Bogen hindurchgefahren, wie durch ein Tor.

Das war das Tor zur Arktis, sagt Sepp. Macht erst ein paar Fotos und zieht dann eine Wodkaflasche aus der Jackentasche. Glasln hab ich auch dabei, österreichert er in die kalte Nachtluft hinein. Das erste Eis muss man feiern, das ist halt mal so. Und wenn du so narrisch bist, dass du immer hier draußen stehst, muss die Bar halt zu dir kommen, sagt er. Schenkt Wodka in die Glasln. Der Wodka, auf Deck 7 der Yamal, er fließt in den Bauch und wärmt.

Das Eis wird dichter. Bald kann die Yamal nicht mehr ausweichen, es hilft kein Zickzackkurs mehr. Wir fahren durch die ersten großen Eisfelder. Der Rumpf schiebt sich auf das Eis. Es zischt. Knackt. Wie Blitze schießen Risse vom Bug der Yamal durch das Eis. Es bricht. Wasser fließt auf seine Oberfläche, färbt den hellen Schnee dunkel. Es rumpelt. Es ist ein grandioses Schauspiel. Was für eine Kraft!

Das gebrochene Eis, es wird vom gewaltigen Rumpf der Yamal zur Seite gedrängt. Die Schollen stellen sich auf. So sehen wir den Querschnitt, sehen, dass es hier etwa einen Meter dick ist. Meereis ist anders als das Eis auf Seen. Das Salz spaltet sich beim Gefrieren ab und macht das Eis porös. Es ist von vielen Kanälen durchzogen, in denen sich das Salz sammelt und langsam ausgewaschen wird. Junges, auch einjähriges Eis genannt, also Eis, das erst in diesem Jahr entstanden ist, ist deshalb eher grau, weil so viel Luft und Salz eingeschlossen ist. Je älter das Eis ist, umso blauer erscheint es, weil das Salz immer mehr ausgewaschen und das Eis kompakter wird. Mehrjähriges Eis ist so türkis wie ein Gletschersee.

An vielen der Bruchstücke hängt unten bräunlicher Schlamm. Eisalgen. Sie wachsen besonders im arktischen Sommer, wenn die Sonne rund um die Uhr ihre Energie schickt.

Sie sind der Anfang allen Lebens im Arktischen Ozean, der Anfang der übersichtlichen Nahrungskette und jedes Jahr von Neuem die Initialzündung für das mit jedem Sonnenstrahl weiter explodierende Leben im kurzen arktischen Sommer.

Als ich im August 2007 an der Reling stehe, weiß ich all das noch nicht. Ich weiß nur, es ist wunderschön, was ich da sehe. Wunderschön und geheimnisvoll. Das Eis sieht immer wieder anders aus. Es ist wie mit einem Feuer, in das man stundenlang blicken kann und das nie langweilig wird. Man kann sich nicht sattsehen. Es ist weit nach Mitternacht. Ich will nicht schlafen gehen. Jede Sekunde will ich mitbekommen von diesem Spektakel. Das denken sich auch die, mit denen ich während der Essenszeiten im Speisesaal am Tisch sitze. Eine lustige Truppe. Von dem ganzen Schiff sind wir die Einzigen, die noch draußen sind, oben auf dem offenen Deck. Ein kleines bisschen liegt das auch an Sepps Wodkaflasche. Wahrscheinlich. Und ein kleines bisschen macht die natürlich alles noch mal so schön.

Und schreiben will ich. Was hier alles in mich einströmt, will gerade so auch wieder heraus. Auf der Yamal bin ich als Journalistin unterwegs, jeden Tag schicke ich einen Text über das Satellitentelefon in den Süden. Wie ich da genügend Stoff bekommen will, wenn man immer nur durchs Eis fährt, bin ich vor der Abreise gefragt worden. Ich wusste keine rechte Antwort darauf, aber ich wusste, dass hier mehr als genug Stoff darauf wartet, aufgeschrieben zu werden. Und so ist es auch. Man muss nur die Augen aufmachen.

Ich sitze unter einem der großen Scheinwerfer der Yamal, die in der Polarnacht den Weg durch das Eis leuchten. Die Hände in der Jackentasche, eingemummt, mit Blick auf das Eis. Geh, Madl, sagt Sepp, wuist ned langsam schlafen gehen? Nein, will ich nicht. Kann ich nicht. Wer kann denn jetzt von hier weggehen? Diese ganzen Geschichten der alten Expeditionen, von den Entdeckern des 19. Jahrhunderts, hier haben sie gespielt. In diesem Eis, in diesem Licht. In diesen Stunden öffnet sich mir eine vollkommen neue Welt. Ich verstehe, dass die Pioniere immer wieder neu aufbrechen mussten, es immer und immer und immer wieder versuchen mussten. Hinaufzukommen zum Pol.

Weil man wissen muss, wie es weitergeht, was noch kommt, was dort noch ist. Es zieht einen einfach hinein in dieses Eis. Als sei dort irgendeine Macht, irgendein Magnet. Wie mag das gewesen sein damals, für diese Männer, die auszogen, die Welt an ihren Enden zu erkunden? Monatelang unterwegs auf einem zugefrorenen Meer? Nicht wissend, ob sie es schaffen würden, irgendwo Land zu erreichen, bevor das Eis unter den Skispitzen schmilzt? Nicht wissend, wann sie wohin zurückkehren würden? Und ob überhaupt? Wie stark muss ihr Entdeckerdrang gewesen sein, wenn sie diese Ungewissheit trotzdem auf sich nahmen, sich hineintrauten in diese Welt?

Ich glaub, dich hat was gebissen, sagt Sepp nach einer Weile. Mich hat was gebissen? The Arctic Bug, der arktische Käfer, sagt er, und jetzt hast du es, das arktische Virus. Voll erwischt. Dann dreht er sich mit einem Ruck um. Schau, ruft er, Eisbärenspuren! Tatsächlich. Ganz deutlich sind die Abdrücke enormer Tatzen im Schnee zu erkennen. Laut Sepp sehen sie frisch aus. Hier, doziert er, haben wir die größte Chance, Bären zu sehen. Wir fahren mittendurch, durch das Bärenland. Hier ist das Eis offen genug für Robben. Und wo Robben sind, sind Bären. Weiter nördlich, wo die Eisdecke geschlossener ist, wird die Wahrscheinlichkeit, auf Bären zu treffen, immer geringer. Jetzt müssen wir die Augen offen halten, sagt er. Wie soll ich jemals schlafen hier? Wenig später rumpeln wir an einer Robbe vorbei. Irgendwann werden wir ihr zu laut, und sie rutscht ins Wasser.

Diese erste Reise zum Pol wird zu den schlaflosesten Tagen meines Lebens. Der Expeditionsleiter Victor Boyarsky, den ich zu Anfang gleich mal mit dem Kapitän verwechsle und damit schon einen bleibenden Eindruck hinterlasse, stellt irgendwann die gleiche Diagnose wie Sepp. Das arktische Virus, es hat voll zugeschlagen. Ich verbringe viel Zeit im Kraftraum der Mannschaft, einem stählernen, schmucklosen Raum neben dem Reaktor. Weil die Energie irgendwohin muss, aus mir raus muss, weil ich den ganzen Tag hüpfen könnte vor Freude, weil es überquillt in mir, so wunderbar ist die Welt um uns herum.

Du musst im Winter wiederkommen, sagt Victor irgendwann, willst du nicht auch aus Barneo ein Tagebuch schreiben? Und eine Skitour zum Nordpol machen? Barneo ist eine russische Drifteisstation. Und Victor einer der Köpfe dahinter. Klar, dass ich will.

Jede freie Minute stehe ich draußen und schaue der Yamal bei ihrer Arbeit zu. In einer jener schlaflosen Nächte, in denen ich gegen drei Uhr morgens hinausgehe auf den Bug der Yamal, drehe ich mich um und schaue auf die Brücke. Der Steuermann sieht aus dem Fenster. Er winkt. Sie kennen meine blaue Jacke jetzt schon. Ich winke zurück. Und da drückt er kurz das Schiffshorn. Um drei Uhr nachts, das Horn eines Atomeisbrechers, im Arktischen Ozean. Für mich. Ich zucke zusammen und lache, und der Steuermann lacht und bedeutet mir, ich solle ihn nicht verraten.

Auf dieser ersten Reise sehen wir eine Bärenmama, deren Kinder sich um eine Robbenhaut streiten. Wir gehen im Eiswasser schwimmen. Ich steige zum ersten Mal in den großen, blau-orangefarbenen MI-8-Hubschrauber, der auf dem Helikopterdeck am Heck mit uns reist. Zum ersten Mal holen mich die Piloten ins Cockpit, vorn hinein auf den Navigatorplatz, rundum aus Glas. Zum ersten Mal fliege ich so über das Eis und kann und kann und kann nicht fassen, was ich da sehe. Zum ersten Mal betrete ich Franz-Joseph-Land, diese geheimnisvollen Gletscherinseln, auf denen so viel passiert ist in der langen Geschichte der Expeditionen zum Nordpol. Am Ende schenkt Victor mir eine Flasche Nordpolwasser. Weil ich von allen Passagieren diejenige bin, die mit Abstand die längste Zeit an Deck stand, begründet er das Geschenk. Wir sehen uns in Barneo, sagt er.

Und genau das tun wir auch. Nach dieser ersten Reise werde ich immer mehr über das Eis schreiben, ich werde nach Spitzbergen und Barneo fahren und den Nordpol im Spätwinter erleben, ich fahre nach Kanada, gehe mit Walen schnorcheln und beobachte Eisbären, atemlos, ich beginne ein Studium über die zirkumpolaren Gebiete, halte auf Schiffen Vorträge. Ich lerne immer mehr Menschen dieser kleinen verrückten polaren Gemeinde kennen und traue mich immer tiefer hinein in das Eis. Weil es so ist, wie Sepp sagt, damals, bei der Rückkehr, als ich mit ihm an der Reling stehe. Und im Atomhafen in Murmansk das Anlegemanöver beobachte. Was macht man eigentlich, wenn einen das arktische Virus voll erwischt hat?, frage ich ihn. Sepp schaut über die Kola-Bucht. Dann wartet die beste Zeit deines Lebens auf dich, sagt er, und das klitzekleine

Pathos ist durchaus angebracht in Anbetracht der Tage, die hinter uns liegen. Und er sagt: Weil du deine Träume dann nicht mehr nur träumst, sondern lebst. Weil du gar nicht mehr anders kannst.

Traktor rabotet

Longyearbyen, April 2008
Zum ersten Mal auf dem Weg nach Barneo

Traktor ne rabotet. Diesen fatalen Satz wiederholt Victor immer wieder, in seinem russischen Wortschwall. Traktor ne rabotet. Der Traktor funktioniert nicht. Es ist Ende März 2008. Im Kamin prasselt ein Feuer. Wir sitzen im Polar Hotel in Longyearbyen auf Spitzbergen. Wir sitzen hier schon eine Woche lang, jeden Abend. Und warten darauf, dass aus diesem Satz in Victors Telefonaten zwei Buchstaben verschwinden, das kleine Wörtchen ne. Der Traktor soll endlich funktionieren.

Die Stimme aus Victors Telefon, die hier im Warmen ankommt, sie kommt von weit her. Blechern und scheppernd hört sie sich an, und der Redefluss schleppend. So klingen Satellitentelefone. Diese Wundergeräte, mit denen man auch am Nordpol mit dem Rest der Welt in Verbindung bleiben kann. Der Mann am anderen Ende, er heißt Sergey und ist Mechaniker. Er ist nicht zu beneiden. Mehr als 1000 Kilometer nördlich von uns spricht er in das Telefon. Er sitzt in einem Zelt, etwa am 89. Breitengrad. Mitten im Arktischen Ozean. Er gehört zu den wilden Hunden, die Barneo aufbauen sollen. Jene russische Drifteisstation, auf die mich Victor eingeladen hat, im vergangenen Sommer auf dem Eisbrecher.

Vor ein paar Tagen ist Sergey mit dem Fallschirm abgesprungen, dort oben, zusammen mit acht anderen Fallschirmspringern, aus einer riesigen Iljuschin. Aus der schwebten auch der Traktor auf das Meereis, ein Zelt, ein Ofen und viele blaue Treibstofffässer. Wie riesige, weiße Quallen sehen die großen Fallschirme am blauen Himmel aus, wenn sie mit ihren schweren Lasten zu Boden sinken. Die Paletten, auf denen die Kerosinfässer festgemacht sind, haben einen doppelten Boden, gepolstert mit hunderten Holzstäbchen dazwischen. Beim Aufprall knicken die ab. Stoßdämpfer. Einfach und effektiv.

Sergey und die anderen sollen eine Landebahn bauen. Auf der kann dann eine Antonow landen, mit noch mehr Helfern und dem Rest Material an Bord, den man für den Aufbau Barneos braucht. Wenn alles steht, steigen auch wir ein in die Antonow. Und mit uns Touristen, Wissenschaftler, Politiker, alle, die in diesem Jahr nach Barneo wollen, die letzte Station vor dem Pol. Das klingt kompliziert, und das ist es auch.

Dieser Aufwand ist nötig, weil der Arktische Ozean so groß und der Nordpol so weit weg ist vom Festland. Man kann die Station nicht mit Hubschraubern aufbauen und versorgen. Man kann aber auch nicht mit einem Flugzeug auf der zerfurchten Meeresoberfläche landen, in diesem Gewirr aus meterhohen Presseisrücken, die entstehen, wenn sich das Eis bewegt. Mit kleinen Twin Ottern geht das, an manchen Stellen. Mit einer Antonow nicht.

Der Traktor also, ihm kommt eine Schlüsselfunktion zu. Er soll die Presseisrücken beiseiteräumen, die Eisfläche glatt planieren. Und jetzt funktioniert er nicht. Streikt. Sergey und die anderen sind keine Männer, die schnell nach Hilfe rufen. Seit Jahren springen sie in diese Eiswüste, seit Jahren bauen sie die Station auf. Denn Barneo wird jedes Jahr wieder neu errichtet, jedes Jahr steht es nur wenige Wochen im März und April. Der Untergrund, auf dem Barneo gebaut wird, ist immer wieder ein neuer; das Eis der Station des Vorjahrs ist mit der Drift längst weitergezogen, vielleicht existiert es noch, vielleicht ist es bereits dahingeschmolzen. Der Bau Barneos, er ist jedes Mal wieder eine Premiere. Mit all ihren Unwägbarkeiten.

Immer wieder also wagen sich die Fallschirmspringer ins Ungewisse, an einen Ort, an dem sie völlig auf sich gestellt sind. Wenn der Bau der Landebahn nicht klappt – dann müssten die Männer mit Hubschraubern geholt werden, in mehreren Etappen. Treibstofflager müssten abgeworfen werden für die Helikopter, zum Auftanken. Es wäre kompliziert. Und es würde dauern. Die Männer sind das gewöhnt. Sie sind Poliarniks. Sie sind gut ausgerüstet abgesprungen, mit dem nötigen Werkzeug selbst für schwierige Reparaturen. Aus den geringsten Mitteln können sie Ersatzteile zaubern, Behelfslösungen, rettende Ideen verwirklichen.

Wenn genau diese Männer also sagen, sie kriegen den Traktor nicht flott, dann kriegt ihn keiner mehr hin. Seit Tagen versuchen sie, ihn zu reparieren. Haben einen Windschutz konstruiert, einen der großen Transportfallschirme wie ein Zelt über den Traktor gestülpt. In dieser Behelfswerkstatt werkeln sie an seinem Motor. Aber er funktioniert einfach nicht. Sie brauchen ein Ersatzteil, das sie weder dabeihaben noch provisorisch basteln können. Sie brauchen Hilfe.

Victor legt auf. Das ist nicht lustig, sagt er. Sergey und seine Kollegen müssen bei den Reparaturversuchen immer wieder die Handschuhe ausziehen, hat er ihm erzählt. Bei minus 42 Grad Metall anfassen – als würde man in ein Feuer greifen, so fühlt sich das an. Vergangenes Jahr gab es auch schon Schwierigkeiten mit dem Trecker. Der Fallschirm ging nicht auf. Da war der Traktor für ein paar Sekunden der schnellste Traktor der Welt, pflegt Victor dazu zu sagen. Dann zerschellte das Vehikel auf der Eisoberfläche in tausende Teile, das größte ungefähr so lang wie ein Daumen. Auf den Fotos von diesem kleinen Zwischenfall sieht man dem Eis überhaupt nichts an. Nicht einmal eine Kuhle hat der Traktor ins Eis gegraben. Diese Fotos sind beruhigend, wenn man vorhat, mit einem Flugzeug auf Eis zu landen. Nicht, wenn man mit einem Fallschirm springen will. Aber das wollen wir zumindest ja nicht.

Victor dreht das Telefon in der Hand hin und her. Seine Agentur VICAAR ist mitverantwortlich für diese ganze Logistik. Ein kaputter Traktor heißt unter anderem, dass er viel Geld in die Hand nehmen muss. Victor ist ein Mensch, der sogar in solchen Situationen noch an andere denkt. Hoffentlich kannst du die Geschichte für deine Zeitung noch verwirklichen, sagt er zwischen zwei Telefonaten. Da bin ich mir schon lange sicher, egal wie das ausgeht hier, sage ich.

Er organisiert also den Abwurf von Ersatzteilen. Eine andere Möglichkeit gibt es nicht. In ein paar Stunden wird erneut eine Iljuschin in Sibirien abheben, Kurs nehmen auf das kleine Häufchen Fallschirmspringer im Eis. Dieser eine Flug allein verschlingt etwa 80 000 Euro. Kein Wunder, dass Victors Stirn während des Telefongesprächs in tiefen Falten liegt. Der Bau Barneos kostet auch ohne solche Extras schon zwischen anderthalb und zwei Millionen Euro.

Es gibt Menschen in Russland, die sich solche Unternehmungen leisten können. Zu ihnen zählt Alexander Orlow. Bei ihm laufen alle Fäden Barneos zusammen. Orlow ist ein großer, ruhiger Mann. Ein Geschäftsmann, der viel mit den Flughäfen Moskaus zu tun hat. Barneo ist ein Hobby für ihn, ein teures Hobby, aber er brennt für die Arktis. Orlow will die russische Arktis öffnen. Er will, dass Touristen kommen. Er ist einer der Köpfe des Polus Expeditionary Center und Vizepräsident der Vereinigung der russischen Polfahrer. Bei beiden Institutionen wiederum ist Artur Tschilingarow der Vorsitzende. Der wiederum ist Vizepräsident der Duma. Und außerdem der bärtige Mann, der im August 2007 die russische Flagge in den Grund des Nordpols steckte. Ein verstörendes Bild, das über alle Fernseher der Welt flimmerte.

Als ich 2008 zum ersten Mal in Longyearbyen sitze und darauf warte, nach Barneo zu kommen, verwirren mich all diese Verstrickungen und Vernetzungen. Ich überblicke sie kaum, kann sie noch nicht einordnen. Bei manchen gelingt mir das heute noch nicht. Barneo ist ein komplexes Gebilde. Es ist mehr als nur eine Station im Eis, so viel verstehe ich auch damals schon. Ohne diese Vernetzungen wäre Barneo gar nicht möglich. Nicht nur in Russland, aber in Russland vielleicht noch mehr als anderswo. Kein anderes Land der Welt baut solche Stationen ins Eis. Wahrscheinlich kann es auch kein anderes, es müssen Russen sein, die so etwas tun, es ist ein durch und durch russisches Unternehmen. Und es beweist jedes Jahr aufs Neue, wie sehr der Nordpol als russisches Gebiet betrachtet wird.

Während Sergey und die Männer auf das Ersatzteil warten, beginnen sie, mit Hacken eine Schneise in das Eis zu schlagen, beginnen den Bau der Landebahn mit den einfachsten Mitteln, die sie haben. So bleiben sie wenigstens warm. Doch es ist klar, wie sinnlos dieses Unterfangen ist. 2000 Meter muss die Bahn lang werden und 200 Meter breit. Bis die acht Männer damit fertig wären, wäre die Saison vorbei, das Eis längst nach Grönland gedriftet und geschmolzen. An diesem Abend sitzen wir lang vor dem Feuer in Spitzbergen, sehen dem Licht vor dem Fenster dabei zu, wie es immer blauer und blauer wird. Und hoffen, dass wenigstens der Ofen 1000 Kilometer weiter nördlich funktioniert.

Als ich am nächsten Morgen zum Frühstück komme, sitzt Victor in der Lobby. Der Abwurf hat bereits stattgefunden. Die Männer basteln weiter an dem Motor. Ohne Erfolg. Victor vergräbt die Stirn in seiner Hand, den Hörer am Ohr. Traktor ne rabotet. Er will jetzt kein Risiko mehr eingehen. Er bestellt einen neuen Traktor. Organisiert einen neuen Flug ins Eis. Das Ganze dauert keine Viertelstunde. So schnell kann man 100 000 Euro ausgeben.

Victor ist mit Organisieren fertig und legt auf. So richtig kann ihn der widerspenstige Traktor nicht aus der Ruhe bringen. Er ist einer der bekanntesten Polfahrer Russlands. Hat die Arktis durchquert, Grönland der Länge nach, die Antarktis auf dem längsten Weg, 220 Tage lang, mit der legendären Transantarctica-Expedition, der letzten Expedition mit Schlittenhunden in der Antarktis. Victor ruht in sich. Und verliert niemals den Mut. Nichts ist mehr wirklich schlimm, solange man im Warmen sitzt, das ist die Botschaft, die er ausstrahlt.

Von ihm wie von den meisten dieser Menschen, die solche an Körper und Geist nagenden Touren hinter sich haben, kann man sehr viel lernen.

Beim Frühstück kommen die Piloten an unseren Tisch, die die Hubschrauber zwischen der russischen Mine Barentsburg und Longyearbyen hin- und herfliegen. Sie kennen die Piloten, die mit nach Barneo kommen werden. Dem russischen Sprachgewirr ist so viel zu entnehmen, dass der Jüngste am Tisch, der 28-jährige Vladimir, soeben Chefpilot geworden ist. Und heute Nachmittag wieder nach Barentsburg fliegt. Vladimir ist die gleiche wohlerzogene Höflichkeit eigen, die mir hier bei allen Russen auffällt. Er und die anderen Arktispiloten tragen weder Uniformen noch Pilotenbrillen. Es ist nicht ersichtlich, was sie tun. Sie benehmen sich noch unauffälliger als die norwegischen Arbeiter, die hier in den Kohleminen arbeiten. Sie erzählen nicht eitel und großspurig von ihren Heldentaten. Sie sind so zurückhaltend, man muss richtig aus ihnen herauskitzeln, was sie hierher verschlagen hat. Dass hier am Rand des großen Frühstückssaals ein Tisch voller Polarpiloten sitzt, ist durch nichts zu erraten. Das fällt an diesem Morgen besonders auf, weil neben uns ein englischsprachiger Tisch lautstark über einen Ski-Doo-Ausflug auf die andere Seite der Insel spricht. Die Russen essen ihr Müsli.

Es ist ein schöner Morgen. Wir sitzen vor dem großen Panoramafenster, der Himmel ist blau, die Sonne strahlt, die Luft ist klar bei minus 25 Grad. Das Wetter wird nicht so bleiben, und es wird das letzte Mal gewesen sein, dass wir mit Vladimir frühstücken.

Später am Nachmittag baue ich probeweise das Expeditionszelt auf, in dem Hangar am Flughafen, in dem das Lager untergebracht ist. Von einer Minute auf die andere verdunkelt sich der Himmel. Ein Sturm beginnt, durch die dünnen Fenster zu pfeifen. Der Hangar wird in Schnee getaucht. Ich unterbreche meine Zeltstudie und beobachte das Schauspiel am Fenster. Der Wind fällt von den Tafelbergen auf die Stadt herunter, es ist, als würde Longyearbyen in einer riesigen Schneekugel stehen, ich erkenne nicht einmal mehr die zwanzig Meter entfernten Lampen am Rand des Rollfelds. Meine Augen verlieren sich im Flockennebel. Alles weiß. Ein gigantischer Schneewirbel.

Victors Telefon klingelt. Er schweigt lange. Dann folgen hektische Sätze. Er legt auf. Der Hubschrauber ist abgestürzt, sagt er. Vladimirs Hubschrauber nach Barentsburg. Mehr wissen sie noch nicht.

Sprachlos schaue ich Victor an. Frage nichts. Schweigend bauen wir zusammen das Zelt ab. Wenig später klingelt das Telefon wieder. Victor hebt ab. Er stellt eine Frage. Bekommt eine Antwort. Und wiederholt sie fast schreiend. Der allzeit positive, gut gelaunte Victor holt aus und schlägt mit der Faust gegen einen Karton, mit voller Wucht, drückt das Telefon aus und verlässt das Zimmer. Vladimir ist tot. So viel habe ich verstanden. Nach unserem Frühstück am Morgen sollte er einige Angestellte der russischen Mine nach Barentsburg fliegen. Neun Menschen waren an Bord. Auch der Navigator und ein ukrainischer Passagier haben nicht überlebt. Alle anderen sind schwer verletzt. Der Sturm zog in Barentsburg genauso schnell auf wie hier. Ein Schneesturm ist für einen Hubschrauber verheerend. Es wird dann sehr schwierig für den Piloten zu erkennen, wo der Boden ist. Er verliert leicht die Orientierung. Bei der Landung wirbelten nicht nur die dichten Flocken des Sturms um den Hubschrauber, sondern auch der Schnee, der auf dem Landeplatz lag, explodierte um den landenden Helikopter herum. Und Vladimir machte einen fatalen Fehler: Er drehte den Hubschrauber mit dem Heck zum Wind. Eine starke Böe hob das Heck an, wehte den Hubschrauber in Richtung der Mauer eines Flugzeughangars. Wie Schwerter schlugen die riesigen Rotorblätter in den Hangar ein. Der große MI-8-Helikopter, er überschlug sich. Aus.

Drei Jahre später sitze ich mit Inge bei einer Flasche Wein in Mary Ann's Polarriggen in Longyearbyen. Inge ist der Sicherheitsbeauftragte des Sysselmann, des Gouverneurs von Spitzbergen. Wir kommen durch Zufall auf dieses Unglück zu sprechen. Er erzählt, dass er 42 Minuten nach dem Absturz dort ankam. Er wird nie vergessen, wie die Spuren der fünf Rotorblätter in dem Flugzeughangar ausgesehen haben, sagt er. Dass er es nicht für möglich hielt, dass in diesem Trümmerhaufen von Hubschrauber überhaupt jemand überlebt haben sollte. Und er weiß noch genau, wie schrecklich jung der Pilot war, den sie tot aus den Trümmern zogen.

An jenem Nachmittag 2008 allerdings ist nicht viel Zeit für solche Gedanken. Wir müssen zurück ins Hotel. Dort soll Victor in zehn Minuten im großen Konferenzraum die Kunden informieren, die darauf warten, endlich nach Barneo gebracht zu werden, das es noch nicht einmal gibt, weil ja der Traktor nicht rabotet. Auf dem Weg zurück in den Ort denke ich an das schöne Frühstück, an diesen netten, jungen Mann, der so voller Leben steckte. Der fast peinlich berührt die Glückwünsche der erfahrenen Piloten entgegennahm zu seiner erfolgreich absolvierten Prüfung. Victor schweigt. Im

Hotel setzt er die Gute-Laune-Miene auf, die jeder an ihm kennt. Er betritt die Bühne und erklärt, warum wir noch immer hier und nicht in Barneo sind. Beantwortet Fragen, zum Beispiel, warum es keine Dusche gibt in Barneo. Ich sitze in der letzten Reihe und habe einen Zentnerblock Eis auf meiner Brust liegen. Was machen wir hier, was machen wir hier nur?

Die ganze Absurdität dieses Unterfangens erschlägt mich mit einem Mal. Die Idee einer Station im Eis und das aberwitzige Vorhaben einer dreitägigen Skiwanderung erscheint mir so größenwahnsinnig und sündenbehaftet wie der Turmbau der Babylonier. Der Unfall wie ein Fingerzeig, wie eine Strafe. Was haben wir hier verloren? Diese Gegend ist nichts für uns. Das zeigt sie uns nun seit Tagen. Weder der Mensch noch seine noch so gigantische, aberwitzige Technik sind geeignet, in dieser Region zu überleben, was für eine Überschätzung, welche Dekadenz, welch Irrglaube, man könne im 21. Jahrhundert einfach so eine kurze Reise ans Ende der Welt unternehmen. Es gelingt mir nun nicht mehr, das Abenteuer zu sehen, für das ich diesen Aufwand in Kauf zu nehmen bereit war. Der Sturm heute war nur ein laues Lüftchen, lediglich gehustet hat die Natur. Und doch sind am Abend Menschen tot und verletzt. Was für eine Hybris. Was für ein Sturz!

Diese Gedanken fliegen durch meinen Kopf, während Victor seinen Kunden zum x-ten Mal erklärt, dass die Zelte in Barneo, so sie dann aufgebaut sind, selbstverständlich beheizt sein werden. Ich ertrage die Fragen nicht mehr, aber auch nicht die Antworten. Ich verlasse den Raum und gehe in die Bar, bestelle eine Flasche Wein und warte auf Victor und die andren Barneo-Leute. Hast du dir je gedacht, es ist wahnsinnig, was du da tust?, frage ich ihn später. Er kaut auf einem Zahnstocher, kneift die Augen ein bisschen zusammen. Nein, sagt er, nie. Das ist die Arktis.

Am nächsten Morgen sitze ich allein beim Frühstück am Panoramafenster. Das Licht ist so grell, dass man eine Sonnenbrille verträgt, der Himmel ist leuchtend blau. Als wäre nichts gewesen. An diesem Morgen beschleicht mich zum ersten Mal dieses Gefühl, das ich später noch oft haben werde, das deutliche Gefühl, dass die Arktis lebendig ist. So, als hätte man es hier nicht mit Steinen und gefrorenem Wasser zu tun, sondern mit einem Lebewesen. So, als hätten dieses Eis und diese Inseln eine Seele. Und diese Seele, an diesem Morgen ist sie kalt und triumphierend. Das Blau des Himmels erscheint wie Hohn, und die Schönheit der weißen Berge, gegen deren Zauber man wehrlos ist wie ein jämmerlicher Wurm, scheint nur einen Sinn zu haben: Zu verkünden, dass es einen anderen König gibt hier, dass es nicht der Mensch ist, der hier bestimmt; zu demonstrieren, wie völlig bedeutungslos es ist, welch kümmerliche Kreaturen sich hier bewegen, ob sich hier überhaupt jemand bewegt oder lebt oder stirbt – die Arktis, sie besteht fort.

Und wir? Victor kommt, singend, mit dem Telefon in der Hand. Traktor rabotet, sagt er, endlich. Ich schaue aus dem Fenster, hinein in das unerschütterliche Weißblau, in dem alles genauso scheint wie gestern, bis auf eines: Unten an der Universität von Svalbard steht eine lange Reihe Fahnenmasten. Die Flaggen daran, heute wehen sie auf Halbmast.

41

»Haben Sie ein Gerät für Frauen?«

Longyearbyen
Vor dem Aufbruch ins Eis

Wer zusammen ins Eis geht, rückt näher zusammen. Wie nah, wird mir mit einer Frage klar, die Victor mir 2008 vor dem Supermarkt von Longyearbyen stellt. Wir kaufen gerade noch ein paar Vorräte für die Eisstation Barneo ein, die die Köchin bestellt hat. Bald werde ich zum ersten Mal mit hinauffliegen ins Eis. Mit Victor zu meiner ersten Skitour auf dem Arktischen Ozean aufbrechen. Meine Ausrüstung ist unvollständig. Es fehlt ein Teil, über das ich damals zwar sehr viel nachgedacht, dessen Anschaffung ich aus Unerfahrenheit dann aber leider verworfen habe. Eine, ja, das gibt es: Pinkelhilfe. Dieser Bereich der körperlichen Bedürfnisse ist ein Themenfeld, bei dem Menschen, die noch niemals biwakiert haben, gerne Hihi sagen. Obwohl genau diese Menschen mich genau danach immer fragen, wenn sie erfahren, wo ich unterwegs bin. Für Menschen, die öfter mal in der Kälte zelten, ist es ein eher normales Thema. Für Menschen, die schon alles gequert haben, was es an Zugefrorenem so gibt, ist es so normal und außerdem so wichtig wie die Frage nach den Handschuhen.

Das mit dem Pinkeln im Eis geht so: Man benutzt im Zelt in der Regel eine Pinkelflasche, die Pee-Bottle. Die sollte man tunlichst nicht mit Trinkflaschen verwechseln und nur zu diesem Zweck benützen. Natürlich ist es ratsam, Flaschen mit weitem Hals zu verwenden, egal, ob man Mann oder Frau ist, das macht das Leben einfacher. Die Scheu vor dieser Flasche und deren Verwendung, während andere Menschen im Zelt sind, verliert sich sehr schnell, wenn draußen ein Sturm tobt, der 70 Minusgrade in den Hintern beißen ließe. In einem arktischen Sturm »kurz rausgehen« heißt: Sich aus dem warmen Daunenschlafsack pellen, Windschutzklamotten, Daunenjacke, Filzschuhe und Überschuhe, Schal, Mütze und Handschuhe anziehen, kniend zwei Zeltreißverschlüsse auf- und zumachen, dabei schon von der Kälte schmerzende Finger bekommen, irgendwo hinstolpern, vollkommen ohne Windschutz seinen Körper der Kälte aussetzen und nass werden, mittlerweile durchnässtes Toilettenpapier verwenden, wieder zurück ins Zelt stolpern, dabei unweigerlich Schnee ins Innere blasen, sich wieder ausziehen und in den eiskalten Daunenschlafsack rollen, die Sachen zum Trocknen aufhängen, dabei immer denken, dass man jetzt irgendwie einen Handschuh verloren hat, und ewig herumsuchen, die Außenschuhe im Vorzelt wieder mit einer Plastiktüte abdecken, die Innenschuhe mit in den Schlafsack stecken, den Schnee wegkehren, die Finger wieder aufwärmen. Alles in allem eine Sache von etwa 15 Minuten; hinterher ist man eiskalt und alle im Zelt sind wach. Das heißt: Man macht es einfach nicht.

In Stürmen oder in der Nacht kommt also die Pee-Bottle zum Einsatz, manche Sachen klingen auf Englisch einfach ein bisschen besser. Das funktioniert hervorragend, wenn man dazu in dem riesigen Schlafsack auf die Knie geht, dessen oberen Teil man als Sichtschutz um sich bauscht. Und weil das jeder macht, ist es auch nicht komisch oder irgendwie iiih. Es ist eben so. Geübte Männer können das sogar im Schlafsack, im Liegen. Etwas empfindliche Männer wärmen sich die Flasche vor Gebrauch über dem Benzinkocher an, was ihnen das Verbot einbringt, jemals wieder über frierende Frauen zu lästern. Die Pee-Bottle sollte man nach Gebrauch relativ bald, aber ganz langsam ausleeren: Man macht hierzu den Zeltreißverschluss nur so weit auf, dass eine Hand die Flasche hinaus ins Vorzelt halten kann. Wenn man dann langsam kippt, gibt es einen kaum sichtbaren gelben Fleck, weil sich die warme Flüssigkeit schön in den Schnee hineinschmilzt. Den deckt man mit ein bisschen Schnee ab. Saubere Sache. Gerüche gibt es sowieso keine, dafür ist es zu kalt. Wenn man mit dem Ausleeren zu lange wartet, gibt es einen ekligen gelben See, und den will keiner im Vorzelt haben. Wenn man noch länger wartet, kann man einen gefrorenen Pipiblock erst durch die Arktis und dann nach Hause transportieren, aber das ist ein anderes Thema.

Und tagsüber? Auch da sollte es schnell gehen. Das klingt einfach, ist es aber nicht, wenn man vierlagige Unterwäsche, eine Latzhose, zwei Jacken und drei Paar Handschuhe anhat und in einer recht steifen Brise steht. Männer sind klar im Vorteil. Sie öffnen einen Reißverschluss, fertig. Männer müssen dann allerdings noch wissen, woher der Wind weht, was erstaunlicherweise für manche tatsächlich eine Herausforderung ist, aber das ist auch wieder ein anderes Thema.

Für Frauen gibt es Trichter mit Schläuchen. Ja, wirklich. Es gibt sogar mehrere Modelle, aber 2008 hatte ich keins davon. Das sollte ich noch mehrmals bitter bereuen. Zum ersten Mal eben jetzt, vor dem Supermarkt in Longyearbyen, als Victor auf einmal fragt, ob ich ein Gerät zum Pinkeln habe. Ich stehe dort nicht nur mit Victor, sondern mit noch drei anderen Russen. Vier Männer schauen mich an. Habe ich ein Gerät zum Pinkeln? Äh, nein, sage ich, und dass ich das dann doch nicht wollte. Victor ist völlig entgeistert. Einer der anderen Russen, Alexander, wiegt bedenklich den Kopf, die andern schauen teilnahmslos. Ich kenne diese Männer seit ungefähr zwei Stunden; jetzt diskutiere ich auf dem Parkplatz von Longyearbyen meine Pinkelvorlieben mit ihnen. Victor dreht sich um. Und ich ahne Schreckliches. Der Outdoorladen hat geöffnet. Wir fragen, ob die so etwas haben, sagt er und stapft los. Mein energischer Widerspruch, das bleiben zu lassen, bleibt ungehört, wird vom Wind über die Hügel der Stadt getragen, aber nicht in die Ohren meines Expeditionsleiters. Es hat etwa 20 Grad minus. Klar, dass niemand auf dem Parkplatz warten will.

So stehen also kurz darauf vier russische, bärtige Männer und ich vor dem Verkäufer des Sportladens Longyearbyen. Victor sagt: Do you have a device, device for lady? – Haben Sie ein Gerät, ein Gerät für eine Frau? Das geht so schnell, dass ich gar nicht zu Wort komme. Der Verkäufer schaut Victor an, dann mich, dann die drei anderen. Er ist zu verwirrt, um auch nur einen Ton von sich zu geben. Ein Gerät für eine Frau? Und bevor ich noch den Mund aufmachen kann, wiederholt Victor »device«, und deutet dabei auch noch auf seine Körpermitte, »for lady«. Alexander und die andern beiden blicken abwechselnd von Victor zum Verkäufer zu mir. Sie verstehen nicht richtig, worum es hier gerade geht. Aber es scheint sie ausreichend zu interessieren, dass sie sich nicht im Laden umschauen, sondern eine Art Background für uns bilden. Nie war mir wärmer in meiner Daunenjacke als in jenen Minuten.

Der Verkäufer jedenfalls begreift irgendwann, was Victor will und holt ein weißes Plastiktrichterchen herbei. Er gibt es Victor. Der dreht es hin und her. Einer der Russen nimmt es ihm ab, es wird von Mann zu Mann gereicht. Die Russen brummen irgendwas und wiegen ihre Köpfe hin und her. Ich verdampfe fast in meiner Jacke. Der Trichter erscheint mir außerdem wenig zweckmäßig. Ich sage dem Verkäufer, dass das nicht das ist, was ich suche. Ja, sagt der, die mit dem Schlauch sind alle ausverkauft. Thematische Berührungsängste lässt auch er nicht erkennen. Man ist hier schließlich weit nördlich des Polarkreises, da ist man nicht so zimperlich. Er fährt fort mit der Erklärung, dass ich mir dieses Ding zwischen die Beine klemmen und damit besser in die Pinkelflasche zielen könnte. Im Zelt. Das macht er dann sogar vor. Und Victor übersetzt das für die Russen. Glaube ich zumindest.

Mir reicht's. Ich sage, ich werde das schon schaffen, gebe dem Verkäufer den Trichter zurück und schiebe Victor Richtung Tür. Aber der ist noch immer nicht überzeugt. Und schlägt vor, selbst eine »device« zu bauen. Zeit hätten wir ja, wo der Traktor noch immer nicht rabotet. Super Idee, sage ich, so machen wir das.

Das haben wir dann nicht. Aber das P-Problem blieb. Und lustig war dann gar nichts mehr. Im Arktischen Ozean hält man sich mit drei Mitteln warm: Nahrung, Bewegung, Kleidung. Nie sollte eines davon länger fehlen. Aber wenn in einem Sturm die Temperaturen mit dem Windchill auf minus 60 Grad sinken, und man sich in diesem Sturm alle zwei Stunden ausziehen muss – dann fehlt eins. Wenn man dann in diesen Pausen nichts isst, weil man wegen der Kälte sofort weitergehen muss, fehlen zwei. Und wenn man das schon tagelang macht und relativ erschöpft ist – dann verschwimmt irgendwann die Grenze zwischen Komfortproblem und Gefahr. Das ist Thomas Ulrichs Unterscheidung, der Schweizer Abenteurer, mit dem ich 2010 zum ersten Mal ins Eis ziehe: Ist es noch ein Komfortproblem, oder ist es schon gefährlich? Eine interessante Herangehensweise an Probleme. Auch außerhalb der Arktis. Sie nimmt dem Leben viel unnötige Aufregung.

Für den Last Degree 2011, die von Thomas geführte Expedition über den letzten Breitengrad zum Nordpol, kommt also eine »device« ins Gepäck. Getestet zuhause. In den Expeditionsklamotten. Eine recht fragile Angelegenheit, aber einen Versuch wert. 2011 sind wir zu viert, außer Thomas ist noch der norwegische Polfahrer Bengt dabei, der von Thomas noch was lernen will, und eine Kundin, die von Thomas zum Pol gebracht werden will und dafür viel Geld hingelegt hat: Naomi. Eine sehr wohlerzogene junge Dame aus Großbritannien. Als wir uns in Longyearbyen zum ersten Mal treffen, hält sie sich jedes Mal die Ohren zu, wenn Thomas auf dieses Themenfeld zu sprechen kommt. Thomas, muss man dazu sagen, ist in solchen Dingen äußerst unbeschwert und sehr explizit. Das erleichtert manches, wenn man in einem arktischen Sturm ein Zelt teilt. Naomi allerdings ist geradezu entsetzt ob der Beschreibungen. Auf mein Anraten hin hat sie sich aber wenigstens auch eine device gekauft und zuhause geübt. Als sie sie im Eis zum ersten Mal ausprobiert, hat sie das, was wir fortan einen kleinen Unfall nennen. Weil aber die Sonne scheint und ansonsten alles gut ist, ist es laut Thomas wieder nur ein Komfortproblem, dass sie den Rest des Tages in nasser Skiunterwäsche verbringen muss.

Naomi verdanken wir den schönen Begriff des »number two« in unserem Tourensprachgebrauch. Nummer zwei ist eine jener Beschreibungen, die sich englischsprechende

Menschen in ihrer geradezu panischen Angst vor allen direkten Ausdrücken und Anblicken überlegen, um eben nicht so shocking zu sein, wie es Thomas manchmal ist. Number two ist sogar zwei Ecken von einem direkten Ausdruck entfernt, denn Number two reimt sich auf: Pooh.

Number two also. Naomi fragt, was sie dann machen soll. Thomas holt Luft. Und beginnt tatsächlich damit, dass manche Polarfahrer auf sehr langen Expeditionen während Stürmen den Kochtopf als Toilette benützen: Sie stülpen eine Plastiktüte hinein und setzen sich, und nach Gebrauch fliegt die Tüte aus dem Zelt.

Diese Schilderung entsetzt mich jedes Mal wieder. Weil ich sehr empfindlich bin, was den Gebrauch und das Wegwerfen von Plastik angeht. Wofür Thomas mich immer für plemplem und scheinheilig erklärt: Bei all dem Dreck, den wir schon für die Logistik unserer Tour produzieren, käme es auf ein paar Tüten nun wirklich nicht mehr an, sagt er. Außerdem sei es auf langen Expeditionen einfach ätzend, Number two drei Monate lang immer in der Hocke zu verrichten, man möchte sich schließlich auch mal hinsetzen. Man weiß ja, wie kompliziert Männer mit ihrem Number two sind und wie viel Zeit sie damit verbringen. Der Kochtopf in der Arktis ist sozusagen das Äquivalent zu den Zeitschriften auf Bürotoiletten. Als Thomas an diesem Punkt angelangt ist, beginnt Naomi in der Bar in Longyearbyen mit den Beinen zu strampeln und hält sich wieder die Ohren zu – und die Plastiktüten im Meer und die Vögel, die diese fressen und deswegen sterben werden, sind dabei ihr geringstes Problem. Thomas kann sie allerdings beruhigen: Sie müsse nicht in den Kochtopf… Auch Bengt, der das Zelt mit Naomi teilen wird, werde vor ihr nicht zu dieser Lösung schreiten. Nein, im Falle eines Sturms sei eine der

Apsiden, die Windfänge unserer Tunnelzelte, die ideale Lösung für Number two – denn diese bieten genügend Windschutz nach außen und Sichtschutz nach innen. Von der Kochtopf-Geschichte nun ausreichend abgehärtet, muss Naomi bei dieser Erzählung nicht mehr mit den Beinen strampeln, sondern sich nur kurz die Hände vors Gesicht schlagen und den Kopf schütteln. Thomas ist zufrieden. Wenn das eine Strategie war, dann hat sie prima funktioniert.

Rettung aus dem Eis

Arktischer Ozean, März 2006
Die Geschichte von Thomas und Victor

Drei Tage hat er nicht geschlafen. Er ist kalt, nass, halbtot. Seit zwei Tagen sitzt er da, den Kocher zwischen den Beinen. Geplagt von Schuldgefühlen. Es ist seine größte Niederlage. Jahrelang hat er sich vorbereitet. Immense Summen an Geld ausgegeben, das noch nicht einmal seines war. Genauso viel Zeit investiert. Und in drei Tagen alles zerstört. Es geht nicht mehr ums Heldsein, jetzt, für Thomas Ulrich. Es geht ums Überleben.

Drei Jahre später. Thomas sitzt im Helikopter. Schaut aus dem Fenster. Sein Blick schweift über das Eis. Aus seinen Augen ist jegliche Freude, jegliches Glitzern verschwunden. Das Strahlen in den Augen, das Menschen wie er haben, in manchen Momenten ist es fort. Ernst schaut er hinaus. Aber das Eis, er sieht es gar nicht. In seinem Blick wohnt Trauer, in diesen Momenten, wenn er in diesem Hubschrauber sitzt, der über das Meereis fliegt. Es ist immer der gleiche Blick. Jedes Mal. Er sieht zurück. Denkt an jene Tage, in denen sein Traum zerplatzt ist. An die Stunden, seit denen alles anders ist.

Thomas ist der wildeste Kerl von allen. Sein Beruf, sein Leben sind Abenteuer. Vielleicht ist die Eigernordwand daran schuld, in deren Schatten er aufgewachsen ist. Und immer danach rief, durchstiegen zu werden. In seinem Beruf als Zimmermann hat er nie lang gearbeitet. Lieber testete er Fallschirme. Über dem Thuner See. Stürzte mehr als einmal ziemlich hart ins Wasser. Arbeitete als Helikopterassistent. Als Fotograf und Kameramann. Er drehte auf dem Mount Everest, war Kameramann bei dem quälenden Film »Nordwand« über das tragische Ende der legendären Seilschaft aus Andi Hinterstoißer und Toni Kurz am Eiger. Dort, wo andere schon lang an ihren Grenzen sind, hält Thomas noch die Kamera in der Hand. Wo für andere das Leben aufhört, da fängt es für ihn erst an.

Die große Eisfläche, die er sah, als er in Patagonien am Cerro Torre stand und hinüberschaute und die Augen zusammenkneifen musste, bei dem Blick auf dieses strahlende Weiß. Da wusste er, hier lag sein nächstes Abenteuer. So begann seine Reise ins Eis. Mit dem Norweger Børge Ousland, dem größten Polfahrer der heutigen Zeit, durchquerte er das Inlandeis Patagoniens, sie waren die Ersten, die das schafften. Er lernte viel von Børge. Entwickelte die Ausrüstung selbst noch weiter. Und auf einmal war da dieser Traum. Den Arktischen Ozean zu durchqueren, von Sibirien zum Nordpol und weiter hinüber nach Kanada. 1800 Kilometer. 90 Tage. Ohne sich ein einziges Mal Essen oder Ausrüstung abwerfen zu lassen. Ganz allein. Es ist eines der letzten Abenteuer der Welt, eines, das noch niemand geschafft hat, auch wenn es schon viele versucht haben. Das Wort extrem, das so viel verwendet und so strapaziert wird, hier passt es. Der Körper, der Geist, der Wille, überall geht es ans Äußerste. Thomas hat es sich in den Kopf gesetzt. Es ist ein Unternehmen, von dem man nicht einmal sagen kann, ob es jemals jemand schaffen wird. Ob es überhaupt möglich ist. Da liegt der Reiz. Es ist ein neuer Weg.

Ich geh nicht gern da, wo schon andere gegangen sind. Ein Satz, den Thomas immer wieder sagt. Wenn er während der Last-Degree-Expeditionen, die er jedes Jahr zum Pol führt, manchmal auf Spuren anderer Expeditionen trifft, wählt er einen anderen Weg. Es wäre bequem, den Spuren zu folgen. Vielleicht auch schneller. Thomas mag das nicht. Er will seinen eigenen Pfad finden. Und so gute Übergänge über die Presseisrücken wie er findet sowieso niemand. Er will sich auf niemanden verlassen. Außer auf sich.

Victor stützt sich auf Thomas' Schulter. Schaut mit ihm aus dem Fenster des Hubschraubers. Er weiß, woran Thomas denkt. Dass Thomas überhaupt noch hier sitzt, ist ihm zu verdanken. Ihm und einer Hubschrauberbesatzung. Victor war Teil von Thomas' Arctic Solo Expedition. Er half bei der Logistik, bei den Genehmigungen. Bei diesem ganzen absurden Unternehmen, das schon eine riesige Expedition ist, bevor man überhaupt am Startpunkt steht, am Kap Arktichesky, dem Arktischen Kap. In Sibirien. Der Weg dorthin führt über Norilsk. Eine verbotene Stadt, deren Existenz zurückgeht auf die Zeit der Gulags. Die Nickelmine dort ist heute der größte Einzelproduzent an Dreck auf der ganzen Welt. Der Boden um Norilsk, er ist verseucht, auf Jahrzehnte. In dieser Sperrzone sind keine Gäste willkommen. In einem Bus des russischen Ministeriums für Zivilschutz und Rettung, des MTschS, geht es sofort weiter nach Dudinka, einer Hafenstadt der Taimur-Region, gelegen am Fluss Jenissei. Von dort mehr als 1400 Kilometer weiter nach

Norden, auf die Insel Sredny, und noch einmal weiter mit Lastwagen, über eine gefrorene Furt auf die Insel Golomyannyi. Mit der gleichnamigen Wetterstation. Und von dort schließlich zum Kap Arktichesky, mit Hubschraubern. Das sind Namen, die niemand kennt, Plätze, die von der Welt vergessen wurden. Eisverwehte Niemandsorte.

Thomas ist nicht der Einzige, der 2006 vom Arktischen Kap starten will. Victor hat noch andere Expeditionen nach Sibirien gebracht. Doch die wollen nur bis zum Pol, nicht bis hinüber nach Kanada. Es ist jedes Jahr eine Handvoll Abenteurer, die dieses Projekt in Angriff nimmt.

Victor und die Polfahrer studieren vor dem Start die neuesten Satellitenbilder. Eine breite Rinne hat sich aufgetan, etwa fünf Kilometer von der Küste entfernt. Die Küstenregion Sibiriens ist einer der gefährlichsten Abschnitte der ganzen Expedition. Weil die transpolare Drift das Eis von der Küste wegtreibt. Hier ist es deshalb am dünnsten.

Viel Wasser ist auf den Satellitenbildern zu sehen. Erschreckend viel Wasser. Victor rät den Teilnehmern der einzelnen Expeditionen, aufs Eis hinaus zu fliegen. Über die gefährlichen Stellen hinweg. Nicht vom Land am Kap zu starten, sondern 50 Kilometer weit draußen. Dort, wo das Eis geschlossener und dicker ist. Die Expeditionsgruppen beraten. Der Entschluss: Alle Polexpeditionen lassen sich aufs Eis fliegen. Nur Thomas nicht. Es kommt nicht in Frage für ihn. Sein ganzer Wille wäre weg, sagt er, wenn er nicht wirklich den ganzen Weg ginge. Nicht vom Land zu starten, widerspricht seiner Philosophie grundlegend. Viel zu schnell geben die Menschen auf, wenn es schwierig wird, sagt er. Künstliche Hilfsmittel werden dann herangezogen. Alles einfacher gemacht. Oder aufgegeben. Das konnten die Pioniere früher auch nicht, sagt er. Wenn es schwieriger wird, muss ich sehen, wie ich mit der neuen Situation zurechtkomme. Wenn ich eine Querung mache, muss ich am Land starten und wieder am Land ankommen. Würde ich rausfliegen, ich hätte immer das Gefühl, etwas unvollendet gelassen zu haben. Es wäre nicht ehrlich.

Der Helikopter setzt also eine erste Gruppe aus. Zwei Tage später bringt er die zweite Gruppe aufs Eis hinaus und Thomas ans Kap. Thomas bleibt allein dort zurück, am 3. März 2006. Das Land so schneeverweht, dass kaum die Trennlinie zum Ozean erkennbar ist. Soweit man sehen kann, ringsum, eine Welt aus Eis. Am Horizont ein roter Streifen. Der Polartag hat noch nicht begonnen, es wird noch dunkel. Die Einsamkeit, die den Menschen anfällt, allein in diesem Eis, man vermag sie sich nicht vorzustellen. Stunden hat es gedauert, sagt Thomas später, bis er es im Kopf verarbeitet hatte, dass er nun wirklich dort war. Und niemand sonst.

Vieles ist unklar für ihn in diesem Moment. Ob das Eis gut genug ist. Ob er schnell genug über die kritische Passage kommt. 250 Kilogramm Gepäck zieht er in zwei Schlitten hinter sich her. Essen, Kocher, Ausrüstung. Gerade am Anfang so schnell sein zu müssen, mit diesen schweren Lasten, es ist schwierig.

Thomas telefoniert immer wieder mit Hans Ambühl, seinem Partner in Interlaken. Der hat jeden Tag neue Satellitenbilder aus Kanada. Die noch immer nichts Besseres erzählen. Die Rinne, fünf Kilometer vor der Küste, sie hat sich noch immer nicht geschlossen. Am 6. März macht Thomas einen Ausflug hinaus aufs Eis. Und sieht, dass die Satellitenbilder Recht haben. Längst sind die Hubschrauber fort, auch aus Golomyannyi. Sie haben sich auf den Weg nach Norilsk gemacht, die ganzen 1400 Kilometer zurück. Victor ist wieder in Sankt Petersburg. Die anderen Expeditionen schon weit draußen auf dem Eis. Thomas ist allein. Und so beschließt er am 8. März loszugehen. Er will durch die Rinne schwimmen. Die Ausrüstung dafür hat er. Seinen Überlebensanzug. Sein Schlitten schwimmt. Der zweite Schlitten ist sowieso ein Kajak. Er wird sie im Wasser hinter sich herziehen. Es gelingt ihm. Er landet auf einer Eisscholle, die etwa so groß ist wie ein Fußballfeld.

Aber dann passiert, was nicht passieren darf. Ein arktischer Sturm zieht auf. Über Nacht driftet Thomas mit der Scholle mehr als 20 Kilometer. Anderthalb Kilometer pro Stunde bewegt sich das Eisstück. Die Rinne, sie öffnet sich immer mehr. Und die Eisscholle wird mitten hineingetrieben, in das weite, offene schwarze Wasser. Thomas sitzt in seinem Zelt, dessen Wände von den Böen eingedrückt werden. Und spürt auf einmal Bewegung. Als er aus dem Zelt springt, sieht er Risse, wenige Meter von seinem Lager entfernt. Im Schein seiner Stirnlampe. Direkt unter seinen Füßen zerspringt das Eis. Der Alptraum, er wird wahr.

Die Eisscholle ist kaum 20 Zentimeter dick. Die Wellen sind unter sie geraten. Sie brechen sie auf, in hunderte kleine Mosaikstücke. Er muss den Dingen ins Auge sehen. Es ist aus, bevor es richtig angefangen hat. Und mehr noch. Die Expedition ist nicht nur vorbei. Er wird hier sterben. Er sucht nach einem Eisstück, das ein bisschen größer geblieben ist, verzweifelt. Der Sturm reißt ihm seine Ausrüstung davon. Thomas kämpft gegen die Böen, um sein Leben.

In Interlaken blickt Hans Ambühl gleichzeitig entsetzt auf die neuesten Satellitenbilder. An dem Ort, den Thomas als letzte Position angegeben hat, fallen seine Augen in schwarzes Wasser. Dort ist kein Eis mehr, die Wellen haben es zersplittert, und der Wind hat es fortgetragen. Wo ist Thomas?

Thomas ruft in Interlaken an und sagt Hans, was der sowieso befürchtet hat. Die Rechnung ist nicht aufgegangen. Er braucht Hilfe, und sie muss schnell sein. Thomas aktiviert das Notrufsignal. Sitzt auf dem Eis, den Kocher zwischen den Beinen. Macht sich riesige Vorwürfe. Die Piloten, warum hat er sie weggeschickt? Es hätte die Möglichkeit gegeben, sie zu bezahlen, damit sie noch einige Tage an der Küste warten. Wenigstens in Golomyannyi. So lange, bis die erste kritische Passage gemeistert gewesen wäre. Thomas hat es nicht gemacht. Flugzeit, Hubschrauberzeit, hier oben, es ist so teuer. Er hat sich dagegen entschieden. So fixiert war er darauf, dass er losgehen und es schaffen wird, diese Rückfahrkarte, diese Sicherheit, er wollte sie nicht.

Und nun sitzt er auf einer Scholle, die ihn vielleicht noch ein paar Stunden tragen wird. Und die Hubschrauber, die ihn retten könnten, sind 1400 Kilometer entfernt. Als wäre man in den Alpen in höchster Bergnot, aber der Hubschrauber steht in Nordafrika. Nordafrika ist ein guter Vergleich. Die russischen Autoritäten, die Behördenabläufe, sie sind nicht die Schnellsten. Victor telefoniert sich die Finger wund. Er legt sein ganzes Gewicht in die Verhandlungen. Die Hubschrauber heben ab. Es dauert zwei ganze Tage, bis sie in Golomyannyi landen. Am Abend des 11. März.

Thomas hat seit drei Tagen nicht geschlafen. Im Stundentakt telefoniert er mit Victor und Hans. Er darf nicht einschlafen. Die Scholle wird mittlerweile von Wasser überspült. Kein guter Ort für ein Schläfchen. Als er hört, die Hubschrauber sind in Golomyannyi gelandet, denkt er, jetzt dauert es nicht mehr lang.

Aber dann bekommen die Hubschrauber keine Starterlaubnis. Obwohl auch die Piloten unbedingt fliegen wollen. An einem Telefon hat Victor irgendwann Thomas. Der ihm schildert, dass er sehr bald untergehen wird. An einem anderen die Behörden. Die ihm sagen, es sei nicht möglich, in der Nacht zu fliegen. Und irgendwann ruft Thomas nicht mehr an zur vereinbarten Zeit, und er ist auch nicht erreichbar.

Als Victor mir ein Jahr später diese Geschichte erzählt, in irgendeinem Flugzeug auf dem Weg von einem Ort des Nordens zu einem anderen, weint er. Er sitzt da, mit Tränen in den Augen und schluckt, der wilde, bärtige Mann. Schweigt eine Weile. Ich frage nichts. Ich war mir sicher, wir haben ihn verloren, sagt er schließlich.

Irgendwann aber meldet sich Thomas wieder. Er beginnt, wirr zu reden. So viele Stunden ohne Schlaf. Das Wasser, es umspült seine Füße. Victor bearbeitet die Behörden weiter, aktiviert alle, die er kennt. Und greift schließlich zum letzten Mittel: Er droht. Thomas ist Schweizer. Viel ist in den Medien berichtet worden über seine Expedition. Dass er allein auf seiner Eisscholle treibt, kam in der Schweiz bereits in den Abendnachrichten. In ganz Europa steht es in den Zeitungen. Wenn die Hubschrauber zwar fliegen könnten, aber nicht dürfen, wenn Thomas deswegen stirbt, sagt er, wird er das genau so den europäischen Medien berichten. Er wird sagen, Thomas sei gestorben, weil es die Russen nicht hingekriegt haben. Obwohl es möglich gewesen wäre. Was gäbe das für ein Bild.

Ich wusste nicht, ob das etwas helfen oder endgültig alles unmöglich machen würde, sagt Victor später. Es war ein Risiko. Aber ich dachte, wenn wir bis zum Morgen warten, ist es sowieso zu spät. Es war meine letzte Idee. Viel mehr wäre mir wahrscheinlich nicht mehr eingefallen. Victor erzählt mir außerdem, was Thomas irgendwann im Verlauf all dieser fürchterlichen Telefonate zu ihm sagte: Wenn du mich aus dieser Scheiße rausbekommst, dann heirate ich dich. Victor lacht. Victor erfindet für alle Menschen oder Dinge, die er mag, Kosenamen. Er hängt imaginäre italienische Endungen an die Namen. Thommasio, sagt er, er war wirklich verzweifelt.

Victors Drohungen helfen. Auf einmal bekommen die Piloten doch Starterlaubnis. In Golomyannyi heben sie ab, fliegen hinein in die Dunkelheit, auf das gefrorene Meer hinaus, auf die Position zu, die Thomas zuletzt angegeben hat. Später werden viele sagen, Thomas sei verantwortungslos gewesen. Habe das Leben der Piloten aufs Spiel gesetzt. Für eine sinnlose Dummheit andere Menschen gefährdet. Die Piloten aber sehen das anders. Für Arktispiloten ist der Ausnahmezustand normal. Sie wissen, was sie tun. Sie können es. Und mit einem solchen Rettungsflug verdienen sie eine Menge Geld.

Thomas macht Leuchtraketen bereit. Wartet auf das erlösende Motorgeräusch. Als er die Hubschrauber hört, brennt er seine Leuchtfeuer ab. Die Piloten sehen ihn. Fliegen aber erst über ihn hinweg, weil sie sich ein Bild davon machen wollen, wie sie die Rettung anstellen sollen.

Es ist der schlimmste Moment für Thomas. Er weiß, dass es sehr schwierig ist, auf dem Eis eine einzelne Person auszumachen. Als der Heli über ihn hinwegrauscht, denkt er, sie haben ihn nicht gesehen. In Panik verschießt er die ganze Signalmunition. Später werden die Piloten erzählen, sie dachten, er wolle sie abschießen, als all die Raketen um sie herum platzten. Was zur Hölle macht er da?, sagen sie zueinander.

Es wird eine Rettung wie aus einem James-Bond-Film.

Der Hubschrauber kann nicht landen. Er schwebt über dem Eis, Thomas wuchtet ein paar seiner Sachen hinein, mehr traut er sich nicht. Aber seine russischen Retter springen sogar noch heraus. Sammeln so viel ein, wie sie finden können. Dann heben sie wieder ab. Es ist vorbei.

Es gibt ein Foto von Thomas in jenem Hubschrauber, ein schreckliches Bild. Es zeigt ihn so bleich wie die Innenverkleidung des Helikopters, fast grün ist sein Gesicht, der Rotz ist ihm unter der Nase festgefroren, sein Blick ist leer, ohne Freude, in sein Gesicht ist der Ausdruck tagelanger Todesangst eingefroren, starr wirkt seine Miene. Es ist die totale Erschöpfung. Es zeigt einen Menschen, der vollkommen am Ende ist.

Es hätte nicht mehr lange dauern dürfen, sagt Victor. In dem ganzen Schlamassel hatte Thomas noch unwahrscheinliches Glück. Der Wind, er hatte genau in den Stunden der Rettungsaktion nachgelassen. Wenig später hat er wieder an Fahrt aufgenommen. Fliegen wäre unmöglich gewesen.

Als Thomas in Dudinka aus dem Hubschrauber springt, steht Victor da. Er ist in den Norden geflogen, um ihn abzuholen. Es folgt eine jener Männerumarmungen. Klopfen auf den Rücken. Good job, sagt Victor zu Thomas. Molodez. A good job you made, sagt Thomas. Sein kurzes Lachen stirbt schnell. Diese Rückkehr wird eine harte werden. Wie hart, das weiß er noch gar nicht.

Er muss nicht nur dieses grandiose Scheitern verarbeiten. Dass ein jahrelang akribisch vorbereiteter Plan, das Hinarbeiten auf dieses eine Ziel, umsonst waren. Er muss nicht nur mit seinen Schuldgefühlen, den Vorwürfen, die er sich selbst macht, fertigwerden. Sondern er wird Briefe über Briefe bekommen, von Menschen, die ihm den Tod wünschen, die ihm schreiben, er sei ein Idiot, es hätte ihn von der Scholle spülen oder ein Bär ihn fressen sollen. Und am meisten interessiert die Menschen, wer seine Rettung bezahlt hat. Er hat sie selbst bezahlt. 80 000 Dollar.

Drei Jahre später treffe ich Thomas zum ersten Mal persönlich. Ich bin beeindruckt, wie er erzählen kann, wie er die Dinge, die damals und auch danach passiert sind, einordnet. Thomas hat etwas zu sagen, er ist einer, der mehr von draußen mitbringt als nur die Geschichte von draußen. Das können nicht viele Outdoor-Menschen. Wenig später nach unserer ersten Begegnung, im Sommer 2009, arbeiten Thomas, Victor und ich auf der 50 Let Pobedy auf einer Tour von Murmansk zum Pol und zurück. Die 50 Let Pobedy ist eine Nachfahrin der Yamal, der modernste Atomeisbrecher, den es gibt. An einem der langen hellen Abende sitzen wir in der Bar, schauen übers Eis, schauen zu, wie sich der Eisbrecher seinen Weg nach Norden bahnt. Thomas sagt, es lasse ihm keine Ruhe. Er schiebt sie immer wieder im Kopf hin und her. Die Überlegungen, es doch noch einmal zu versuchen. So viel Vorbereitung, das ganze Material, er weiß ja, wie es geht. So viele Gedanken, Tüfteleien, die vielen Ent-

wicklungen. Die ganze innere Beschäftigung mit diesem
einen Ziel. Es lässt ihn nicht los. Ich weiß, dass ich es kann,
sagt er. Irgendwie will ich das noch beweisen.

Ich hole drei Wodka. Lege Thomas ein Geschirrtuch über
den Kopf. Was wird das?, fragt er. Du hast gesagt, wenn Victor dich heil aus dieser Scheiße holt, heiratest du ihn, sage
ich. Jetzt ist es so weit. Du spinnst ja, sagt er. Wir wandeln
das Zeremoniell ein bisschen ab, sage ich, ihr könnt auch
Brüderschaft trinken. Sie wehren sich, aber ihre Arme werden verschränkt, ich gebe ihnen den Wodka, und sie trinken. Ich fotografiere das Ganze. Wo ich herkomme, küsst
man sich dann auch noch, sage ich. Und wie aus der Pis-
tole geschossen sagen beide gleichzeitig: Wo wir herkommen, küsst man den Fotografen. Und sie tun so, als würden
sie sich auf mich stürzen. Sie tun nur so. Wir sitzen lange in
der Bar und lachen an diesem Abend. Springen dann die
Treppe hinauf zur Brücke. Stehen an den großen Panorama-
fenstern und schauen über das Eis hinaus. Es ist gut, dass es
geklappt hat, 2006.

Als Igor Stille Nacht sang

Barneo, April 2008
Das Leben im russischen Camp

Der Mann sieht so aus, wie man es von einem russischen Wissenschaftler erwartet. Groß. Bärtig. Ein bisschen grimmig. Er ist an die 60 Jahre alt und heißt Igor. Er ist in Barneo, weil er für das Arctic and Antarctic Research Institute in Sankt Petersburg Studien zur Eisdicke leitet. Igor trinkt daneben jede Menge Wodka und ist generell schweigsam. Er ist also so etwas wie der perfekte Klischeerusse. Sein Blick auf mich ist so wie der Blick der meisten Männer hier. Abwartend und ohne jedes Lächeln. Umrahmt von ihren Fellkapuzen tragen sie einen eingefrorenen Gesichtsausdruck. Auf westlich sozialisierte Menschen wirkt dieser Ausdruck irritierend, weil die hierzulande oft in die Mienen gepinselte Freundlichkeit fehlt.

Diese Miene hat sich vielleicht in den Jahrhunderten wechselnder Unterjochung in diese Gesichter geschlichen, und immer noch bestimmt sie die meisten unserer Klischees über Russen. Russen sind irgendwie bedrohlich. Sie trinken alle Wodka, singen alle laute Lieder, sie sind entweder unglaublich reich, unfassbar brutal oder grenzenlos schwermütig oder alles zusammen. Reiche Russen essen Kaviar und arme Borschtsch. Wenn sie Skifahren gehen, tragen sie Pelzmäntel, führen sich auf wie Peter der Große und bringen ihre eigenen Prostituierten mit, die auch alle Pelzmäntel tragen und darunter nichts. Und wer aufmuckt, wird erschossen. Ohne Frage ist Russland ein schwer zu verstehendes Land. Voller Extreme und Widersprüche. Ohne Frage passieren schreckliche Dinge dort. Aber wie nicht alle Deutschen ständig Bratwürste essen, muss nicht nach jedem Russen, der in Urlaub fährt, das Hotel renoviert werden.

Trotzdem sind das die Dinge, die geradezu reflexartig über dieses Volk gesagt werden, wenn Deutsche über Russen reden. Ach, die Russen. Und dann kommen unappetitliche Geschichten aller Art, bei denen ich mittlerweile unruhig werde. Ich kann mit diesem Nationendenken wenig anfangen. Ich habe mittlerweile mit so vielen Menschen aus so vielen verschiedenen Nationen gearbeitet, studiert oder extreme Dinge erlebt – manchmal denke ich, je länger ich das tue, umso weniger kann ich sagen, wie einzelne Nationen sind.

Wo also die allgemein als Nachfahren von Iwan dem Schrecklichen charakterisierten Russen wohnen oder arbeiten, weiß ich nicht. Dort, wo ich war, sind »die Russen« anders. Weder habe ich schwermütige Großdenker getroffen noch Angehörige der Russenmafia, oder ich habe es zumindest nicht bemerkt. Es hat niemals jemand mit Wodkaflaschen um sich geworfen, und ich bin niemals in irgendeiner Form unangemessen behandelt worden, im Gegenteil. Von diesem seltsam freudlosen Gesichtsausdruck, der so vielen dieser Menschen eigen ist, auf Unfreundlichkeit, Bedrohung oder zumindest auf eine enorme Reserviertheit zu schließen, ist meistens falsch.

August 2007: Auf der Yamal durch den Nebelbogen – zum ersten Mal auf dem Weg zum Nordpol.

Sepp Friedhuber bringt Wodka und Glasln auf Deck 7, um das erste Eis zu feiern.

Die Yamal arbeitet sich durch das Eis. Irgendwo hier ist er unterwegs, der arktische Käfer.

Wer nach Tagen in dieser eisigen Unwirtlichkeit auf einmal einer jungen Bären-familie begegnet, wird in Demut stumm vor der Kraft und Schönheit der Natur.

Der erste Hubschrauberflug über den arktischen Ozean, rund um die Yamal.

Aus Nebelbänken taucht Franz Joseph Land auf, die geheimen Inseln im Eis.

Diese Inseln, auf mich üben sie eine magische Anziehungskraft aus.

Der erste Vortrag, 2007 – eine spontane Lesung mit verteilten Rollen mit Sepp Friedhuber.

Spitzbergen – wie kann man fragen, warum es mich hier immer wieder herzieht?

Longyearbyens Hauptstraße, an einem Morgen im März.

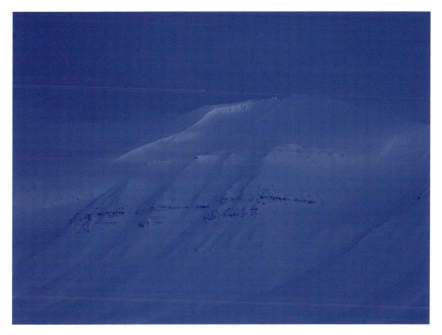

Die blaue Zeit: In manchen Nächten bleibt man angesichts der Lichterspiele schlaflos, endlos staunend.

Vom Eis befreit – der Wind hat das Eis hinausgetrieben aufs offene Meer, doch es bildet sich schon neues.

Ankunft mit Thomas Ulrich in Longyearbyen – große Vorfreude auf die Zeit im Eis, auf dem Weg vom Flughafen ins Guesthouse

Bengt gibt mir Unterricht im richtigen Halten der Magnum.

Am Abend vor dem Aufbruch wiegen wir unsere Schlitten. Thomas' wiegt 73 Kilogramm, ohne Benzin.

In der Antonow auf dem Weg nach Barneo. Zu viel Nachdenken ist hier nicht gut.

Thomas bei den letzten Vorbereitungen seines Arctic Solo Projekts, 2006 auf dem sibirischen Fluss Jenissej.

Thomas völlig erschöpft im Hubschrauber, nach seiner Rettung: Die Todesangst steht ihm noch immer ins Gesicht geschrieben.

Ein irres Bild: die Antonow auf der eisigen Landebahn der russischen Drifteisstation Barneo.

Hektik und Aufregung: Wir laden unsere Schlitten und Ausrüstung aus dem Flugzeug.

Barneo samt Landebahn – wenn es einen Ort gibt, um nach der Landung zu klatschen, dann hier.

Auf zu den letzten Vorbereitungen – wir ziehen unsere Schlitten zum Messezelt.

Victor Boyarsky, die Seele Barneos.

Zu Besuch im Pilotenzelt. Außer über Flug- verfügen die Männer auch über hervorragende Borschtsch-Kochkünste.

Alexander serviert gefrorenen Fisch. Eine Delikatesse. Die Einladungen und die Herzlichkeit der Männer Barneos machen die Station zu einer warmen Insel im eisigen Ozean.

Igor hat in den vier Tagen, in denen ich schon in der Station bin, noch kein einziges Wort zu mir gesagt. Er schaut. Und ich schaue zurück. Es ist 2008, es ist mein erster Besuch in Barneo, ich kann kein Russisch. Und ich weiß noch nicht, dass es hier an mir ist, die Hand auszustrecken und Guten Tag zu sagen, und damit eine Konversation zu beginnen. Das gehört sich so – man quatscht nicht einfach so eine fremde Frau an, auch nicht in einem Zelt mitten im Arktischen Ozean. Die Frau bestimmt, ob überhaupt gesprochen wird. Eine sehr angenehme Etikette, übrigens. Ich aber lächle nur, und mit einem Lächeln kann Igor nichts anfangen.

Auch Alexander hat so einen Gesichtsausdruck. Er ist einer der Hubschrauberpiloten. Alexander ist um die 50, auch er hat einen Bart. Bei dem ersten Trip nach Barneo 2008 steht er neben dem Rollfeld, als ich aus der Antonow springe. Es ist das Jahr mit dem kaputten Traktor, der ganze Zeitplan ist durcheinander, die Station noch nicht fertig. Victor stellt mich Alexander vor, und als der hört, dass ich eine deutsche Journalistin bin, die mit Victor auf Skiern zum Pol gehen wird, sagt er: Was? Dafür bist du viel zu dünn. Und nimmt mich mit in das einzige Zelt, das bisher aufgebaut ist – das Zelt der Piloten. Aus dem Zeltkamin steigt eine kleine Rauchsäule in den Himmel.

Du bekommst jetzt Borschtsch, sagt er. Wir gehen hinein. In der dunklen, engen Behausung stehen die Liegen von acht Männern. Drei liegen da und dösen, in Skiunterwäsche. Als der unangemeldete Besuch das Zelt betritt, springen sie auf. Alexander sagt ein paar russische Worte. Es folgt kräftiges Händeschütteln und überraschtes russisch-englisch-deutsches Sprachgewirr. Die Männer ziehen sich Pullover über und räumen geschäftig die Bank neben dem heißen Ofen frei. Gestenreich bitten sie darum, Platz zu nehmen. Im Zelt hängt eine Ikone. Daneben baumelt geradezu anrührend eine Topfpflanze von der Decke. Am 89. Breitengrad. Die Männer lachen ein bisschen verlegen. Hier kommt wohl nicht so oft Damenbesuch vorbei.

Der Borschtsch ist der beste Borschtsch der Welt. Nebenbei wird geklärt, dass man Wodka in Russland zum Essen trinkt. Nicht danach. In dem Borschtsch ist eine Unmenge zartes Fleisch. Und der Wodka macht den Hunger nicht gerade kleiner, aber den Bauch noch um einiges wärmer. Alexander ist stolz, dass es sichtlich schmeckt. Jederzeit willkommen im Pilotenzelt, sagt er, die Piloten hätten das beste Essen der Station, und vor einer Tour ins Eis müsse man viel Fleisch essen. Im Zelt gibt es außerdem einen kleinen DVD-Player. Nach dem Essen zeigen mir die Männer ein paar Filme, von dort, wo sie herkommen. Ich lerne, dass Karelien die schönste Region der Welt ist, in der man den besten Fisch fangen und überhaupt die großartigsten Sachen machen kann. Reihum zeigen mir die Männer Fotos von ihren Familien. Die Tochter des einen studiert in den USA, der Sohn des anderen in London. Sie fragen, wie viele Kinder ich habe, wie alt sie sind und ob ich auch Fotos dabeihabe. Als ich sage, dass ich gar keine Kinder habe, sind sie überrascht. Sie machen mir klar, dass so eine schöne Frau unbedingt Kinder haben muss. Mit vielen Worten und Gesten. Das Zelt bebt mehrmals vor Lachen. Als Victor zwischendurch den Kopf ins Zelt steckt, stellt er fest, dass er sich hier keine Sorgen um mich machen muss und verschwindet wieder.

Mit einer Landkarte erklären mir die Männer in unserem mühsamen Englisch-Russisch-Gemisch, wo sie sonst unterwegs sind. Oft fliegen sie Ingenieure und Arbeiter in entlegene Regionen, für den Bau oder die Reparatur von Pipelines zum Beispiel, auch an der sibirischen Küste sind sie viel unterwegs. Nach Barneo kommen sie, seit es die Station gibt, seit mehr als zehn Jahren. Eine schöne Abwechslung, sagen sie. Und schenken mir immer wieder Tee in meine Blechtasse nach. Es ist ein wunderbarer Nachmittag.

Als ich im Jahr darauf in Barneo ankomme, werde ich sofort von den Piloten geschnappt und bekocht. Es gibt außer Borschtsch manchmal fein aufgeschnittenen, gefrorenen Fisch oder Rentiergeschnetzeltes mit Kartoffeln – auch sehr beliebt, weil als Geschirr nur eine Pfanne und neun Löffel anfallen. Immer wird dabei angepriesen, dass die Zutaten entweder selbst geangelt, selbst geschossen oder selbst angebaut sind, und dass die wunderbaren Frauen zuhause alles so vorbereitet haben für das harte Leben ihrer tapferen Männer im Eis.

Als Dank bringe ich seitdem mit der Bayernfahne bedruckte oder mit Schnaps gefüllte Pralinen mit nach Barneo. Wobei ein goldener Osterhase schon für fragende Blicke sorgte. Was soll man auch denken, wenn es im eigenen Land eigentlich keine Osterhasen gibt und eine junge Frau als Mitbringsel ins Eis einen Goldhasen auspackt. 2010 sind sie es dann, die uns nach unserer ungewöhnlich spannenden Expedition aus dem Eis holen und zurück nach Barneo fliegen. Nach der Landung dort steigt Alexander aus und drückt mich. Er will, dass jemand ein Foto von uns macht, und klopft mir mit der Hand so fest auf die Schulter, dass ich einen Schritt nach vorne kippe. Er freut sich, ich sehe es. Er freut sich so, dass mir ganz warm ums Herz wird.

Auf der 50 Let Pobedy geht es mir ähnlich. Im Sommer 2010 nimmt Victor mich nach dem letzten Landgang mit unter Deck zu den Piloten. Es sei üblich, am letzten Flugtag gemeinsam zu feiern, erklärt er. Der Chefpilot Evgenij hat in seiner Kabine ein Essen vorbereitet. Geschäftig wird noch ein Stuhl für mich geholt. Es gibt Lachs. Russischen Salat. Brot. Dazu Wodka. Der wird aber nicht einfach so getrunken. Reihum halten alle kleine Ansprachen. Sie bedanken sich bei Gott dafür, dass alles gut gegangen ist in dieser Saison. Bei Victor, dass er so ein umsichtiger Expeditionsleiter war. Hurrarufe folgen. Dann wird getrunken. Wenn Frauen ihr Glas nicht jedes Mal ganz leeren, werden sie nicht schief angeschaut, habe ich gelernt. Aber gar nicht mittrinken, das ist nicht gut. Also teile ich einen Wodka auf drei Ansprachen auf. Und irgendwann bin ich dran. Ich stehe auf und nötige die Männer, sitzen zu bleiben, was eigentlich sehr ungehörig ist. Dann bedanke ich mich mit dem Glas in der Hand bei Evgenij und seinen Leuten, dass sie uns so sicher geflogen haben. Ich sage, dass ich großen Respekt vor den Polarpiloten und ihrem Können habe. Und ich sage, dass ich froh und dankbar bin, dass ich an Bord dieses Schiffes sein darf. Weil mein Großvater in Russland gekämpft hat und ich mich gut an seine Erzählungen erinnern kann, über all das Grässliche, das die Deutschen dort angerichtet haben. Dass ich dankbar dafür bin, dass wir heute an einem Tisch sitzen und zusammen eine so großartige Reise in die fantastische Arktis machen können. Dass wir miteinander essen können, in Frieden und Freundschaft. Dass das immer so bleiben soll zwischen Deutschen und Russen. Und dass ich es als große Ehre empfinde, zu diesem Essen eingeladen worden zu sein.

In kleinen Teilen versuche ich es auf Russisch, den Rest

übersetzt Victor. Es wird mucksmäuschenstill in der Kabine. Als ich fertig bin, stehen alle auf. Heben das Glas. Sagen Hurra. Und trinken. Dann umarmt mich jeder Einzelne. Sehr gut gesprochen, murmelt Victor in seinen Bart, sehr gut gesprochen, molodez, Birgitych. Die wilden Kerle, alle gerührt, wieder einmal, so einfach geht das. Und ich habe jedes Wort ernst gemeint.

Mit Igor dauert das Kennenlernen etwas länger. Irgendwann werden wir einander vorgestellt, und endlich gebe ich ihm die Hand. Und er versucht sofort, in ganz wenigen deutschen Sätzen zu erklären, dass er einmal in Deutschland gearbeitet hat, als Wissenschaftler. Er zwingt sich deutsche Fachbegriffe für verschiedene Eisformen ab. Die weiß er noch. Ein skurriles Gespräch entspinnt sich. Von jetzt an hat Igors Gesichtsausdruck jede Staubigkeit verloren. Immer wenn er mich sieht, winkt er und ruft mir ein paar Wörter zu. Manchmal verbeugt er sich dazu. Und immer lachen wir.

2008 verbringe ich mehrere Tage in Barneo. Solange die Station noch nicht fertig ist, können wir nicht aufbrechen, denn Victor muss den Bau mit koordinieren. Ich schlafe trotzdem nicht in den beheizten Zelten, sondern habe neben der Station das kleine gelbe Expeditionszelt aufgebaut, um mich an die Kälte zu gewöhnen. In der dritten Nacht dort fegt ein Sturm über Barneo hinweg, und mir wird sagenhaft kalt in dem Schlafsack. Ich fange an zu husten. Victor beordert mich darauf in das große, warme Messezelt, in dem eine Liege steht. Das Messezelt ist der Aufenthaltsraum des Barneo-Teams. Ein paar Männer sitzen dort und essen, und sie räumen sofort ihre Klamotten von der Liege, damit ich mich dort hinlegen kann. Einer bringt sogar einen Schlafsack. Victors Sohn Stanislav ist der Stationsarzt, er untersucht mich. Die anderen Männer im Zelt drehen mir sofort ihre breiten Rücken zu, als Stanislav mich abhorchen will. Der wiegt bedenklich den Kopf hin und her und gibt mir Tabletten. Ich will auf keinen Fall, dass er sagt, ich müsse hierbleiben. Also gehorche ich brav, nehme die Tabletten, trinke eine riesige Tasse heißen Tee, wickle mich in den Schlafsack und mache die Augen zu.

Die Männer wenden sich wieder ihrem Essen zu. Geben sich Mühe, nicht zu laut zu reden. Ihr russisches Gemurmel hängt wie eine beruhigende, einschläfernde Melodie über dem Geratter der Generatoren. Ich nicke tatsächlich bald ein. Bis die Tür des Zelts aufschwingt, und in einer Schneewolke Igor hereinpulvert. Er schaut sich um, entdeckt mich auf der Liege. Er steuert auf mich zu. Kniet neben meinem Kopf nieder. Das Gemurmel verstummt. Er legt seine Hand auf meinen Unterarm, der aus dem Schlafsack ragt. Aus den Tiefen seines faltig gegerbten und bartüberwucherten Gesichts schauen mich zwei Augen sehr aufmerksam an. Lieber Himmel, denke ich, was kommt denn jetzt?

Aber bevor ich irgendwie reagieren kann, holt Igor tief Luft. Und singt. Er singt Stille Nacht, heilige Nacht. Die erste Strophe, auf Deutsch. Es ist zwar fast Ostern, aber das ist egal. Seine Stimme ist schön. Er singt fein, leise und hoch konzentriert. Zwischen den einzelnen Zeilen holt er tief Luft und lässt mich dabei keine Sekunde aus den Augen. Als er fertig ist, drückt er ganz kurz meinen Unterarm, lächelt schief und steht auf. Er sagt etwas zu den anderen, die die kleine Szene beobachtet haben, öffnet die Tür. Das grelle Licht des Polartags fällt einen Moment in das Halbdunkel des Zelts, dann ist er weg. Die anderen nehmen ihr Gemurmel wieder auf, als sei nichts gewesen.

Ich richte mich auf und frage, was Igor vor dem Hinausgehen gesagt hat. Stanislav dreht sich zu mir um und sagt: Er wollte dir gute Besserung wünschen, aber er wusste nicht, wie man das sagt. Das Lied ist das Einzige, was er außer Eisnamen auf Deutsch kann.

So ist das mit den Russen, die ich getroffen habe.

Ein Herz für Poliarniks

Im Eis, April 2010
Tag 1
Wir werden ausgesetzt, auf 88.59.59N, 119.25.51E
Distanz zum Pol: 111 Kilometer

Wer ins Eis fliegt, dem wird heiß. Erst mal. So fängt es an. Denn in der Antonow-74, die nach Barneo fliegt, wird einem sehr, sehr warm. Die Bordheizung bollert, als müsse die Antonow sämtliche Insassen noch einmal richtig aufheizen. Bevor sie sie oben im Eis ausspuckt. Und in dieser einschläfernden Hitze beginnen sich die Gedanken um diese Landebahn zu drehen. Die Landebahn im Eis. Darunter 4000 Meter kaltes Wasser. Wenn der Düsenjet einbricht? Wie tief kann ein Flugzeug sinken, bevor es vom Druck der Wassermassen zerquetscht wird? Solche Gedanken beschleichen einen, wenn man an Bord dieser Antonow die Augen zumacht. Ich mache sie deshalb nicht zu.

Ein paar Sitzreihen sind in der Maschine montiert. Die Lehnen kann man umklappen. In den beiden ersten Reihen sitzt man sich gegenüber. Dort ist rechts und links auch je ein Fenster. Weiter hinten gibt es keine mehr. Fracht braucht keine Aussicht. Und wir reisen in der Frachtversion. Hinter der letzten Sitzreihe ist ein großes Netz gespannt. Dahinter liegt unser Gepäck und Material, das nach Barneo gebracht werden soll. Meistens legt sich irgendjemand auf diesen Stapel und schläft dort. Vor allem auf dem Weg nach Süden.

Einmal holen mich die Piloten nach vorne, beim Anflug auf Barneo. Im Cockpit sieht es ein bisschen so aus wie in einem James-Bond-Film. Viele Knöpfe, viele Hebel, viele Anzeigen. Es wirkt alles sehr mechanisch. Sehr undigital. Fast denkt man, irgendwo sitzt jemand und treibt mit Pedalen einen Propeller an. Ich weiß nicht, warum, aber ich traue diesen Piloten. Ich traue auch dieser Maschine. Jedes Mal wieder bewundere ich diese Männer. Sie kennen die Position der Station und die Ausrichtung der Landebahn – sonst nichts. Und diese Bahn bewegt sich zum Teil anderthalb Kilometer pro Stunde. Die Piloten müssen trotzdem nie über Barneo kreisen oder Schleifen fliegen, mit denen sie sich annähern. Sie berechnen den Sinkflug über Kilometer hinweg so genau, dass sie nicht korrigieren müssen und exakt auf die Bahn zufliegen. Es ist faszinierend. Und wenn die Bahn dann endlich auftaucht, in der Ferne, dann wird einem endgültig warm. Man kann nicht glauben, dass das die Landebahn sein soll.

Dieser Landebahn traue ich nicht. Sie sieht aus dem Cockpit aberwitzig kurz aus. Die Piloten scheint das wenig zu stören. Sie wirken vollkommen ruhig. Konzentriert. Der Copilot dreht sich kurz zu mir um. Bedeutet mir, ich solle mich gut an seiner Lehne festhalten. Ein bisschen in die Hocke gehen. Wir schaukeln immer niedriger über spitz nach oben ragende Eisrücken hinweg. Dann, die ersten Meter der Bahn. Wir landen so sanft, wie ich noch nie mit einem Flugzeug gelandet bin. Und bremsen dann ebenso scharf. Ich werde gegen den Copilotensitz gepresst. Und die Antonow steht. Die Piloten brummen zufrieden. Meine Hände sind klatschnass, ich bin völlig durchgeschwitzt. Spasibo, sage ich, und verteile Schokoladenherzen. Die Piloten lachen.

Das ist jedes Jahr so. Am kürzesten ist die Landebahn 2011, weil sie gerade, bevor wir kamen, auseinandergebrochen ist. Weniger als 800 Meter misst sie. Von unseren Freunden, die schon oben in Barneo waren, hatten wir über Satellitentelefon erfahren, dass parallel schon an einer neuen Bahn gearbeitet würde, weil diese sicher nicht die ganze Saison halten würde. Das schafft auch nicht mehr Vertrauen. Kurz vor der Landung sagt Thomas zu mir: Diesmal hab ich wirklich kein so gutes Gefühl. Das ist genau das, was ich hören will. Ich kralle mich richtig in die Armlehne. Nach der Landung sehen wir: Wir haben die Bahn gut ausgenützt. Als die Antonow wendet, ragt einer der Flügel bereits über die flach planierte Fläche hinaus über den ersten Presseisrücken. Maßarbeit. Ich bin wieder komplett durchgeschwitzt. Wenn es irgendwo einen Grund gibt, nach einer Flugzeuglandung zu applaudieren – dann hier.

2010 springen wir zu fünft aus der Antonow. Der Bayer Max, der Schweizer Urs, der ehemalige Fußballschiedsrichter Markus, Thomas, der uns führt – und ich. Wir haben ein Ziel: den Nordpol. Über den letzten Breitengrad wollen wir bis zum nördlichsten Punkt der Welt marschieren, 111 Kilometer Luftlinie, auf Skiern. Unser Gepäck ziehen wir in Schlitten hinter uns her, sieben Tage rechnet Thomas für diese Tour, sieben Tage lang werden wir draußen sein, bei Temperaturen um minus 30 Grad. So ist zumindest der Plan. Es ist meine längste Unternehmung bisher.

Am Tag zuvor haben wir uns erstmals alle fünf getroffen, in einem Hotel in Oslo. Einer der ersten Sätze, die Urs zu mir sagt, ist, dass er sich freut, dass eine Frau dabei ist. Denn so sei klar, wer kocht. Als ich nicht lache, denkt er, ich habe nicht richtig verstanden, und wiederholt seinen

Witz noch einmal. So machen wir das, sage ich also, jeden Morgen Kaffee an den Schlafsack, und dann fege ich noch euer Zelt schön sauber. Nur essen müsst ihr selber. Urs ist begeistert. Das irritiert mich ein bisschen. Denn er scheint das wirklich ernst zu meinen. Er wiederholt diesen Schenkelklopfer auch später noch einmal, als wir in Longyearbyen die Benzinkocher einpacken. Dass das ja meine Utensilien seien. Und dass Thomas wirklich ein toller Expeditionsleiter sei, wenn er gleich eine Köchin mitbringe. Thomas lacht ein bisschen schief und weiß nicht so recht, wie er reagieren soll. Wie ernst es Urs mit seiner Aussage ist und welch seltsames Bild der Aufgabenverteilung er hatte, sollten wir noch sehen. Denn gekocht hat er tatsächlich kein einziges Mal selbst.

Max ist bei der Bergwacht. Erzählt von Expeditionen, die er schon hinter sich hat. Urs hat ebenso schon Gipfel bestiegen, die viel höher als alles liegen, wo ich jemals war. Markus sieht ebenfalls ziemlich durchtrainiert aus. Bei allem, was diese Jungs so erzählen, denke ich mir immer wieder: und ich? Hoffentlich werde ich nicht die Langsamste sein. Hoffentlich komme ich mit. Hoffentlich klappt das, mit vier Männern. Jetzt ist es so weit. Bald geht es los, und jeder wird seinen Platz in dem Team finden müssen. Einer wird der Schnellste und einer der Langsamste sein. Aber wie groß wird der Abstand, wie weit auseinander werden wir sein? Habe ich mir zu viel vorgenommen? Ich habe keine solchen Touren, solche Expeditionen wie die anderen vorzuweisen. Scheiße, worauf habe ich mich denn da wieder eingelassen?, denke ich mir, während die anderen erzählen. Ich werde unruhig. Unruhig und unsicher.

Aber dann denke ich an mein Training: die langen Skitouren, die vielen Läufe, das Kachelzählen im Schwimmbad,

das Hantelstemmen vorm Fernseher. Ich erinnere mich, wie
ich sogar noch in Regen und Schnee mit meiner Freundin
Tina zum Watzmannkind hochgestiegen bin. Und wie gut
ich mich hinterher gefühlt habe. Ich erinnere mich an andere lange Skitouren. Und dass ich immer noch Reserven
hatte. Ich erinnere mich daran, dass vor ein paar Jahren die
800 Höhenmeter auf den Herzogstand eine Tagesskitour für
mich waren. Und dass ich das jetzt vor der Arbeit mache.

Später sitze ich im Schneidersitz im Hotelzimmer auf
dem Bett. Ich blättere vor meinem inneren Auge durch die
vergangenen drei Jahre meines Trainingstagebuchs. Ich
kann was. Sage ich mir vor. Ich kann was, in dem Buch steht
es schwarz auf weiß. Ich bin hier nicht einfach vom Himmel
gefallen. Ich habe mich lang vorbereitet. Ich habe mich gut
vorbereitet. Ich habe gerackert und gerackert. Und bin den
Weg, der jetzt vor mir liegt, auch in meinem Kopf immer
wieder gegangen. Habe mich an die Kälte erinnert, mich mit
der Kälte beschäftigt. Den anderen gegenüber habe ich einen Vorteil: Ich war schon dort oben. Ich weiß, wie sich die
Luft dort anfühlt, dass es eine andere Kälte ist als in den Bergen, die da auf uns wartet, dass sie beißt, dass sie wilder ist.
Ich bin mir voll und ganz bewusst, wohin ich mich nun begeben werde. Dass gerade das nicht selbstverständlich ist,
sollten wir in den nächsten Tagen noch merken. Im Kopf
habe ich immer wieder das Zelt aufgebaut. Ich habe das Essen ausprobiert. Autoreifen den Berg hinaufgezogen und im
Geist den Schlitten über Presseisrücken gehoben.

Dieses Visualisieren meiner Vorbereitung hilft sehr. Ich
finde zurück zu meiner Sicherheit. Ich weiß: Ich kann mich
auf mich verlassen. In meinem Körper steckt eine Menge
Kraft und eine Menge Ausdauer. Ich spüre sie richtig, die
Kraft in meinen Muskeln, die Spannung in meinem Körper.

Ich fühle einer Weile mit geschlossenen Augen dieser Kraft nach, dem guten Gefühl, kräftig, gesund, trainiert zu sein. Ich kann's. Langsam werde ich wieder ruhiger. Lange schlafe ich in dieser letzten Nacht in Oslo trotzdem nicht.

In der Antonow ist für Zweifel sowieso kein Platz mehr. Kaum öffnet sich ihre Tür, höre ich eine vertraute Stimme. Victor, die Seele von Barneo. Birgitych, ruft er, als er mich sieht. Molodez, du bist schon wieder hier. Hast du eine Dauerkarte für diesen Flieger? Noch im Flugzeug gibt er erste Anweisungen, während der kalte Arktishauch hereinweht. Dann springen wir hinaus. Victor umarmt mich. Gut, dich zu sehen, ruft er, willkommen in Barneo, los, helft beim Ausladen.

Die Antonow steht auf dem Eis. Es ist ein irres Bild, dieser weißblaue Vogel in dieser weißblauen Welt. Selbst Menschen, die schon Jahre nach Barneo kommen, zieht es immer wieder aus dem Zelt, wenn die Maschine landet, egal, wie kalt es ist. Es ist ein Bild, das man immer wieder sehen will. Jede Menge Helfer laufen auf das Flugzeug zu, manche fahren auf Motorschlitten. Das Landen der Antonow, es ist immer ein großes Ereignis. Menschen kommen an, die orientierungslos auf der Landebahn stehen. Die Luft, so kalt und dünn. Zum ersten Mal beißt die Kälte zu. Andere Menschen wollen abfliegen. Es gibt keine Abfertigungshalle. Trotzdem muss man sichergehen, dass alle, die mitwollen, auch wirklich an Bord sind, wenn die Antonow wieder startet. Das Entladen der Maschine, es muss schnell gehen. Länger als zwei Stunden darf die Antonow nicht auf dem Eis stehen. Weil immer die Gefahr besteht, dass die Landebahn bricht. Dann wäre das Flugzeug verloren. Um dieses Risiko zu minimieren, dauern die Landungen nie lange, und über dem hektischen Be- und Entladen hängt immer das laute und helle Sirren der Triebwerke. Es hat ein bisschen was von einer Landung auf dem Mond, vielleicht.

In den vermummten Gestalten vertraute Gesichter zu erkennen, ist nicht einfach. Plötzlich schlägt mir jemand auf den Rücken. Birgit! Es ist Sasha, der Campmanager. Vor zwei Jahren war er Funkoffizier auf einem der Schiffe der Murmansk Shipping Company, auf denen ich Vorträge halte. Sasha ist ein lustiger und sehr, sehr freundlicher Kerl, ein hervorragender Zodiac-Fahrer, und er kann gut Englisch. Er wuchtet meinen Schlitten aus dem geöffneten Heck der Antonow und drückt mir das Zugseil in die Hand. Los, zieh ihn zum Messezelt rüber, sagt er. Du musst dich eh ans Ziehen gewöhnen! Auch Thomas, Markus, Max und Urs schnappen sich ihre Schlitten, und wir stapfen Richtung Messezelt. Dort wartet Galina, die Köchin, mit einer heißen Suppe auf uns. Sie gibt mir ein kleines Päckchen. Ein Seidenschal. Selbst gemacht. Weil ich ihr im vergangenen Jahr einen goldenen Osterhasen geschenkt habe. Der immer noch bei ihr im Wohnzimmerregal steht, erklärt sie mir auf Deutsch-Englisch-Russisch. Sie wird ihn nie essen, sagt sie. Ich bin gerührt. Und sie gibt mir einen extra Schöpfer Suppe. Warum wieder Skitour?, fragt sie mich und schüttelt den Kopf. Und diesmal willst du noch weiter! Viel zu kalt für dich, ruft sie. Du bist eine so schöne Frau, was willst du immer in der Kälte? Und bindet mir den Schal um.

Wir essen die Suppe. Ich merke kaum, wie sie schmeckt. Hunger habe ich auch keinen. Ich bin aufgeregt. Sehr aufgeregt. Aber Essen ist gut. Alles Essen, das man jetzt noch kriegen kann. Urs, Max und Markus geht es wohl genauso. Wir reden nicht sehr viel bei diesem letzten Essen. Dann machen wir uns fertig. In kaum einer Stunde will Victor uns zu unserem Startpunkt hinausfliegen.

Ich ziehe eine zweite Garnitur langer Wollunterwäsche unter meine Überhose. An den Füßen trage ich nur ein dickes Paar Wollsocken. Darüber ziehe ich eine Plastiktüte, als Dampfsperre. So werden die Schuhe innen nicht nass, und man muss abends nur die Socken trocknen. Die Schuhe sind Sonderanfertigungen aus Norwegen, Telemarkschuhe, die im Wesentlichen aus zwei dicken Filzsocken und einem Überschuh bestehen. Verschlossen werden sie mit Schnürsenkeln und mehreren Klettverschlüssen. Sie haben eine harte Sohle, ansonsten sind sie sehr weich. Damit nichts drückt und man nirgends friert. Ich profitiere enorm von Thomas' jahrelanger Erfahrung. Seit Monaten frage ich ihn Löcher in den Bauch. Warum er bestimmte Sachen so und nicht anders macht. Jedes kleinste Detail in der Ausrüstung, wie er sie zusammenstellt, hat seinen Grund. Thomas ist ein wahnsinnig genauer, akribisch vorbereitender Mensch. Er hört nie auf, bevor alles 110-prozentig stimmt. Seine Lösungen funktionieren. Und jedes Jahr macht er sie noch ein bisschen besser.

Es folgt eine der unangenehmsten Aufgaben: Benzinflaschen abfüllen. Am Rand der Station steht eine Palette mit Plastikkanistern, daneben legt Sasha eine große Holzplatte als Unterlage für unsere Panscherei. Manche Teams nehmen die Plastikkanister mit und füllen dann unterwegs immer nur die Flasche ab, die sie brauchen. Thomas ist das zu riskant. Den Plastikbehältern vertraut er nicht. Wir haben Metallflaschen dabei, die jeweils anderthalb Liter Benzin fassen. Bei dieser Kälte rechnen wir mit etwa 300 Millilitern Benzin pro Person und Tag. Das muss reichen, für das Kochen von Wasser für Essen und Trinken und ein kleines bisschen Heizen im Zelt. Wir haben Essen und Ausrüstung für zwölf Tage dabei, auch wenn wir nur mit sieben Tagen für die Tour rechnen. Einen guten Puffer zu haben, ist hier

noch wichtiger als anderswo. Pläne in der Arktis sind eine
Sache für sich. Man macht sie in der Regel nur, um sie dann
wieder zu ändern. Und wieder und wieder. Im Grunde kann
man hier nichts weiter als einen groben Rahmen stecken.
Den Rest muss man sehen. Passend dazu brauchen wir also
etwa zwölf Flaschen Benzin. Hinzu kommt auch noch jeweils ein Liter in den Flaschen, die an den Kochern befestigt
sind. Das ist reichlich.

Mit einem kleinen Trichter füllen Markus, Max, Urs und
ich unsere Flaschen aus den Fünfliterkanistern. Wenn Benzin
über die Finger läuft, prickelt es. Markus flucht, als ihm ein
ganzer Schwall über die Handschuhe gluckert. Die Temperatur dieses Benzin-Kerosingemischs, das hier bei minus zwanzig Grad im Freien lagert, wäre interessant zu wissen, denn
sein Gefrierpunkt liegt bei minus 60 Grad. Deshalb müssen
wir vorsichtig hantieren und genau abfüllen: Im Hubschrauber wird es wärmer sein, das Benzin wird sich ausdehnen.
Wenn wir die Flaschen zu voll machen, platzen sie im Heli.
Unschön. Am Ende haben wir 15 Stück gefüllt. Thomas und
ich schauen uns an. Und beschließen gleichzeitig, sie alle mitzunehmen. Ich stelle es mir psychisch sehr anspruchsvoll vor,
wenn einem dort im Eis das Benzin ausgeht. Lieber habe ich
ein paar Kilo mehr im Schlitten. An diesen kurzen Moment
und diese Entscheidung sollten wir uns noch erinnern.

Die letzten Benzinflaschen sind verschraubt, auf die Schlitten verteilt. Victor ruft: Rebiatushki!, was so viel heißt wie,
hey Leute, in zehn Minuten bei den Helikoptern! Zum letzten Mal laufe ich zu dem kleinen blauen TOI-TOI-Häus-
chen. An dessen Tür hängt ein Schild: Next toilet 1500 km
away. Nächste Toilette in 1500 Kilometern Entfernung. Das
Schild tröstet ein bisschen über ihren Zustand hinweg. Zum

letzten Mal Windschutz. Die vier Jungs nehmen die Freiluft-
toilette hinter meinem Kabäuschen. Dann ziehen wir unsere fest verzurrten Schlitten zum Hubschrauberlandeplatz.
Wuchten Schlitten, Skier und Stöcke in den MI-8-Helikop-
ter. Und steigen ein.

So sitzen wir zusammengepfercht in dem eisigen Vogel,
auf den Längsbänken nebeneinander, zwischen uns aufgestapelt unsere Ausrüstung und der Krempel eines weiteren Teams, das mit ausgesetzt wird. Ein paar von uns liegen auf den Schlitten, Victor und Sasha stehen an der Tür
zum Cockpit. Unser Atem bildet kleine Dampfwölkchen in
der Luft. Der Motor des Hubschraubers beginnt zu sirren.
Es dauert lang, bis er sich auf Betriebstemperatur gebracht
hat und startklar ist. Dann erhebt er sich über das Eis, fliegt
über Barneo hinweg. Die Heizung springt an und bläst uns
warme Luft entgegen. Ein letztes Mal ist es uns zu warm.

Wir fliegen über die gigantische, erstarrte, arktische Meeres-
landschaft. Die Luft ist klar. Ringsum, in alle Richtungen, bis
zum Horizont: nichts als Eis. Es ist durchzogen von Presseisrücken. Ein unregelmäßiges Muster malen sie in die weite
Ebene, als habe jemand die Linien eines Schachbretts durch-
einandergezogen. Ein bisschen erinnert es an Ackerbegren-
zungen, wenn man über Kulturlandschaften fliegt. Nur, dass
hier nichts wächst. Dazwischen: breite Wasserkanäle, immer wieder, als dunkler Kontrast. Gebannt blicken wir aus
den Fenstern. Thomas lässt sein GPS nicht aus den Augen.
Markus, Max und Urs sitzen auf der Bank, nesteln an ihren
Daunenjacken herum. Mein Herz beginnt zu klopfen. Victor winkt mich zur offenen Cockpit-Tür. Wir schauen nach
vorne. Eis, Eis, nichts als Eis.

In den beiden Jahren zuvor hat mich Victor oft mitfliegen lassen, wenn er Expeditionsteams aufs Eis hinausgebracht hat. In den Minuten, bevor man sie absetzt, herrscht im Hubschrauber eine sehr besondere Stimmung. Selbst wenn es mir völlig fremde Menschen waren – ich hatte immer das Bedürfnis, diesen Menschen etwas mitzugeben. In diesen Momenten, und spätestens, wenn die Hubschraubertür aufgeht, ist einem unbewusst wahrscheinlich eine Tatsache besonders präsent: Dass man im Begriff ist, etwas potenziell Lebensbedrohliches zu tun. Und sehr bewusst ist einem, dass es schlicht arschkalt ist da draußen. Umarmungen dauern in dieser besonderen Situation immer einen Moment länger als normal. Vielleicht, weil man sich in dieser leblosen Welt auf eine Art vergewissern will, dass da doch noch andres Leben ist. Noch deutlicher ist das Gefühl, etwas mitgeben zu wollen, wenn ich die Menschen kenne, die aussteigen. 2008 war es Christoph Höbenreich, der österreichische Polarfahrer, der mit Victor schon Franz-Joseph-Land durchquert hat. Ein paar Tage zuvor hatte er mir eine heiße Zitrone ins Zelt gebracht, als mein starker Husten anfing. Eine heiße Zitrone ist am 89. Breitengrad so viel mehr wert als nur Wasser und Zitronensaft. Das ist eines der schönen Dinge hier. Man kann nirgendwo hingehen und etwas kaufen. Wenn man hier jemandem etwas schenken will, muss man es entweder lang vorbereitet haben und schon mit ins Eis bringen. Oder kreativ sein. Oder etwas von den eigenen Sachen verschenken. So habe ich Christoph kennengelernt. Als er dann aus dem Hubschrauber sprang, bedauerte ich sehr, dass ich umgekehrt nichts hatte, was ich ihm mitgeben konnte. Er stand vor dem Hubschrauber, Victor und er umarmten sich. Und wir ließen ihn mit zwei abenteuerlustigen Österreichern, die er zum Pol führen würde, allein. Es ist ein sehr, sehr seltsames Gefühl, wenn man in dem Helikopter sitzt, der aufsteigt. Über den Menschen und Schlitten, die schnell zu kleinen Punkten werden. Man weiß, auf diese Menschen wartet eine fantastische Zeit. Und man wünscht ihnen einfach, dass alles gut gehen wird.

Seitdem bekommen nicht nur die Piloten Süßigkeiten von mir. Bayerische Löwenherzl und Mozartkugeln schmecken auch gefroren. In meinen Jackentaschen stecken Süßigkeiten, damit ich immer etwas zum Verschenken habe. 2009 brachten wir Børge Ousland hinaus, mit dem Thomas auf Fridtjof Nansens Spuren vom Nordpol bis nach Norwegen marschiert und gesegelt ist. Børge bekam eins der Löwenherzln von mir. Er hielt es an sein Herz und lachte, als er über seinem Schlitten unter dem Helikopter kniete. Und ich kam mir für einen kurzen Moment recht blöd vor. Ich dachte, meine Güte, das ist nun wahrscheinlich wirklich nur, weil ich eine Frau bin, diese wilden Kerle, denen macht das überhaupt nichts aus, dieses seltsame Gefühl beim Aussetzen – was für eine Gefühlsduselei von mir. Schokoladenherzen, bitte!

Und liege falsch. Denn jetzt bin ich es, die ausgesetzt wird. Und auf einmal spüre ich, wie mir Victor eine Tafel Schokolade in die Hand drückt. Steck sie ein, sagt er. Dann setzt sich Sasha neben mich. Will etwas sagen, lässt es dann aber bleiben. Steckt mir stattdessen russische Pralinen in die Tasche meiner Daunenjacke. Ein paar in die rechte und nach einer Weile noch ein paar in die linke. Und klopft mir auf die Schulter. Es geht ihnen genauso! Die wilden Kerle, sie sind tatsächlich besorgt. Und gerührt sogar. Es macht mich ganz stumm, wie sie mich anschauen. Und der Helikopter sinkt.

Ich ziehe alle Reißverschlüsse zu, setze die Mütze auf und ziehe die Kapuzen hoch. Tuch vor das Gesicht. Handschuhe an. Fertig. Das Adrenalin kommt mir fast zu den Ohren heraus. Der Helikopter schwebt knapp über dem Boden. Der Mechaniker kommt aus dem Cockpit, macht die Türe auf. Springt hinaus, rammt einen spitzen Metallstab ins Eis, der Test, ob man hier wirklich landen kann. Reckt den Daumen nach oben. Klappt die Treppenstufen aus. Victor klopft mir auf die Schulter. Los! Ich springe hinaus. Drehe mich um, packe einen Schlitten. Ziehe ihn ein Stück weg, Thomas reicht mir unsere zusammengepackten Skier, ich lege sie auf seine große Pulka. Die anderen reihen ihre Schlitten neben meinem auf. Direkt unter dem Hubschrauber. Victor springt zu uns heraus. Die Rotoren sind nicht viel langsamer geworden, es ist laut, der Wind zerrt an mir. Ich schaue über das Eis. Mein Herz klopft hart und schnell. Drückt mir die Luft ab, so klopft es. Victor und Thomas. Wir umarmen uns. Victor sagt: Keine Angst, Poliarnitsa. Ich weiß, du wirst es lieben.

Ich kann kaum noch atmen. Adrenalin, so viel Adrenalin. Es ist so weit. Die ganze Freude, die latente Angst, der große Respekt, das lange Training, die vielen Gedanken, die viele Zeit. In diesen Sekunden läuft alles zusammen. Zweieinhalb Jahre, in einem Moment. Jetzt! Hier! Das Eismeer! Victor springt zurück in den Hubschrauber. Klappt die Treppe ein. Ich ducke mich über den Schlitten. Wie ich es so oft bei anderen Teams gesehen habe. Ziehe meine Kapuze über die Ohren. Luge darunter vor. Sehe Victor in der Tür des Hubschraubers stehen. Er hebt die Hand. Winkt. Sasha reckt den Daumen nach oben. Ein letztes Mal. Das Sirren des Helikopters, mein Herz, es klopftklopftklopft, ein Höllenlärm um mich, der Abwind der Rotoren, Eisflockenwirbel, Nadeln auf der Haut. Ich wende mein Gesicht dem Schlitten zu, heftige Böen treffen mich, der Hubschrauber hebt ab, wir sind in einer Schneewolke, und dann ist er weg.

Bamsemums

Longyearbyen und Franz-Joseph-Land
Begegnungen mit dem großen Bären

Es ist kein Rentier. Die Mädchen hoffen es. Etwas steht auf.
Hellgelb. Kein Rentier. Nur für ein paar Tage sind die Mädchen in Longyearbyen. Sie besuchen Freunde, die hier studieren. Nun sind diese Freunde auf einer Exkursion. Und
die Mädchen machen einen Spaziergang. Bis nach Nybyen
hinauf, zur Kunstgalerie. Dann gehen sie in einem Bogen
zurück Richtung Kirche. Schauen hinauf auf den Berg. Was
denkst du, der Blick da oben? Muss traumhaft sein. Lass uns
hochgehen. Viele Bären sind zurzeit um den Ort unterwegs.
Die Mädchen, vom norwegischen Festland, sind ans Draußensein gewöhnt. An Bären nicht. Sie haben keine Waffen
dabei. Kein Gewehr. Keine Signalpistole. Aber der Weg ist
nicht weit. Einfach ein paar hundert Meter hinter der Kirche
hoch. In Sichtweite des Orts. Was sollte ein Bär dort oben?
Eisbären fressen Robben. Robben lungern auf dem Meereis
herum, nicht auf Berggipfeln.

Die Mädchen, oben auf dem Plateau. Der Blick, ein Traum,
tatsächlich, über das Meer mit den Eisschollen, die Tafel-
berge, vergletschert, den blauen Himmel, die bunten Häuser Longyearbyens. Etwas bewegt sich. Ein Tier mit hellem
Fell. Ein Rentier. Nein. Ein Bär. Nicht einmal 500 Meter von

der Kirche. Die Mädchen rennen. Die Berge um Longyearbyen fallen steil ab. Die eine springt. Fällt, fällt, stolpert, schreit. Verletzt sich. Ihre Freundin, wo ist sie? Der Bär. Ist schneller …

Die Rettungsmannschaft rückt aus. Mit einem Helikopter und einem Snowscooter. Sie werden das Aussprechen von Unaussprechlichem vermeiden, später. Und nur sagen, es sei klar gewesen: Nichts war zu retten. Das heißt, der Eisbär hat getan, was in seiner Natur liegt. Er hat das Mädchen gefressen.

Der Bär wurde erschossen. Von ganz Longyearbyen sieht man hinauf, zu diesem Platz. Ein Monument steht nun dort oben.

Diese Geschichte. Lang schon ist sie her, mehr als 15 Jahre. Sie hat anderen Menschen das Leben gerettet, wahrscheinlich. Dem britischen Jungen im Sommer 2011 nicht, der an einem Zeltlager teilnahm. Das in der Nacht von einem Bären entdeckt wurde. Seit dieser verhängnisvollen Sommernacht gibt es eine Auffrischung der Warnung, einen noch sehr jungen Beleg dafür, dass es tatsächlich möglich ist, dass es wirklich passieren kann und auch passieren wird, wenn man nicht wachsam ist im Bärenland: dass dann ein Bär kommen und jemanden töten kann. Doch das Zeltlager war viel weiter weg von Longyearbyen. Das Mädchen dagegen, es starb in Sichtweite der Kirche.

Viele Bärenwarnungen gibt es in Longyearbyen. Plakate. Faltblätter. Aufsteller in Hotels. Einen Film im Museum. Man sieht das alles. Registriert es. Und auch wieder nicht. Merkt nicht, wie gefangen man ist. Im Kopf. In Gedanken. Gefangen in der Zivilisation. In der Vorstellung, sicher zu sein. Longyearbyen, diese kleine Stadt. Mit Supermarkt. Kino. Bar. Alles wie überall. Doch das scheint nur so. Ein ungeheurer Aufwand ist nötig für das Leben hier. Longyearbyen ist ein künstlicher Ort. Viele Zeichen der Zivilisation werden mit Schiffen und Flugzeugen hierher transportiert. Longyearbyen liegt trotzdem auf dem 78. Breitengrad. In der Arktis. Ohne Hilfsmittel, ohne Unterstützung eines südlicheren Festlandes wäre das Leben nahezu unmöglich hier. Die Vegetationszeit ist kurz, der Boden lang gefroren. Das Land von Gletschern überzogen. Es wachsen keine Bäume, keine Sträucher, das halbe Jahr fast liegt der Ort im Dunkeln. Dies ist kein Menschenland. Aber das verschwimmt. Die Anwesenheit dieser Zivilisation vermittelt Sicherheit. Suggeriert, was überall auf der Welt der Fall zumindest zu sein scheint: Der Mensch bestimmt. Städte und wilde Tiere, in unserer Vorstellung geht das nicht zusammen. Wie King Kong in New York – dort, wo das Wilde in die zivile Ordnung eindringt, ist Chaos die Folge. Die Stadt ist unser sicheres Revier, wenngleich wir dort von unseresgleichen oder Maschinen, von Menschen und Autos getötet werden. Die Sicherheit also, die Longyearbyen suggeriert, ist trügerisch. Longyearbyen liegt im Bärenland und unterliegt seinen Gesetzen. Die Bären waren zuerst da, und sie kennen keine Ortsschilder. Sie gehen ihre Wege, immer noch.

Für einen Mitteleuropäer ist es schwierig, das Hineinfühlen in dieses Bärenland. In Oberbayern gibt es keine wilden Tiere, nicht einmal gefährliche Insekten. Man braucht eine Zeit, sich an den Gedanken zu gewöhnen. Dass da ein Tier ist, das einen fressen kann. Dass man überhaupt gefressen werden kann.

Deswegen verlässt man den Ort besser nie ohne Waffe und Signalpistole. Feuert man die zischenden Leuchtraketen auf die Bären, hauen sie meistens ab. Zielen ist wichtig, weil die Feuerwerkskörper zwischen dem Bären und dem Menschen explodieren sollten. Nicht hinter dem Bär. Sonst treibt man ihn noch näher zu sich, anstelle von sich fort.

Thomas ist auf seiner großen Expedition vom Nordpol nach Franz-Joseph-Land etlichen Bären begegnet. Er hat die Erfahrung gemacht: Es ist gut, den Bär erst näher kommen zu lassen. Bären sind neugierig. Und sie sehen nicht besonders oft Gestalten im Eis, die Schlitten hinter sich herziehen. Es ist nicht nur für den Menschen eine besondere Begegnung – auch für den Bären. Lass ihn in Ruhe schauen, wittern. Und vertreibe ihn dann erst. Dann aber sehr entschlossen, sagt Thomas. Dann hauen die Bären meistens wirklich ab. Wenn er versuchte, die Tiere zu verscheuchen, wenn sie noch weiter weg waren, hatte er sie meistens eine ganze Weile am Hals und verschoss viel mehr Munition. Thomas und Børge Ousland allerdings sind auf ihrer monatelangen Reise über das Meereis zu einem Teil dieses Bärenlands geworden. Das Gefühl für die Bären, sie konnten es entwickeln. Wenn man soeben in Longyearbyen gelandet ist, ist das etwas anderes.

Wenn man gerade erst von einem Schiff gestiegen ist, auch. Im Sommer, auf den Schiffstouren durch die Arktis, erleben wir immer wieder Überraschungen. Wenn wir an Land gehen, sondieren wir deshalb vorher genau das Gelände. Wir nehmen bewaffnete Wachen mit, die wir um eine definierte Zone herum postieren. Diese Zone darf niemand verlassen. Auch unsere Wachen tragen neben Schusswaffen vor allem Signalpistolen. Niemand aus einem dieser Expeditionsteams möchte je einen Bären erschießen. Einen Bären töten zu müssen, es wäre ein Super-GAU. Wir müssten uns selbst und die ganze Idee dieses Tourismus in Frage stellen, würde das geschehen. Ganz abgesehen davon, was die Behörden dazu sagen würden, wenn wir aus Dummheit, denn in den meisten Fällen wäre es nichts anderes, einen Bären töten müssten. Es darf schlicht nicht passieren. Manchmal sehen wir schon Bären an Land, wenn wir noch auf dem Schiff sind. Manchmal sind dann trotzdem Landungen möglich, in gebührendem Abstand. Meistens liegen die Bären nur da, stehen vielleicht kurz auf, wittern in unsere Richtung. Wahrscheinlich wundern sie sich, was das für seltsame Wesen sind. Und dann legen sie sich wieder hin.

Während einer solchen Landung am Kap Tegetthoff, einem der schönsten Plätze Franz-Joseph-Lands, lag ein Bär unterhalb einer Klippe. Vorsichtig gingen wir trotzdem an Land, mit Andreas Umbreit, dem deutschen Spitzbergenspezialisten, der viel Erfahrung hat mit solchen Situationen. Wir hielten weiten Abstand zu dem Bären, der sich lange Zeit nicht einmal bewegte, sondern uns mit dem Kopf zwischen seinen mächtigen Pfoten ruhig beobachtete. Vielleicht waren wir die ersten Menschen, die er sah. Ziemlich sicher war es das erste Mal, dass er gleich 70 Menschen auf einmal sah. Und irgendwann wurde er neugierig. Er stand auf. Witterte. Und ging langsam in unsere Richtung. Wir begannen deshalb, die Passagiere in die Schlauchboote zu setzen, ruhig und zügig. Sepp, als Dozent dabei, trug ein Gewehr. Eine Frau fragte ihn, ob er mit ihr etwas näher zu dem Bären gehen könne. Auf ihrer Kleinbildkamera sei das Tier nur ein kleiner Fleck. Sie wolle ein ordentliches Bild machen. Sepp antwortete, das werde er ganz sicher nicht tun. Sie könne gern eins seiner Fotos haben, aufgenommen mit einem riesigen Tele. Die Frau insistierte. Sepp, der Österreicher, fragte die gnä' Frau, was sie denn glaube, was passiere, wenn es sich dieser Bär anders überlegen und nicht mehr so friedlich sein sollte – und da sagte die Frau, dafür habe Sepp doch das Gewehr. Mit einem solchen Satz kann man jemandem wie Sepp, Biologe, Natur- und Menschenfreund, ein Mensch mit riesigem Respekt vor der Tierwelt, das Herz in der Mitte auseinanderschneiden. Er antwortete nichts mehr.

Die Warnungen also, bei manchen Menschen helfen sie wenig. Die Geschichte der beiden Mädchen von Longyearbyen aber hat eine sehr direkte Wirkung. Wenn man auf dem Platz vor dem Supermarkt steht. Hinaufschaut auf den Bergrücken. Die Tatsache, dass es so nah an der Siedlung passiert ist, verursacht ein gewisses Unbehagen. Das einen nicht einmal daran denken lässt, den Ort ohne Waffe zu verlassen. Das einen auch immer wieder hinter sich blicken lässt, wenn man vom Zentrum hinaufgeht nach Nybyen, über die weiten, offenen Flächen, über die der Wind pfeift. Immer wieder den Blick die Berghänge entlanggleiten lässt. Um Ausschau zu halten nach hellgelbem Fell.

Die Eltern des toten Mädchens kämpften eine Weile dafür, dass die Jagd auf Eisbären in Spitzbergen wieder erlaubt werden sollte. Um die Bestien zu erlegen, die ihre Tochter getötet hatten. Ein hoffnungsloses Unterfangen, denn Eisbären wandern. Die Bären Spitzbergens gehören zu der Barentssee-Population. Um die 3000 Tiere umfasst diese. Sie bewegen sich in Arealen, die mehrere tausend Kilometer groß sind. Es kommen immer wieder neue Bären nach Spitzbergen, während andere die Inseln verlassen. Man muss es als Reaktion unter Schock verstehen, was die Eltern forderten.

Die Norweger haben ansonsten ihre eigene Art, mit derlei Geschehnissen umzugehen. Es gibt in Longyearbyen ein T-Shirt zu kaufen, auf dem ein Tourist vor einem Bären davonläuft. Darunter steht: Svalbard Quick Lunch. Bald nach dem Vorfall kursiert außerdem ein Witz. Bengt erzählt ihn mir, als wir auf dem Parkplatz des Supermarkts stehen und hinaufschauen auf den Tafelberg, auf dem es passierte. Der Witz spielt mit dem Namen einer norwegischen Süßigkeit. Kleine Bären heißen auf norwegisch Bamse. Die Süßigkeit, die sogar eine eigene Facebook-Seite hat, heißt Bamsemums, und Mums ist in diesem Zusammenhang am ehesten mit Leckerbissen zu übersetzen – es sind kleine Schaumbären, überzogen mit Schokolade. Der Witz geht so: Wie heißen junge Studentinnen, die nach Spitzbergen kommen? Richtig: Bamsemums.

Plackerei im Packeis

Im Eis, April 2010
Tag 1 bis 4
Wir kämpfen gegen die Strömung, kommen nur langsam voran
Distanz am Startpunkt 111 km, nach drei Stunden 105 km;
Tag 2 morgens 107 km, abends 97,4 km;
Tag 3 morgens 100 km, abends 88,8 km;
Tag 4 morgens 99,8 km, abends 90,5 km.

Der Wind, abrupt reißt er ab. Ich richte mich auf. Hoch ist der Helikopter. Schnell ist er aufgestiegen, so wenig Abwind wie möglich auf uns werfend. Ich stehe da. Schaue ihm hinterher. Er fliegt einer tief stehenden Sonne entgegen. Es ist still. Ich stehe auf einer mehr als 14 Millionen Quadratkilometer großen Eisfläche. Und halte die Luft an. Schaue mich um. Thomas läuft auf mich zu. Johlend. Wow, das ist doch einfach super, oder, ruft er. Dieser Vogel, das ist einfach der Wahnsinn, wenn der aufsteigt über dir! Juuuchuuu!

Das ist es, ja. Wir klatschen uns ab, lachen, es ist unfassbar, wie viel Endorphin der Körper einem ins Blut pumpen kann. Allein dieser Moment, er war es schon wert. Ich drehe mich um meine Achse, breite die Arme aus, lache, juble. Es geht los!

Es dauert ein paar Minuten, bis wir wieder normal agieren können. Bis wir uns so weit beruhigt haben, dass wir wieder koordiniert handeln können. Und bis uns außerdem ein bisschen kalt wird und wir losgehen sollten. Markus fotografiert wie ein Wilder. Urs und Max nesteln an ihren Jacken herum. Thomas steckt seine Kamera in den Schlitten. Wir sortieren unsere fünf Paar Ski auseinander, ziehen unsere Daunenjacken aus.

Es ist 15 Uhr, als wir abgesetzt werden, nach Longyearbyenzeit. Nach dieser Zeit werden wir leben, weil es einfach ist und wir uns nicht umstellen müssen. So ist zumindest der Plan. Die Ortszeit benötigen wir aber trotzdem auch: um mit dem Sonnenstand zu navigieren. Nach dieser ist es jetzt 20 Uhr abends. Und weil die Sonne pro Stunde 15 Grad um den Horizont wandert, müssen wir jetzt also so gehen, dass wir die Sonne sozusagen um 60 Grad östlich von uns haben. So gehen wir direkt nach Norden. In vier Stunden wird die Sonne 60 Grad gewandert sein und im Norden stehen. Es ist im Grunde ganz einfach. Man darf sich nur nicht mit den Uhrzeiten vertun, und die Uhren sollten auch nicht stehen bleiben.

Genau das passierte den norwegischen Polfahrern Fridtjof Nansen und Hjalmar Johansen am 12. April 1895. Nansen hatte ursprünglich den Plan, mit der eigens dafür gebauten Fram im Eis eingefroren zum Nordpol zu driften, 1893. Als sich nach anderthalb Jahren Drift im Eis herausstellte, dass der Pol weit verfehlt werden würde, traf Nansen eine aberwitzige Entscheidung: Er wollte die Fram verlassen und auf Skiern weiter nach Norden vordringen. Hjalmar Johansen war mutig genug, ihn dabei zu begleiten. Die beiden

Männer wussten, sie würden die Fram nie wieder finden, da das Schiff mit dem Eis weiterdriften würde, und es mangels Kommunikationsmittel damals keine Möglichkeit gab, die Position der Fram zu verfolgen. Nach ihrem Weg zum Pol, so er ihnen denn gelingen würde, würden sie Richtung Süden zu den noch sehr wenig erforschten und vermessenen Inseln des Franz-Joseph-Landes marschieren müssen. So weit der Plan. Die Männer quälten sich also über Presseisrücken um Presseisrücken Richtung Norden. Gerieten in immer höher aufgeworfenes Eis. Und kamen kaum voran. Am 9. April 1895 fällte Nansen den Entschluss zur Umkehr, auf 86.14 nördlicher Breite. So weit nördlich wie noch kein Mensch vor ihnen. Doch auf ihrem Weg nach Süden blieben beide Uhren stehen, erst die Johansens und dann die Nansens. Nun gab es keine Möglichkeit mehr, den genauen Längengrad zu bestimmen – und doch mussten sie Franz-Joseph-Land finden, bevor das Eis im Sommer schmolz.

Was Nansen und Johansen da gegen Ende des 19. Jahrhunderts taten, war wohl eines der größten Abenteuer, das die Menschheit je gesehen hat. Es gelang ihnen, sie fanden Franz-Joseph-Land. Fanden auf der Jackson-Insel einen kleinen Streifen Land, der nicht mit Eis überzogen war. Gruben sich mühselig eine Vertiefung in den gefrorenen Boden, häuften Steine ringsum, ein Baumstamm diente ihnen als First und die Felle geschossener Robben und Eisbären als Dachbedeckung. In dieser jämmerlichen Höhle überwinterten sie, harrten darin aus, die ganze dunkle Polarnacht hindurch. Als Lichtquellen dienten ihnen Tranlampen, aus dem geschmolzenen Fett der erlegten Tiere, fettig rußende Dochte, die Kleidung und Haare der beiden nach und nach mit Fett durchtränkten und schwarz einfärbten. In einem

Schlafsack schliefen die beiden, und an Weihnachten drehten sie zur Feier des Tages ihre Unterhosen um. Und trotz dieses Angewiesenseins aufeinander sollte es bis Weihnachten dauern, bis der gebildete Nansen seinem Kameraden, einem einfachen Heizer, das informelle »du« als Anrede anbot.

Als das Licht wiederkehrte, im Frühjahr 1896, machten sie sich weiter auf den Weg nach Süden, durchquerten den ganzen Archipel. Auf einer der südlichsten Inseln geschah dann das Wunder, einer der größten Zufälle der Geschichte: Die beiden Norweger trafen auf Kap Flora auf die britische Expedition Frederick George Jacksons. Der hatte sich einst bei Nansen beworben, unbedingt wollte er dabei sein bei der großen Polfahrt des Norwegers. Doch weil er Brite war, verweigerte ihm Nansen die Teilnahme – und so stellte Jackson seine eigene Expedition auf die Beine. Mit seinem Schiff, der Windward, kehrten die Männer nach Norwegen zurück, drei Jahre, nachdem sie aufgebrochen waren.

Diese Geschichten sind es, die die Arktis zu einem Abenteuerland machten und noch immer machen. Verglichen damit sind wir Spaziergänger. Der Ausgang unseres Unternehmens ist nicht ungewiss. Wir werden irgendwann mit Hubschraubern abgeholt, und selbst wenn es einen Sturm gibt, wir müssten nichts tun als warten. Unser Leben hängt nicht davon ab, dass wir den Pol erreichen, und schon gar nicht davon, dass wir von dort mehr als 1200 Kilometer Richtung Süden marschieren. Und wenn unsere Armbanduhren stehen bleiben, so hat das GPS eine Uhr, die uns sowieso die Position am schnellsten und genauesten sagt und damit auch die Richtung, in die wir gehen müssen. Wir bewegen uns zwar im Eismeer. Aber die Zivilisation und ihre Sicherungen haben wir dabei.

Und dennoch ist es überwältigend, hier zu stehen. Zum ersten Mal stemmen wir uns in unser Geschirr, setzen den Schlitten in Gang. Es fühlt sich ungewohnt an. Die weichen Schuhe, die dünnen Skier, der Schlitten, der an der Hüfte hängt. Gleichzeitig dieses Staunen über die Welt, in der wir unterwegs sind. Gigantische Eisblöcke, eingewehte Presseisrücken, Wellenmuster im Schnee. Die Arbeit des Winds. Wir gehen durch eine Naturkunsthalle. Was für eine Ehre, dass wir diese betreten dürfen. In mir singt alles. Es ist wunderschön.

Manchmal ist das Eis glatt, dann rutschen die schmalen Skier, und man muss die Stöcke mit viel Gewalt in den Boden rammen, um vorwärtszukommen. Dann klappern die Ski. Manchmal ist das Eis von einer hart gepressten Schneeschicht überzogen, dann tönt ein hohes Pfeifen unter den Skiern hervor. Manchmal klingt es seltsam hohl, manchmal dumpf. Und manchmal bleibt der Schlitten in weichen Wehen hängen. Eis ist nie gleich, jeder Meter ist anders, in jeden Zentimeter haben Wind und Schnee ein anderes, neues Muster gemalt, ihn hart oder weich, porös werden lassen oder zusammengepresst.

Drei Stunden gehen wir an diesem ersten Tag, zum Eingewöhnen. Sechs Kilometer schaffen wir in dieser Zeit nur, das ist nicht viel. 105 Kilometer beträgt unsere Distanz zum Pol, als wir unser erstes Camp aufgebaut haben. Thomas ist nicht begeistert. Aber er meint, am Anfang sei man immer langsamer. Die Bedingungen sind so weit gut. Das Eis nicht zu aufgeworfen, die Temperatur mit nur minus zehn Grad fast zu warm, ein leichter Wind weht.

Dass aber bald alles völlig anders sein und das mit der Ge-wöhnung bei einigen eben genau nicht passieren würde, und dass wir außerdem noch unsere ganz eigene Zeitzone etab-lieren würden – das wussten wir da noch nicht.

Denn die Bedingungen scheinen nur gut. In Wahrheit bewegt sich das Eis, und unsere kleine Fünfergruppe auf ihm, kons-tant Richtung Süden, genauer: Südosten. Als wir am nächs-ten Morgen aufwachen, sind wir wieder 107 Kilometer vom Pol entfernt. Zwei Kilometer haben wir verloren. Das Eis liegt grau vor uns. Die Presseisrücken, die wir überqueren müssen, werden größer und größer. Das Eis stapelt sich. Verkantet. Ski abschnallen. Klettern, in der Hand die Ski, an den Handge-lenken baumeln die Stöcke, an der Hüfte hängt der Schlitten. Max schätzt die Höhe einiger Presseisrücken auf mehr als drei Meter. Wir klettern an ihnen hinauf. Und auf der andren Seite wieder hinunter. Auf den Eisblöcken liegt frisch gefalle-ner Schnee. Rutschig. Wir kämpfen uns vorwärts.

Es ist anstrengend. Und spannend. Wir passieren bizarre Eisformationen. Manchmal liegen riesige Eisblöcke einfach so auf einer großen Fläche flachen Eises. Es ist faszinierend, welche Kräfte der Natur man hier sieht. Faszinierend auch, dass die Kälte einen ganzen Ozean so zum Erstarren bringt. Obwohl es doch so wenig Eis ist, gemessen an den tiefen Wassern unter uns. Verglichen mit 4000 Metern Wasser ist der Eisdeckel so dünn, meistens zwischen wenigen Zenti-metern und maximal zweieinhalb Metern. Und doch ist der Ozean ruhig. Fast.

Auf den flachen Arealen zwischen den Presseisrücken gehen wir gleichmäßig dahin. Es ist Arbeit, wohltuende Arbeit. Die

Luft tut gut, in den Lungen. Die Muskeln arbeiten. Es ist angenehm zu gehen, die Neoprenmasken brauchen wir nicht, so warm ist es. Wir sind unterwegs, es fühlt sich fantastisch an. Thomas schreitet weit aus, geht gleichmäßig und zügig. Er freut sich, hier zu sein, das sieht man. Nur sein Schlitten macht es ihm schwer, in dem rutschigen Neuschnee.

Irgendwann hält er an. Dort vorne kommt offenes Wasser, sagt er. Woher weißt du? Das siehst du am Himmel, sagt er, kannst du dich an Nansens Bericht erinnern? Wenn der Himmel dunkel ist, liegt offenes Wasser darunter. Wo die Wolken heller sind, reflektiert das Eis das Licht. Ich schaue die Wolken an. Sind das nicht einfach nur dunkle Wolken?

Wenig später sehen wir es. Eine riesige Rinne. Sie versperrt uns den Weiterweg nach Norden. Wohin sollen wir uns wenden? Nach Osten? Nach Westen? Welche Richtung? Wo wird das Eis schneller wieder geschlossen sein? Wie lang ist die Rinne? Wir können es nicht wissen. Thomas steigt auf hohe Presseisrücken. Er kann kein Ende der Rinne sehen, in keiner Richtung. Er versucht, den Himmel zu lesen. Wir gehen nach Osten. Marschieren an dem Wasser entlang. Schwarz liegt es zwischen den Eisflächen. Zarte kleine Wellen schwappen an die Ränder. Und dann: übereinandergetürmte Eisblöcke, eine natürliche Brücke. Nach mehr als einer Stunde. Wir tasten uns darüber. Endlich. Wir können wieder nach Norden weitergehen.

Aber die Drift ist gewaltig. An unserem zweiten Tag im Eis sind wir acht Stunden unterwegs. Unsere Distanz zum Pol verringern wir aber nur um mickrige zehn Kilometer. Noch immer haben wir 97,4 km vor uns. Als wir im Zelt sitzen, sehen wir auch, warum. Das GPS zeigt an, dass wir uns jetzt

noch schneller bewegen als in der vergangenen Nacht. Nach
Süden. 800 Meter pro Stunde ist unsere Geschwindigkeit.
Sitzend. Das Eis nimmt uns die gegangene Strecke wieder
ab. Es ist, als würden wir auf einem Förderband laufen. Ein
Förderband, das in die falsche Richtung läuft.

Eigentlich sollte uns die transpolare Drift auf den Pol zu-
schieben. Eigentlich. Aber in diesen Tagen hat sie sich umgedreht, weil der Wind sich gedreht hat und die Eismassen
vor sich herweht. Es geht uns ein bisschen wie Nansen, damals, als er auch nicht mehr weiterkam nach Norden. Doch
auch wenn er den Pol nicht erreichte, so gelangen ihm doch
große Entdeckungen. Mit der Driftfahrt der Fram auf dem
dahinziehenden Eis bewies er die transpolare Eisdrift, die
man bis dahin nur vermutete. Vermutete, weil man einige
Jahre zuvor eine seltsame Entdeckung gemacht hatte, am
18. Juni 1884. Nahe Qaqortoq, vor der Küste Grönlands, fanden sich Wrackteile. Auf einer Eisscholle. Es sind Teile der
Jeannette. Zerquetscht worden war sie vor der sibirischen
Küste. 4000 Kilometer weit weg.

Die Jeannette war ein stolzes Schiff, unterwegs im Auftrag der amerikanischen Marine. Ziel: der Nordpol. Kommandant: George Washington DeLong. DeLongs Mannschaft rettet einige Habseligkeiten, bevor ihr Schiff versinkt,
auch drei Boote, und macht sich vom 77. Breitengrad auf
den beschwerlichen Weg nach Süden. Nur ein Boot schafft
es, das Festland zu erreichen, in Sibirien eine Siedlung zu
finden. Alle anderen ertrinken, erfrieren oder verhungern.

Der Fund der Wrackteile vor Grönland setzte die Gedanken aller Polarforscher der damaligen Zeit in Gang. Es
musste also eine Verbindung geben. Zwischen Sibirien und
Grönland. Dieser Fund war es, der Nansen überhaupt erst

auf die Idee brachte, die Fram mit einem runden Rumpf bauen zu lassen. Damit sie sich aufs Eis heben und mit ihm reisen würde, anstatt zwischen den Schollen zerquetscht zu werden. Dieser Teil seines Plans gelang. Die Fram verhält sich ganz wunderbar, notiert er in sein Tagebuch nach den ersten Eispressungen vor Sibirien. Und als sich die Fram drei Jahre später nahe Spitzbergen wieder aus dem Eis befreit, ist der Beweis einer Strömung erbracht.

Betrachtet man also, wo wir unseren Marsch über das Eis begonnen haben, so müssten wir eigentlich mit der Drift gehen. Manchmal aber, da dreht die Drift sich um. Die Bewegungen des Eises, sie werden nicht nur bestimmt von Corioliskraft und Meeresströmung, sondern auch vom Wind, der Dicke des Eises, der Temperatur. Auf ihrem Weg von Sibirien nach Grönland haben die Trümmer der Jeannette unzählige Male die Richtung gewechselt, und auch die Fram nahm alles andere als einen direkten Weg. In dem großartigen Fram-Museum in Oslo hängt eine große Karte, auf der die zackige Linie der Framdrift eingezeichnet ist. Lange stand ich vor dieser Karte, bei meinem Zwischenstopp auf dem Weg nach Norden. Folgte der Linie mit den Augen. Stellte mir vor, wie diese Reise gewesen sein muss, immer wieder vor und zurück. Und nun reise ich selbst so.

Thomas und ich funktionieren am zweiten Abend unser Zelt um. In eine kleine Werkstatt. Max hat Schwierigkeiten mit den Skiern. Er rutscht auf dem frisch gefallenen Schnee. Thomas sagt, wir seien sehr langsam. Drift hin oder her. Wir müssten einfach schneller gehen. Also machen wir Felle an Max' Ski und probieren aus, ob er damit besser gehen kann. Wir wärmen erst die Ski, dann die Felle mit dem Benzinkocher an, damit sie besser kleben. Vergehen fast vor Hitze in unserem Zelttunnel. Hängen die Ski dann noch über quer gespannte Schnüre an unseren Zelthimmel, wo es am wärmsten ist. Die Schnüre holt Thomas aus seinem Reparaturkit. Er erinnert mich damit an eine Comicfigur, die aus ihrem Bauchbeutel immer alles, was man gerade braucht, herauszaubert. Dieses Kit wiegt ein paar Kilo. Aber wahrscheinlich kriegt man damit auch einen havarierten Flugzeugträger wieder flott.

Nächster Morgen, Tag 3. Blick auf das GPS. Wir sind fast fünf Kilometer gedriftet. Genauso wie schon in der Nacht zuvor. Aber wenigstens nicht genau nach Süden. Genau hundert Kilometer beträgt unsere Distanz jetzt wieder. Der Wind hat deutlich aufgefrischt. Er rüttelt an den Zeltwänden. Kommt aus Nordwest. Kein Wunder also, dass wir nach Südosten driften. Der Wind bläst das Eis vor sich her. Aber es ist noch einmal wärmer geworden, acht Grad minus nur. Wie es scheint, hängt ein großes Tiefdruckgebiet über uns. Thomas geht auf einen Besuch ins andere Zelt hinüber, zu Markus, Max und Urs. Kommt besorgt zurück. Max und Urs haben am Vorabend kaum etwas gegessen. Eindringlich hat er mit ihnen geredet. Ihnen erklärt, wie wichtig es ist zu essen. Aber sie wollten nicht. Weil ihnen unser Fertigfutter nicht schmeckt, sagen sie. Gefrühstückt haben sie nun auch fast nichts.

Ich betrachte unsere leer gefutterten Essensbeutel. Kartoffeleintopf mit Fleisch, Mousse au Chocolat. Diese Fertignahrung, auf die man nur heißes Wasser zu kippen braucht, ein wenig ziehen lässt und dann direkt aus den Alutüten löffelt, ist eigentlich gar nicht so schlecht. Wobei es gewaltige Unterschiede zwischen den verschiedenen Marken gibt. Deswegen lasse ich für einen Zeitungsartikel sogar einmal

Holger Stromberg, den Sternekoch der Fußball-National-
mannschaft, Expeditionsnahrung verkosten. Er kommt zu
vernichtenden Urteilen, manches allerdings schmeckt sogar
ihm. Vor allem wenn man richtig Hunger hat, sollte man es
doch gut essen können, sage ich zu Thomas. Neben unseren Beuteln liegen noch eine leere Packung Nüsse und eine
Rolle Schokolade. Das haben wir allein gestern Abend ver-
drückt, jeder. Heute Morgen einen Beutel Müsli. Und noch
eine Rolle norwegischer Schokolade. Macht etwa 3000 Kalorien Vorsprung. Hm, sagt Thomas. Weiß nicht, wie die das
machen wollen. Wir packen zusammen, um weiterzugehen.

Tage im Eis, sie sehen so aus: Aufwachen in einem eisigen
Zelt. Kocher anschmeißen. Wasser kochen, frühstücken,
Zähneputzen, alles vorbereiten. Wenn wir schnell sind, dauert das etwas weniger als eine Stunde. Dann noch einmal
hinlegen, eine halbe Stunde vielleicht. Es tut gut, dem Körper etwas Zeit zu geben, mit den ersten 1000 Kalorien und
etwa einem Liter Flüssigkeit fertigzuwerden, bevor man sich
kniend anziehen muss. Dann Toilette. Noch mal im Schlafsack aufwärmen. Anziehen, abbauen, los. Alles in allem
etwa 2,5 Stunden.

Wir gehen nur in unserer Goretex-Kleidung. Wenn dir kalt
ist, geh schneller, sagt Thomas. Wenn es stürmt, ziehen wir
Isolierjacken darüber. Die Daunenjacken sind nur für die
Pausen, etwa alle zwei Stunden: Schlitten auf, Thermoskannen und Essen heraus. Alles mit den dicken Handschuhen. So schnell wie möglich so viel wie möglich essen. Ab-
gepackten Speck, Nüsse, Schokolade – alles durcheinander.
Viel trinken. Viel Flüssigkeit geht verloren, über die Atmung
in der Kälte. Ohne Bewegung wird es schnell kalt. War man

eben noch wohlig warm vom schnellen Marschieren, verlässt einen dieses Gefühl nach ein paar Minuten.

Es ist interessant. Wie der Körper reagiert. Wie dringend man die Bewegung braucht. Genauso dringend das Essen. Der Körper, hier ist er eine Maschine. Als solche muss man ihn begreifen, so einfach sind die Abläufe, und man muss ihn sehr gut warten. Genügend Treibstoff einfüllen. Richtig verpacken. Dabei ist es noch gar nicht richtig kalt.

Die Pausen sind anstrengend. Manchmal wäre es einfacher, einfach immer nur weiterzugehen. Oder sich nur hinzusetzen. Nicht bewegen. Das können wir nie. Harte Arbeit ist der Weg. Harte Arbeit die Pausen. Das Training, die Ausdauer, die Kraft. Man braucht sie für all die Presseisrücken. Aber auch für diese ganzen kleinen Dinge. Für die Disziplin. Das merke ich jetzt. Es hört nie auf. Das ist das Geheimnis des Polfahrens. Der gesamte Tagesablauf: eine Herausforderung. Jede Kleinigkeit: eine Aufgabe. Im Warmen wäre es einfach. Einen klemmenden Reißverschluss öffnen. Eine hakende Skibindung. Einen Gurt festziehen. Handschuhe aus. Handschuhe an. Warten, bis man die Finger wieder spürt. Noch einmal Handschuhe aus, Bewegungen schnell ausführen. Diese Dinge dürfen nicht an den Nerven zerren. Sie gehören dazu. Sie machen das Ganze aus. So muss man das sehen.

Wofür? Für welche Belohnung? Für die bisher klitzekleinen Momente, in denen wir die arktische Landschaft sehen. Meistens versteckt sie sich gerade in einer milchigen Suppe. Aber der Weg ist noch weit. Wir werden belohnt, ganz bestimmt.

Die Presseisrücken werden höher und höher, der Wind nimmt zu. Mit 44 Kilometern pro Stunde weht er uns schräg ins Gesicht, an diesem dritten Tag. Und es stellt sich heraus, dass unsere Gruppe nicht homogen ist. Max und Urs werden langsamer. Sehr viel langsamer. Als sich das herauskristallisiert, bin ich zunächst erleichtert. Erst einmal bin ich einfach froh, dass ich so gut mithalten kann. Mit der Zeit aber entstehen Spannungen. Es wird überdeutlich, dass Thomas, Markus und ich um einiges langsamer gehen müssen als wir könnten. Thomas sagt, wir müssten deutlich schneller sein, um gegen diese irrsinnige Drift anzukommen oder vielleicht sogar aus ihr heraus. Es geht bei einer solchen Gegenströmung nicht darum, ein oder zwei Tage länger zu brauchen. Sondern darum, es überhaupt zu schaffen, erklärt er in einer der Pausen. Doch all seine Versuche, Hilfestellung zu leisten, nehmen die beiden nicht an.

Max geht kerzengerade. Er stemmt sich nicht in die Seile seines Schlittens, lässt die Schlaufen seiner Skistöcke nach unten hängen. Trägt seine Isolierjacke. Thomas fragt ihn ein ums andere Mal, ob ihm nicht zu warm ist. Max verneint. Mehrmals erklärt er ihm auch, er solle die Hände in die Stockschlaufen stecken und somit mehr mit den Stöcken arbeiten, die Kraft auf alle vier Extremitäten verteilen. Es verhallt. Urs stöhnt bei jedem Presseisrücken auf. Braucht sehr lange, um darüber wegzuklettern. Stürzt häufig. Auch das Ski-An- und Abschnallen dauert lang.

Ihr müsst mehr Routine entwickeln, sagt Thomas bei der nächsten Pause. Konzentriert euch auf das, was ihr tut. Gebt euch Mühe, alles so ökonomisch und effizient wie möglich zu machen. Diese Trödeleien summieren sich zu sehr auf. Thomas redet sich den Mund fusselig. Aber es ändert sich nichts.

Am Abend des dritten Tages sind wir noch 88,8 km vom Pol entfernt. Wenigstens keine Neun mehr, sagt Markus beim Zeltaufbauen in resigniertem Tonfall. Thomas und ich ziehen auf alle restlichen Skier Felle auf. Max aber sagt, es liege nicht an den Fellen, er könne mit und ohne gleich schlecht gehen. Thomas schaut besorgt auf das GPS, während die Felle trocknen. Wir müssten einen Turbo einschalten und raus aus diesem Scheiß hier, sagt er.

Am nächsten Morgen, Tag 4, wachen wir in einem Sturm auf. Die Zeltwände sind nass. Alles im Zelt ist klamm, der Zelthimmel ist nicht wie sonst angefroren. Tropfen hängen an ihm. Erstaunlich. Aber wir spüren auch, es ist noch mal wärmer geworden. Thomas schaltet das GPS an, ich hänge das Thermometer vors Zelt. Und beide können wir kaum glauben, was wir sehen. Die Temperatur ist auf vier Grad minus gestiegen. Vier Grad minus! Das ist viel zu warm für diese Jahreszeit. Und wie sich der Wind nochmals angehoben hat, hat sich die Drift beschleunigt. Auf dem Display des GPS prangt die 1,2. Mit 1,2 Kilometern pro Stunde bewegen wir uns nach Südosten. Ich krieche aus dem Zelt und falle über eine riesige Schneewehe. Ich sehe: nichts. Whiteout. Und der Wind ist jetzt ein Sturm, mit 70 Kilometern pro Stunde. Das erfahren wir aus Barneo, als Thomas dort anruft, um unsere Position durchzugeben. Es ist ein ziemlich großer Zyklon, scheppert Victor ins Telefon. In Barneo hätte es um ein Haar die großen Zelte weggerissen. Im Morgengrauen haben sich zwei große Risse in der Landebahn gebildet. Und die weiteren Aussichten sind auch nicht rosig. Wenn Victor das so sagt, müssen die Vorhersagen verheerend sein.

Thomas besucht die anderen in ihrem Zelt, will wissen, wie es ihnen geht. Wieder haben sie nichts gegessen. Markus sitzt ratlos auf seiner Isomatte. Er ist derjenige in dem Dreierzelt, der kocht, der alle Zeltaufgaben ausführt. Sie wechseln sich nicht ab. Er hat am Morgen gedroht, den beiden kein Teewasser mehr zu geben, wenn sie nicht zuvor ein bisschen etwas von ihrem Müsli essen würden. Auch das hat nicht funktioniert. Und während dieses Sturms nun wollen sie überhaupt nicht aus dem Zelt. Sie wollen im Zelt warten, bis der Wind abflaut. Wieder fragt Thomas, was er tun könne, damit das Team homogener würde. Doch es bringt nichts.

Also kommt er wieder in unser Zweierzelt zurück. Wir brauchen nicht einmal einen Kocher, so warm ist es. Markus kommt zu uns herüber. Er ist geknickt. Er will zum Pol. So viel steht fest. Er ist nicht ins Eis gekommen, um hier ein bisschen spazieren zu gehen und im Zelt rumzuliegen. Er schaut besorgt auf sein GPS. Fragt, ob wir noch eine Chance haben. Klar haben wir die, sagt Thomas. Schon heute Nachmittag kann alles anders sein. Es kann schnell gehen hier mit dem Wetter.

Wir warten, ob der Sturm sich legt. Trinken zu dritt Tee. Wir sind den vierten Tag im Eis. Und immer noch 95 Kilometer vom Pol entfernt. Wir sind ihm mit all der Plackerei bisher gerade 17 Kilometer näher gekommen. Das schafft man normalerweise an einem einzigen Tag. Hat das denn noch Sinn?, frage ich. Kommen wir denn dagegen an? Thomas sagt, es ist doch erst der vierte Tag. Schau dir an, was andere gemacht haben. Denk an Nansen! Die mussten auch dran glauben. Dass es einen Sinn hat. Wie oft geben wir auf, viel zu schnell. Nur weil es jetzt schwierig ist, zweifelt ihr. Aber das gehört dazu. Ihr müsst es als Teil des Ganzen sehen.

Das ist einfacher gesagt als getan. Gegen Mittag fragt Thomas, was wir tun wollen. Markus und ich sind uns einig: Wir wollen nicht länger dabei zusehen, wie wir uns immer weiter vom Pol entfernen. 14 Kilometer sind wir seit gestern Abend gedriftet. Die Distanz zu unserem Ziel, jetzt beträgt sie wieder fast hundert Kilometer – wie gestern Morgen. Wir wollen weitergehen. Egal, wie der Sturm bläst. Wir wollen es zumindest versuchen. Also beschließt Thomas, dass wir aufbrechen. Markus geht in das Dreierzelt hinüber und verkündet den Beschluss. Eine halbe Stunde später gehen wir los. Zum letzten Mal zu fünft. Distanz: 99,8 Kilometer.

Mit Heidi im Nordmeer

Insel Jan Mayen, Juni 2009
Mit der Urgroßnichte des Polarforschers Carl Weyprecht
auf Spurensuche

Der Sand, so fein, wie Staub. Er arbeitet sich in jede Falte der Kleidung vor. Die Augen jucken. Überall sind Körner, schwarz, rot, blau. Manchmal bleiben wir stehen, stemmen uns gegen die Windböen. Von weit her kommen sie. Werfen Sand nach uns. Nagen an Jan Mayen, mitten im Nordmeer. Wir kämpfen uns die Küste entlang. Wir sind auf der Suche. Tief sinken wir in den fein gemahlenen Vulkansand. Manchmal wühlen wir uns mehr durch, als wir gehen. Ein Sandsturm in der Arktis. Vermummt man sich in diesen Breiten sonst gegen die Kälte, hier gleichen wir Beduinen, mit unseren Tüchern um den Kopf.

Wie Schleier tanzen die Sandböen die Küste entlang. Besucher haben es nicht leicht auf Jan Mayen, dem Eiland zwischen Island und Spitzbergen. Drei Tage im Jahr ist der Himmel klar. Nur dann sieht man den Beerenberg, 2277 Meter hoch. Ein aktiver Vulkan, ihm verdankt die Insel ihre Existenz. Heute steckt er in Wolken. Glück haben wir trotzdem. Der Himmel ist weiß und blau. Die Sonne hat ihren höchsten Punkt im Jahreslauf erreicht. Ab und zu taucht sie auf, zwischen den Wolken. Dann strahlt die Erde der Insel. In satten Farben, geschaffen durch den Vulkan. Kräftiges Rot, tiefes Schwarz, schimmerndes Blau, dunkles Gelb. Karge Kegel ragen in den Himmel. Verloschene Krater der Feuerinsel. Hinter jedem Krater warten neue Farbmuster. Es ist eine wilde Insel, eine wunderschöne.

Heidi duckt sich gegen den Angriff der Körner. Heller Hut, dunkle Brille, schwarzes Tuch vor dem Gesicht. Was muss es für ein Gefühl sein für sie, hier zu sein. Heute wird sich ein Kreis schließen, hoffentlich. Ein weiter Kreis, ein historischer sogar. Heidi heißt mit ganzem Namen Heidi von Leszczynski. Sie ist die Urgroßnichte eines großen Mannes. Des Mannes, der die internationale Polarforschung entscheidend geprägt hat: Carl Weyprecht, Offizier, Forscher, Abenteurer. Leszczynski will Überreste, will Spuren seines Lebenswerks finden. Deshalb hat sie sich aufgemacht, in einem kleinen Expeditionsschiff. Von Edinburgh über die Faröer Inseln hinauf nach Jan Mayen.

Weyprecht wurde in eine Welt hineingeboren, in der es noch viel zu entdecken gab, 1838. Beide Pole waren unerreicht. Im Norden war man noch nicht über den 82. Breitengrad hinausgekommen. Wie es dort aussieht, auf 90 Grad Nord und 90 Grad Süd? Und in den weiten, unbekannten Gebieten rundherum? Die Vorstellungen davon waren wild. Über großes Land wurde spekuliert. Oder ein eisfreies, warmes Meer.

Weyprecht wollte mehr wissen. Er wollte wissen, was sich hinter den weißen Flecken auf den Landkarten verbarg. Er wurde Offizier der österreichischen Kriegsmarine. Eignete sich geographische Kenntnisse an, befasste sich mit Geodäsie, Astronomie und Physik. Und als er 1865, gerade 27 Jahre alt, das Polar-Sonderheft der »Geographischen Mittheilungen« des deutschen Geographen August Petermann in Händen hielt, stand für ihn fest: Er wollte herausfinden, ob Petermann Recht hatte. Der vermutete, dass man mit dem warmen Golfstrom zwischen Spitzbergen und der Insel Nowaja Semlja weit hinein in die Arktis segeln könnte. Petermann brachte Weyprecht mit dem Polarforscher Julius Payer zusammen, der gerade von der zweiten Deutschen Polarexpedition aus Grönland zurückgekehrt war. Payer und Weyprecht beschlossen, sich auf den Weg zu machen, Payer als Kommandant zu Land, Weyprecht als Kommandant zu Wasser und Eis. Damit es eine Österreichisch-Ungarische Nordpolexpedition werden konnte, nahm Weyprecht die österreichische Staatsbürgerschaft an, mit Wohnsitz in Triest. Er beschloss außerdem, seine Mannschaft im Süden zu werben. Die Matrosen in Fiume erschienen ihm wegen ihres sonnigen Gemüts perfekt geeignet für die langen, dunklen Polarnächte.

Wenn Heidi, die 65-jährige Dame, heute von Weyprecht erzählt, leuchten ihre Augen. Ihr Vorfahr und seine Energie, sein Ideenreichtum und seine Umsicht begeistern sie. Und auch sein Mut und seine Sorge um andere: Payer und Weyprecht legten vor ihrer Abfahrt fest, dass im Falle eines Ausbleibens des Schiffes nicht nach ihnen gesucht werden solle. Sie wollten so vermeiden, dass sich noch andere Expeditionen ihretwegen in Gefahr begeben oder ins Verderben stürzen würden – wie es zum Beispiel auf der Suche nach der Franklin-Expedition in der kanadischen Arktis geschehen war.

Am 13. Juni 1872 verließ die Tegetthoff Bremerhaven. Den Nordpol sollte das Schiff nicht erreichen, und auch zurückkehren sollte es nie. Anders als von Petermann erhofft, segelte die Tegetthoff nicht mit einem warmen Strom weit nach Norden. Sie fror schon am 77. Breitengrad ein, weit nach Süden reichte das Eis in diesem Jahr hinunter.

Doch das Eis meinte es gut mit ihnen: Es brachte sie zur Inselgruppe Franz-Joseph-Land. Nach mehr als einem Jahr des langsamen und ereignislosen Dahindriftens hieß es an Bord der Tegetthoff: Land in Sicht! Überglücklich sprangen die Männer von Bord, hatten sie doch endlich ein Ergebnis und nicht nur die triste, nicht enden wollende Eisfahrt vorzuweisen: »Alle Bedenken schwanden, voll Ungestüm und wilder Aufregung kletterten und sprangen wir über das zu Wällen getürmte Eis nach Norden. Über diese Fläche jungen Eises rannten wir jetzt dem Lande zu, und als wir auch den Eisfuß überwunden hatten und es wirklich betraten, sahen wir nicht, dass es nur Schnee, Felsen und festgefrorene Trümmer waren, die uns umgaben, und dass es kein trostloseres Land auf der Erde geben könne als die betretene Insel, für uns war sie ein Paradies«, so beschreibt Julius Payer in seinem Tagebuch die ersten Schritte auf Franz-Joseph-Land.

Doch auch nahe der Inselgruppe gab das Eis das Schiff nicht frei, die Männer müssen irgendwann akzeptieren: Auf sie wartet eine zweite lange Winternacht, und der Nordpol wird auf dieser Reise nicht erreicht werden: »Der Sommer war zu Ende. Er hatte uns Befreiung verheißen, geduldig hatten wir seinem Wirken geharrt. Mit trauriger Entsagung aber sahen wir jetzt einem zweiten Winter entgegen, durch seine Erfolglosigkeit demütigend und durch seine Gefahren schrecklich; wieder bewies es sich, wie groß die menschliche Fähigkeit in Ertragung von Widerwärtigkeiten ist, wenn man nicht plötzlich, sondern nur allmählich bis zu ihren Tiefen hinabsteigt. Wenige Monate vorher wäre uns der Gedanke unerträglich gewesen, dass unser Schicksal untrennbar an unsere bisherigen Fesseln geknüpft sein sollte, und jetzt, da diese unerträgliche Vorstellung zur Tat geworden, ertrugen wir sie dennoch«, schreibt Payer. Weyprecht führte ein straffes Regiment an Bord, er gab den Männern viel zu tun, um keine Trübsal aufkommen zu lassen in der Dunkelheit. Er las Messen, ließ Musizierstunden abhalten, die Ausrüstung ausbessern, meteorologische Daten sammeln. Im folgenden Frühjahr unternahm Payer mit einigen Männern ausgedehnte Schlittentouren durch den Archipel und vermaß die Inseln. Bis zum nördlichsten Punkt, dem Kap Fligely, drangen die Entdecker vor. Doch alle Emsigkeit konnte irgendwann nicht darüber hinwegtäuschen, dass die Tegetthoff sich nicht mehr aus dem Eis befreien würde und dass der an Bord gefangenen Mannschaft bald die Lebensmittel ausgehen würden – auch wenn die Männer schon lange versuchten, die Speicher mit der Jagd auf die dürftige Tierwelt zu füllen, wie Payer beschreibt: »Der Mensch, der sich in diese Wüsten begibt, muss dem Grundsatz huldigen: alles essen, nichts wegwerfen. Franklin und seine Leute fanden das Fleisch eines weißen Fuchses so wohlschmeckend wie das junger Gänse – ein Zeichen, wie sehr sie diesen Geschmack vergessen hatten. Füchse schätzten sie mehr als magere Rentiere, das Fleisch des grauen Bären nannten sie äußerst schmackhaft, während es die Indianer nur im Notfalle essen; rohes Rentiermark galt ihnen als Delikatesse, aßen sie doch auch Tiere im Zustand der Verwesung. Auch Barents und seine Mannschaft waren recht bescheiden. Walfischfleisch verglichen sie mit Rindfleisch, das von Füchsen mit dem von Kaninchen, Bären dagegen verabscheuten sie. Nur einmal genossen sie von der Leber eines solchen Tieres, infolgedessen drei Mann schwer erkrankten; ihre Haut schälte sich vom Kopf bis zu den Füßen. Duner sagt: Wenn der Polarbär nicht kurz vor seinem Tod von einem halb verwesten Walross oder Seehund gefressen hat, so ist sein Fleisch, obwohl etwas grob, doch schmackhaft und keineswegs der Gesundheit schädlich. Wir selbst verschmähten nichts, dessen wir habhaft wurden.«

Weyprecht wollte also rechtzeitig aufbrechen, damit die Mannschaft noch Kraft genug hatte, die Eiskante zu erreichen und dann mit den Beibooten nach Nowaja Semlja zu gelangen. Zwei lange Monate wuchteten sie die Holzschlitten, Holzboote, das schwere Gepäck durch das Eis. Doch nach all diesen Tagen fanden sie sich plötzlich wieder in der Nähe des Schiffs – die Drift hatte alle Anstrengungen zunichtegemacht. Man stelle sich vor! Zwei Monate dieser Plackerei, für nichts! Es gibt ein berühmtes Ölgemälde. Weyprecht beschwört darauf seine Männer, nicht zum Schiff zurückgehen zu wollen. So verlockend es sei, so aussichtslos die vielen Mühen erschienen – an Bord warte nur der sichere Tod. Das Gemälde heißt »Nie zurück«. Weyprecht behielt Recht. Und er schaffte es, die komplette Mannschaft, bis auf den Maschinisten Otto Krisch, wohlbehalten nach Hause zurückzubringen.

Wenn Heidi über diese Szene spricht, leuchten ihre Augen. Was für eine Willenskraft, was für eine Führungsstärke! Stolz ist sie, auf ihren Ahn.

Viel Gewicht verlieh der dadurch errungene Ruhm Weyprechts Stimme. Der aber war unzufrieden mit den wissenschaftlichen Ergebnissen der Driftfahrt. Die im Eis mühselig vorgenommenen und in den Süden geretteten Aufzeichnungen erschienen ihm sinnlos. So ohne Vergleich, ohne Zusammenhang. Mehr Daten waren nötig, simultane Beobachtungen in anderen polaren Regionen. So wollte er wieder in den Norden aufbrechen. Aber er wurde krank. Tuberkulose. »Ich bin überhaupt nicht mehr so gesund, als ich einmal war, eine Reise nach dem Norden würde mich bald wieder in Ordnung bringen«, schrieb er im November 1877. Seine Gedanken über eine systematische Polarforschung trug er in der Österreichischen Akademie der Wissenschaften vor. Seine Forderungen, Forschungsstationen rund um den Pol einzurichten, damit man mehr Daten sammeln konnte, die ein größeres Bild ergeben würden, mündeten 1882/83 im ersten sogenannten Polarjahr: Zwölf Nationen schickten 15 aufeinander abgestimmte Expeditionen in Arktis und Antarktis. Zum ersten Mal wurde ein wissenschaftliches Forschungsprojekt dieser Größe auf internationaler Ebene umgesetzt. Als Standort der Station der Österreicher wird die kleine Insel Jan Mayen bestimmt.

Und diese Station will Heidi nun finden, 127 Jahre, nachdem sie gebaut wurde. Deswegen ist sie in Edinburgh auf dieses Schiff gestiegen. Drei Tage lang in einem ganz und gar nicht stillen Ozean nach Norden geschaukelt. Anders geht es nicht. Nach Jan Mayen kommt man nur, wenn eines der Schiffe auf dem Weg nach Spitzbergen dort haltmacht. Zwei- oder dreimal im Jahr. Oder man segelt selbst. Aber die Genehmigungen dafür dauern lang. Und lange bleiben darf man sowieso nicht.

Jan Mayen, 56 Kilometer lang und 16 Kilometer breit, ist seit 1614 nach einem ihrer ersten Besucher benannt, dem holländischen Walfänger Jan Jacobsz May. Heute wird sie von Norwegen verwaltet. 18 norwegische Forscher betreiben hier eine kleine Wetterstation. Außer ihnen ist nur noch ein norwegischer Offizier stationiert, als einziger offizieller Vertreter Norwegens. Als wir von unserem Schiff, der Professor Multanovskiy, mit unserem Schlauchboot an Land spritzen, sitzt er in seinem Jeep am Strand. Steigt aus, als wir näher kommen. Mit stahlblauen Augen und regungsloser Miene erwartet er uns. Belehrt uns, dass niemand Zeit hat, sich um uns zu kümmern. Denn gleichzeitig mit uns hat bei der Wetterstation ein Versorgungsschiff angelegt. Damit sei man nun beschäftigt. Er nimmt uns die Pässe ab, für einen Eintrag. Die Österreicherstation sei weiter die Küste hinunter. Er deutet vage Richtung Süden. Und röhrt in seinem Jeep davon.

Wir stehen im Sand. Sind zum Glück gut vorbereitet. Heidi hat begeisterte Mitstreiter in den Bann der Geschichte Weyprechts gezogen. Neben ihr steht Frank Berger, Kurator des Historischen Museums der Stadt Frankfurt. Heidi stieß auf ihn, als sie 2006 zum 125. Todestag Weyprechts eine Ausstellung organisierte. Berger, der Arktisfan, initiierte gleichzeitig eine Schau über die Polargeschichte der Stadt Frankfurt. Und an einem jener Frankfurter Abende, an denen viel in den Briefen Weyprechts gewühlt und nach Objekten für die Ausstellungen gesucht wurde, entstand diese Idee: Selbst einmal dorthin zu fahren. Nach Jan Mayen. An den Ort, an dem Weyprechts Visionen einer konzertierten Forschung Wirklichkeit wurden. An dem seine Arbeit ihre Früchte trug.

Wie schwierig es noch werden sollte, beide Ausstellungen zu verwirklichen und anschließend die Reise nach Jan Mayen – das war vor allem Leszczynski egal. Sie scheint ein bisschen von dem Entdeckergeist ihres Urahns im Blut zu haben. Man darf gar nicht überlegen, was es bedeuten kann, so etwas zu organisieren, sagt sie an Deck der Professor Multanovskiy, einfach anfangen muss man. An den langen Seetagen auf dem Weg nach Jan Mayen liest sie aus den Briefen Weyprechts vor, erzählt Spannendes aus seinem Leben. Sie legt dabei eine Leidenschaft an den Tag, dass man meinen könnte, sie habe Weyprecht persönlich gekannt. So anschaulich sind ihre Schilderungen. Ein toller Mann war er, groß, stattlich, gutaussehend. So schwärmt sie von ihm.

Wieder und wieder haben wir an Bord der Multanovskiy eine alte Karte studiert. Es ist die Karte aus dem großen österreichischen Expeditionsbericht von 1886, von Emil von Wohlgemuth. Unwahrscheinlich präzise hatten die Landvermesser gearbeitet. Die Karte war gültig bis 1970, als die Norweger mit moderner Technik neu vermaßen. Und auch dann wurden nicht viele Änderungen vorgenommen. Die Station ist eingezeichnet. Wieder und wieder hatten wir zu ergründen versucht, wie lang es dauern wird, zu der Station zu laufen, von unserem Landeplatz in der Walfischbucht. Wir haben nur wenige Stunden Zeit, bevor das Schiff die Wasser Jan Mayens wieder verlassen muss. Berger stapft also voran.

Er führt unser kleines Unternehmen, das durchaus als kleine Expedition zu bezeichnen ist. Denn wie man zu der Station genau kommt, weiß so genau keiner. Und ob man überhaupt noch etwas finden wird, auch nicht. Wir überqueren die Insel. Wandern an der anderen Seite mehr als drei Stunden durch den feinen Sand. Die Sonne beschert uns wunderbare Lichtspiele. Unwirklich scheint uns diese umtoste Insel, dieses bunte Eiland in der rauen See.

Wir biegen von der Küste ins Landesinnere ab. Steigen einen steilen Hang hinauf. Einen Meter nach oben, einen halben rutschen wir zurück. Finden die Reste alter Holzbefestigungen. Es sind wohl Reste der Stellungen aus dem Zweiten Weltkrieg. Wenn man dort oben auf der Klippe steht und über das weite Meer schaut, kann man sich den Erdball vorstellen und dieses winzige Fleckchen Insel darauf. Und nicht einmal an diesem ging der Krieg einfach vorbei.

Wir durchqueren die Insel wieder in die andere Richtung. Verfehlen aber die Maria-Musch-Bucht, in der die Station stehen soll. Klettern über eine Klippe in die richtige Bucht und fühlen uns bald wie Schatzsucher, als wir uns ein ums andere Mal über die vergilbte Karte mit der alten Schrift beugen.

Und endlich taucht da ein großes Holzkreuz auf. Es ist das Grab eines Matrosen, der auf einem der Versorgungsschiffe angeheuert hatte und an Lungenentzündung starb. Aus den alten Aufzeichnungen wissen wir, er liegt bei der alten Station begraben. Hier muss sie also sein, ganz nah. Heidi hat rote Wangen, sie ist so aufgeregt wie ein junges Mädchen. Da ist sie, sagt sie, ich kann kaum glauben, dass das wahr ist. Die Gruppe legt die letzten Meter im Laufschritt zurück. So aufregend ist es, endlich am Ziel zu sein. Wochen und Monate haben sich die Gedanken mit diesem Ort beschäftigt, mit den Menschen, die hier waren. Lang haben wir nach einer Möglichkeit gesucht, selbst einmal hier zu stehen. Lang waren wir auf dem Schiff, stundenlang sind wir gewandert. Und jetzt stehen wir hier, atemlos.

Wer diese Leidenschaft für die alten Pioniergeschichten nicht verspürt, der müsste nun enttäuscht sein. Müsste rätseln, was uns hierher gelockt hat, an diesen zugigen, ungemütlichen Ort, durch dieses stürmische Meer, seekrank und müde. Es gibt in der Tat nicht viel zu sehen. Aber von uns wird jeder einzelne Splitter neugierig betrachtet. Bekommt in diesen Minuten eine Aufmerksamkeit, größer und freudiger, als vielen herausgeputzten Exponaten in prächtig ausstaffierten Museen jemals zuteil wird.

Fundamente ragen aus dem Geröll, darin rosten die Reste von Eisenöfen vor sich hin. Auf verwitterten Ziegelsteinen ist noch das eingeprägte Siegel des österreichischen Kaisers zu erkennen. 13 Monate haben die 14 Expeditionsmitglieder damals an diesem Ort verbracht. Vom 17. November bis zum 25. Januar herrscht hier auch noch die Dunkelheit der Polarnacht. Um nicht an Skorbut zu erkranken, bekamen die Männer über den Winter täglich eine Ration Zitronensaft. Mitgebrachte Schweine und Hühner sollten den Speiseplan ebenfalls anreichern.

Der Wind pfeift über die Station. Es nutzte wenig, dass die Österreicher die Station an einem landeinwärts gerichteten Hang errichteten, um ihr Heim vor den Mächten des Windes zu schützen. Deutlich ist zu sehen, dass das Wasser, von den Stürmen gegen die Insel gepeitscht, immer wieder auch die Station erreicht. Treibholz ist bis weit ins Land hinein zu finden. Viele der Gerätschaften, die hier zurückgelassen wurden, sind wohl ins Meer gespült worden. Der Station geht es wie fast allen historischen Stätten der Arktis. Sie sind den Elementen preisgegeben. Niemand schützt oder konserviert sie. Viele sind noch nicht einmal in Karten verzeichnet. Nur diejenigen, die in der Arktis unterwegs sind, wissen, wie man sie findet. In wenigen Jahren wird von vielen der ersten Zeugnisse der arktischen Erforschung nichts mehr übrig sein.

Eine Unmenge an Flaschen liegt herum, intakt und zerbrochen. Heidi setzt sich auf den Überrest der Holzwand einer Hütte. Wir setzen uns neben sie. Eigentlich darf man das nicht. Wenn sich auch niemand um die Stationen kümmert, so gibt es doch Regeln. Betreten darf man sie nicht. Mitnehmen auch nichts. Heute halten wir uns nicht daran. Ohne Heidis Urgroßonkel hätte es die Hütten ja gar nicht gegeben. Wir fühlen uns ein bisschen so, als dürften wir hier sitzen. Als seien wir durch Heidi mit der Station verbunden. Als seien wir Gäste. Heidi lässt den Korken einer Champagnerflasche knallen. Stundenlang hat sie sie über die Insel geschleppt. Im sandigsalzigen Wind Jan Mayens stoßen wir an, auf Carl Weyprecht, auf die Polarforscher, auf den Zauber dieser Region, auf den Forscher- und Entdeckergeist. Und ein klein bisschen auch auf uns. Dass wir es wirklich gemacht haben. Dass wir aufgebrochen sind und hierher gefunden haben.

Warum Jan Mayen? Warum wählte Weyprecht diese Insel aus? Die Region galt damals schon als Wetterküche. Jan Mayen wurde deswegen auch Teufelsinsel des Eismeeres genannt. Ein dramatischer Name. Der die Kräfte der Natur gut illustriert, die hier sichtbar werden. Entstanden aus Feuer, werden an ihre Klippen von der stürmischen See immer wieder Eisschollen geworfen. Für Schiffe war es ein gefährliches Unternehmen, hier landen zu wollen, und es ist heute noch nicht einfach. Viele der westwärts ziehenden Tiefs bilden sich in diesem Gebiet. Obwohl die Insel nur auf dem 71. Breitengrad liegt, ist das Klima arktisch. Weil hier nicht der warme Golfstrom fließt, sondern der kalte Ostgrönland-Strom. Im August wird es im Schnitt gerade 5,4 Grad warm.

Das also ist auch der Grund für die Befestigungen aus dem Zweiten Weltkrieg, an denen wir vorbeigestapft sind. Wettervorhersagen waren wichtig, damals. Für die Luftangriffe, die langen Flüge der Bomber. Norweger und US-Amerikaner waren auf der Insel stationiert. Und ein deutsches U-Boot deponierte eine automatische Wetterstation auf der Insel, ohne dass dies von den beiden anderen Nationen bemerkt worden wäre. Die ersten aber, die sich genauer mit der Insel befassten, waren genau jene Forscher der österreichischen Expedition von 1882/83. Sie lieferten die erste ganzjährige Klimabeobachtung der Insel.

Wir sitzen auf dem Hüttenrest. Lassen den Blick über die kargen Hügel gleiten. Die Tierwelt ist übersichtlich – es gibt ein paar Polarfüchse, die wegen der schwarzen Vulkanerde hier ein dunkleres Fell haben als anderswo. Außerdem Bart- und Ringelrobben und ein paar Vogelsorten, die regelmäßig hier brüten. Im Winter verschwinden auch die nach Süden, dann bleibt als Einziger der Eissturmvogel. Pflanzen, die sich hier ansiedeln wollen, haben es schwer, weil der Wind ihnen zusetzt. Nur an geschützten Orten überleben ein paar polare Spezies. Bis auf diese kleinen Oasen gibt es auf der Insel nichts als Geröll und Sand. Ein ganzes Jahr hier. Wie mag das gewesen sein, damals. Ohne Satellitentechnik, ohne Möglichkeit der Kommunikation mit der Heimat?

Viel Zeit haben wir nicht, den Gedanken hinterherzuhängen und um die Station zu streifen. Wir müssen zurück zur Walfischbucht, wo unser Schlauchboot wartet und uns wieder an Bord der Multanovskiy bringen wird. Mühselig, aber beschwingt, wühlen wir uns wieder zurück. Heidi stützt sich schwer auf ihren Wanderstock, aber froh ist sie dennoch.

Glücklich, erledigt und hungrig erreichen wir unser Schiff. Im Abendlicht fahren wir an der schroffen Küste entlang. Vergeblich warten wir darauf, dass uns doch noch ein Blick auf den Beerenberg gestattet wird. Wolkenfetzen. Nur ab und zu kleine Lücken. Der Gletscher auf dem Vulkan, nur zu erahnen. Da, eine Schwanzflosse. Wir finden uns wieder inmitten unzähliger Buckelwale. Sie fressen, in einem großen Fischschwarm, der begleitet wird von hunderten schreienden Seevögeln. In der tief stehenden Sonne tauchen wieder und wieder Buckelwale neben uns auf. So nehmen wir Abschied, von der Teufelsinsel. Die heute so freundlich zu uns war.

Wir werden unsere Reise fortsetzen, hinauf in die hohe Arktis. Einen besonderen Zauber hat diese Art, sich langsam hineinzubegeben in die nördliche Welt. Von den saftig grünen Wiesen Schottlands über das karge, felsige Jan Mayen und weiter, immer weiter. Die Veränderung zu spüren, die mit dem immer tieferen Stand der Sonne einhergeht. Zu spüren, dass wir uns immer weiter aus der Welt der Menschen entfernen. Dass hier die Natur regiert, und welche gewaltigen Kräfte ihr innewohnen. Dieses langsame Entschwinden aus der südlichen Welt lässt uns erahnen, warum es die Menschen damals, auch wenn es ungewisse Reisen waren, Reisen, die leicht in den Tod führen konnten, immer wieder in den Norden zog. Diesem Licht hinterher, auf der Suche nach Land, nach Leben.

Wenn schließlich die gletscherbedeckten Gipfel Spitzbergens vor uns auftauchen werden, werden wir im Hornsund in Schlauchboote umsteigen und langsam durch knisternde

Eisschollen und an blauen Gletscherwänden entlanggleiten. Wir werden Bartrobben sehen, Eisbären, Polarfüchse,
Elfenbeinmöwen. Heidi wird auf eine Klippe klettern und
weit über den Hornsund blicken. Wie schade, wird sie sagen, dass Weyprecht nur so wenig Gelegenheit hatte, in die
hohe Arktis zu fahren. Er liebte sie so.

Der Polarforscher starb 1881, mit nur 42 Jahren. Auf der
von ihm erdachten Station auf Jan Mayen konnte er nicht
mehr mitarbeiten. Erst Heidi hat den Kreis für ihn geschlossen.

Eklat im Eis

Im Eis, April 2010
Tag 4 und 5
Wir verlieren zwei Teammitglieder und gehen zu dritt weiter
Distanz Tag 4 abends 90,5 km;
Distanz Tag 5 beim Start zu dritt: 98 km.

Showdown. Der Wind hat kurz nachgelassen. Wir machen Pause. Und Thomas platzt. Diese Pause, sagt er, legen wir für zwei von uns fünfen ein. Aber genau die zwei, die die Pause brauchen, essen wieder nichts und trinken nichts. Sitzen auf dem Schlitten und bewegen sich nicht. Erst spricht er ruhig. Aber dann merkt man, jetzt reicht es ihm. Er versteht nicht, was los ist, sagt er. Es liege nicht daran, dass zwei schwächer als die anderen sind. Das könne man im Team lösen. Es liege daran, dass sie anscheinend gar keine Lust hätten, schneller zu werden. Sich anzustrengen. Wozu sie ins Eis gekommen sind, fragt Thomas in den Arktishimmel hinein. Wozu?

Er bekommt keine Antwort. Nach einer Weile kündigt er ruhig an, sich bis zum Abend das weitere Vorgehen zu überlegen. Er sei für unser Wohlergehen verantwortlich und nehme diese Verantwortung sehr ernst. Wenn seinen Anweisungen nicht gefolgt werde, müsse er sich genau überlegen, ob er diese Verantwortung noch länger tragen wolle und könne. Dann packt er seine Teetasse wieder ein. Bombenstimmung.

Markus und ich sagen zu alldem nichts. Wir gehen also weiter, doch schon nach sechs Stunden werden die Abstände zwischen uns riesig. Irgendwann rammt Thomas resigniert die Stöcke in den Schnee. Wir müssen Camp machen, sagt er. Also bauen wir unsere grünen Tunnels auf, so wie seit Tagen schon: Thomas, Markus und ich bauen das erste Zelt auf. Max und Urs schlüpfen hinein, sobald es einigermaßen steht. Wir schaufeln Schnee ringsherum, ziehen die Schnüre fest. Und dann bauen wir zu dritt auch das zweite Zelt auf. Markus und Thomas sind zum Glück Menschen, denen man die Laune nur sehr schwer verhageln kann. Der Wind hat zwischenzeitlich wieder aufgefrischt, die Zeltplane knattert beim Aufbauen, Schnee wirbelt uns in die Kapuzen. Wir sind im Eis! Wir wollen keine schlechte Laune haben. Wir machen Scherze. Dass wir gar nicht wussten, dass man Thomas auch als Sherpa buchen kann, mit Zeltaufbauservice. Thomas streckt uns die Zunge raus. Aber es tut gut, das Lachen. Wir schaufeln Schnee um das zweite Zelt. Der Wind bläst, dass es einem fast den Schnee von der Schaufel weht. Wir machen eine Schneeballschlacht. Irgendwo müssen wir uns ja auspowern, sagt Markus. Danach geht es uns besser.

Wir kriechen in die Zelte. Thomas und ich schmelzen Schnee, kochen, essen. Das GPS zeigt jetzt eine Poldistanz von 90,5 Kilometern. Wir sind weiter vom Pol entfernt als am Abend zuvor. Weil wir so lange Ruhephasen einlegen. Thomas zweifelt an sich. Was er falsch mache bei dieser Tour, fragt er. Ich weiß es auch nicht. Müssten wir besser zusammenhalten, frage ich, aber wie? Thomas meint, ich solle mal ins andere Zelt gehen. Vielleicht könne ich als Frau mehr erreichen. Ich versuche es.

Aber genau das geht nach hinten los. Von einer Frau will sich vor allem Urs schon gar nicht sagen lassen, dass das jetzt langsam gefährlich wird, was er da macht, diese beharrliche Essensverweigerung. Er will raus aus dem Zelt, so schnell, dass er fast den Reißverschluss zerreißt. Er will zu Thomas. Er will ausgeflogen werden. Schluss.

Max schließt sich ihm an. Thomas sagt, das finde er richtig, vernünftig und konsequent. Und ruft Victor in Barneo an. Sagt ihm, dass wir eine Notevakuierung brauchen. In Barneo bläst der Sturm aber genauso wie bei uns. Alle sind damit beschäftigt, die großen Zelte zu sichern, sagt Victor. An Fliegen ist bei diesem Wind nicht zu denken. Hoffentlich morgen.

Also werden wir bald zu dritt weitergehen, Thomas, Markus und ich. Zu dritt sitzen wir in unserem Zelt und schweigen eine Zeitlang vor uns hin. Wir haben ein schlechtes Gewissen. Alle drei. Wir waren ein schlechtes Team. Aber wie sonst hätten wir agieren, reagieren sollen? Wir werden aus den Vorkommnissen nicht ganz schlau. Fakt ist aber, dass wir in einem Zelt sitzen und nach Süden driften, obwohl wir eigentlich gehen möchten. Das tun, weswegen wir hier sind, das tun, worauf wir so viel Energie für die Vorbereitung verwendet haben: zum Nordpol gehen.

Thomas beendet unsere Gedanken. Wir sollten uns lieber überlegen, wie wir nun packen müssen, sagt er. Wir werden das größere der beiden Zelte nehmen und noch einen Kocher, damit wir mit zwei Flammen arbeiten und mit dem Schneeschmelzen für drei Personen schneller fertig werden. Wir machen eine Liste, was wir umpacken wollen. Rechnen die nötige Benzinmenge aus. Und berechnen das Essen neu. Dass wir in den geplanten sieben Tagen zum Pol kommen, können wir vergessen. Wir werden länger brauchen. Wir telefonieren noch einmal mit Victor. Nach ihrem Flugplan können wir auch drei Tage später nach Spitzbergen zurückfliegen, sagt er, also nach zehn anstelle von sieben geplanten Tagen. Das klingt realistischer. Das macht Hoffnung. Unsere Planungen unterbrechen wir von bangen Blicken auf das GPS. Und was, wenn der Heli morgen auch nicht fliegen kann?

Aber er kann. Am nächsten Morgen, Tag 5 unserer Tour, hat sich der Wind etwas gelegt. Anruf bei Victor. Gegen 13 Uhr werden sie kommen, sagt er. Markus und ich machen alle Schlitten auf, sortieren alle Essenspakete neu. Wir packen. Das können wir teils ohne Handschuhe, so warm ist es – wieder nur vier Grad minus. Wenn es weiter so warm ist, schmilzt uns das Eis unter den Skiern. Wenn es so warm ist, schließen sich auch aufgebrochene Rinnen nur sehr langsam.

Der Hubschrauber kommt. Thomas hat vorher schon einen guten Landeplatz gesucht. Zündet eine Signalrakete, damit sie uns finden. Victor springt aus dem Hubschrauber. Läuft auf uns zu. Breitet die Arme aus. Was macht ihr denn?, soll das heißen. Das ist wohl seine beste Rolle: Victor, der Retter in der Not. Lasst euch Zeit, sagt er, der Heli landet richtig. Wir müssen erst in einer Stunde in der Nähe Eistaucher abholen. Die Piloten besuchen unser kleines Camp. Dobryj djen! Der Mechaniker lacht. Woman, sagt er. Und macht eine Bewegung mit dem Arm, strong! Man, sagt er, und wiegt den Kopf hin und her. Ich sage lieber nichts dazu. Ich kann mich nicht freuen, wenn unser Team gerade auseinanderbricht. Irgendwie ist das doch auch eine Niederlage, sage ich zu Thomas. Der sagt, das stimme schon, aber ich solle mir nicht so einen Kopf machen.

Dieser Rettungstransport wird Max und Urs eine Stange Geld kosten. Die Hubschrauberflugstunde hier oben kostet

11000 Euro. Die beiden wollen in Barneo auf uns warten. Und dann mit dem Hubschrauber zum Pol fliegen, der uns von dort abholen wird.

Alles ist eingepackt. Victor klopft mir wieder einmal so fest auf die Schulter, dass ich einen Schritt nach vorn stolpere. Dieses Schulterklopfen. Auch so ein Männerding. Umarmen geht nur in Kombination mit diesem irren Geklopfe auf die Schultern. Victor und Thomas hauen sich auf den Rücken, manchmal denke ich, die müssen Blutergüsse davon kriegen. Ich nehme es als Kompliment, dass Victor manchmal vergisst, dass ich nicht ganz Thommys Extremklettererkreuz habe, und auf mich fast genauso eindrischt. Ich bekomme dann aber auch wieder Schokolade zugesteckt. Und Thomas nicht. Das ist der Unterschied.

Sie steigen ein. Thomas, Markus und ich stehen auf dem Eis. Vor unserem Zelt, das jetzt nur noch alleine aufgebaut werden wird. Der Helikopter surrt, surrt, surrt, hebt langsam ab. Tür und Cockpitfenster offen. Sie winken. Geben uns Zeichen, Daumen nach oben. Es hat wieder zu schneien begonnen, die Sicht ist nicht gut. Wilde Hunde sind sie, diese Piloten. Ein letztes Winken. Dann sind sie weg. Und wir sind wieder allein, allein.

So stehen wir also da, zu dritt. Alles von vorne. Das Team, neu. Wie wird es jetzt funktionieren? Bin ich jetzt die Schwächste? Müssen die Jungs jetzt auf mich warten? Wir müssen uns wieder neu ordnen. Dies ist ein zweiter Start.

Ein Jahr später sitze ich mit Bengt in einer Pension in Longyearbyen. Am Fenster weht ein Schneesturm vorbei. Bengt hat viermal Grönland durchquert, war mehrmals am Südpol, als Führer von Gruppen unterschiedlicher Größe. Er kennt die Dynamiken, die entstehen können, die guten wie die schlechten. Als ich ihm von dem ungewöhnlichen Verlauf unserer Tour erzähle, lacht er laut auf. Eure Geschichte wundert mich überhaupt nicht, sagt er. Sie ist ein echtes Paradebeispiel dafür, wie sich Männer und Frauen auf solchen Touren verhalten.

Wie meinst du das?, frage ich. Bengt sagt, das sei ganz einfach: Wenn eine Person den Mut hat, völlig unvorbereitet auf eine Nordpol-Expedition zu gehen – dann kann man mit sehr großer Sicherheit davon ausgehen, es ist ein Mann. Ich denke, es liegt einfach in der Natur des Mannes, sich zu überschätzen.

Aber so was geht doch schief, sage ich. Was ist dann? Ach, sagt Bengt, Männer finden dann einen Grund, warum es nicht klappt. Es liegt nicht an ihnen. Es liegt an den Skiern, am Schnee, an einer Erkältung, es ist zu heiß oder zu kalt. Oder wie in eurem Fall am schlechten Essen, was auch immer. Kein Grund, an sich zu zweifeln. Männer brauchen das für ihr Selbstbild.

Das sagt er einfach so in den Raum hinein. Und geht neue Erdnüsse holen. Als er zurückkommt, gibt er mir einen kleinen Schubs an der Schulter. Schau dich an, sagt er, du bist das perfekte Beispiel für eine Frau.

Wie er das nun meint? Na, du bist nun wirklich nicht untrainiert, sagt er. Und wirft sich eine Handvoll Erdnüsse in den Mund. Du hast außerdem auch schon Erfahrung hier oben. Und immer zweifelst du trotzdem an dir: Kann ich das, bin ich schnell genug, bin ich stark genug, kann ich die Kälte ab? – natürlich kannst du! Was gibt es da zu überlegen?

Die Frage hängt im Raum. Das überlegt man sich eben,

sage ich. Falsch, sagt Bengt. Das überlegen sich Frauen. Und sie überlegen zu lang. Wenn sich Frauen bei mir anmelden, dann fragen die sich selbst und mich dann auch hundertmal, ob sie wirklich fit genug sind, erzählt er. Ein Mann fragt so was nicht. Für Frauen ist es ein Riesenproblem, wenn sie die Langsamsten sind. Weil sie die Gruppe nicht aufhalten wollen. Aber allein, dass sie es als Aufhalten empfinden, ist schon der Fehler. So was liegt Männern absolut fern. Die haben kein schlechtes Gewissen, wenn sie die anderen aufhalten. Das ist eben ihr Tempo – fertig. Es sind eher die anderen, die zu schnell, nicht sie selbst, die zu langsam gehen.

Wir schauen in den Schneesturm. Darüber könnte man ein Buch schreiben, sagt er. Ich bin gespannt, wann sich das mal ändert. Ist das wirklich immer so?, frage ich ihn. Nein, natürlich nicht immer, antwortet er. Aber sagen wir es so: Es ist ganz selten umgekehrt.

Ein Jahr zuvor habe ich für derlei geschlechterspezifische Betrachtungen keine Zeit. Ich hoffe einfach. Dass die nächsten Tage nicht zur Qual meines Lebens werden. Immer hintendran, immer die Langsamste. Wir bauen das Zelt ab. Verzurren die Schlitten. Schnallen die Ski an. Und starten. Tag 5. 13.45 Uhr. Distanz zum Pol: 98 Kilometer.

Echte Helden – mit Peary am Pol

Nordpol, April 2009
Die 100-Jahr-Feier auf 90° Nord

Victor holt aus. Schlägt mit Karacho auf den Golfball. Der zersplittert. Es sind 37 Grad unter null. Zu viel für das vereiste Stück. Shit, sagt Victor, aber der Nordpol ist eben kein Golfplatz. Der Golfball war für einen seiner Kunden. Der sich gewünscht hatte, am Pol drei Bälle ins Eis zu schmettern. Sind es eben nur noch zwei. Aus einem gerade gelandeten Helikopter stolpern mehrere Fellmützenträger in die Kälte hinein. Ist das der Pol?, fragt einer hektisch. Fingert nach dem Satellitentelefon. We are on top of the world, ruft er in den kleinen schwarzen Apparat, wir sind auf dem Dach der Welt. Ich weiß nicht warum, aber gegen diesen Ausdruck bin ich allergisch. Top of the world.

Vielleicht würde sich der gute Robert Edwin Peary im Grab umdrehen. Wenn er sehen könnte, wie der hundertste Jahrestag seines Lebenstriumphs begangen wird. Vielleicht würde er sich aber auch die Hände reiben. Weil ihm ein riesiger Coup gelungen ist: Denn der US-Amerikaner steht als der Mann in den Geschichtsbüchern, der als Erster den 90. Breitengrad erreicht hat. Sicher bewiesen ist das aber nicht. Wer wirklich als erster Mensch am Nordpol stand, das ist eines der größten Rätsel der Geschichte.

Es gibt viele Ungereimtheiten und Zweifel an Pearys Behauptung. Die Geschichte wurde deswegen aber noch lange nicht umgeschrieben. Vielleicht also würde er sich über jede Art der Feier freuen, auch darüber, dass man nun mit Helikoptern zum Pol fliegt und dort Champagner trinkt, einen Golfball zersplittert und wieder von dannen donnert – Hauptsache, es geschieht in seinem Namen. Peary war besessen von der Idee, als Erster den Pol zu erreichen. Als er bei einem gescheiterten Versuch acht seiner Zehen verlor, war ihm das nur die Bemerkung wert: Was sind schon ein paar Zehen gegen den Pol? Doch es ging ihm dabei nicht um den Ort. Er wollte ein Held werden, und der Pol sollte das Mittel dazu sein. In einem Brief an seine Mutter schreibt er 1887: Denke daran, Mutter, ich *muss* Ruhm erringen!

Zum Helden wurde er. Und damit das für immer so bleibt, ist der Urenkel Pearys, ebenfalls Robert genannt, unterwegs im Auftrag der Familiengeschichte. Er ist einer derjenigen, die aus dem Hubschrauber gesprungen sind. Jetzt steht er am 90. Breitengrad und wedelt mit einer kleinen Puppe. Seinen bärtigen Ahnen soll sie darstellen. In der Hand hält die Puppe die amerikanische Fahne.

Ob ich davon überzeugt bin, dass mein Urgroßvater am Pol war?, wiederholt er ungläubig. Dreimal. Als sei dies die absurdeste Frage, die ich stellen kann. Auch wenn in Pearys Darstellung logische Löcher klaffen, so groß wie die Arktis selbst. Dann sagt er: Diese Frage stellt sich nicht, denn es ist eine Tatsache! Das lässt nicht viel Raum für Diskussionen. Und die Lücken in dem Tagebuch? Das sind alles böse Unterstellungen, sagt Peary. Lange mit weiteren Erklärungen aufhalten will er sich auch nicht. Mit knappen Worten verweist er auf neue Analysen: Die Fotos, die mein Urgroßvater damals gemacht hat, sind untersucht worden. Mit dem Ergebnis, dass sie exakt am Pol aufgenommen wurden – aufgrund des Sonnenstands zu dieser Tageszeit an diesem Datum. Was braucht es noch an Beweisen?

So schnell sind also alle Zweifel beiseitegewischt. Aber ganz so einfach ist es trotzdem nicht. Denn als der 54-jährige Peary im Sommer 1908 gen Norden startete, wusste er bereits, dass er sich im Wettlauf mit seinem ehemaligen Expeditionsarzt, Frederick Cook, befand. Den ganzen Weg über das Eis des Arktischen Ozeans legte Pearys Trupp dann etwa 20 Kilometer am Tag zurück. Die letzten 250 Kilometer allerdings will er in nur vier Tagen geschafft haben. Auf diese Schlussetappe nahm er nur noch seinen farbigen Diener Matthew Henson und vier Inuit mit. Niemanden, der seine Messungen noch bestätigen und somit als verlässlicher Zeuge dienen könnte. Den Einzigen, der das gekonnt hätte, den Kapitän seines Schiffs Roosevelt, William Bartlett, schickte er zurück. Damit nicht genug, vermerkte er seinen Triumph nicht in seinem Tagebuch. Die Seiten des 6. und 7. April 1909 sind leer, und die Notiz des Polsiegs befindet sich auf einem eingelegten Blatt anderen Papiers. Ganz so, als habe er sie nachträglich erst eingefügt.

23 Jahre arbeitete Peary auf den Pol hin. Tauchte tief ein in das Leben der Inuit, lebte in Grönland mit ihnen, lernte von ihnen das Leben und Überleben im Eis. Schon einmal war ihm einer zuvorgekommen, bei seinem Streben nach Ruhm: Als Erster hatte er Grönland durchqueren wollen. Doch Fridtjof Nansen schnappte ihm diese Errungenschaft weg.

Beim Studieren der Geschichte Pearys kann der Eindruck entstehen, der Besessene, der sich sogar von Gott auserwählt glaubte, habe den Triumph nur deshalb für sich beansprucht, weil ihm eine solche Niederlage nicht ein zweites Mal passieren sollte. Bei seiner Rückkehr in die Zivilisation erfuhr er Schreckliches: Sein Konkurrent Cook hatte vermeldet, den Pol bereits am 21. April 1908 erreicht zu haben. Die Nachricht war nur deshalb nicht in die südliche Welt vorgedrungen, weil Cook während der Rückkehr in der kanadischen Arktis überwinterte. Pearys Lebenswerk wäre damit dahingewesen – und das durfte nicht sein. Wo hätte er seinen so verbissen angestrebten Ruhm noch erlangen sollen?

Ein erbitterter Streit entstand. Und der hält bis heute an. Auf den von den Nachkommen der beiden ehemaligen Kontrahenten betriebenen Internetseiten finden sich übelste gegenseitige Beschimpfungen. Cooks Behauptung wird heute kaum noch ernst genommen. Es hatte sich herausgestellt, dass er auch bei der Besteigung des Mount McKinley in Alaska schon gehörig geflunkert hatte. Selbst Roald Amundsen, der große Norweger, der bei Cook sein Handwerk gelernt hatte und lange hinter ihm stand, konnte nach dieser Enthüllung nicht mehr zu ihm halten. Cook wiederum behauptete stets, Opfer von böswilligen Intrigen zu sein.

Hundert Jahre später, an diesem silbrig kalten Apriltag im Jahr 2009, interessiert sich niemand für solche Details auf 90 Grad. Dem Urenkel Peary wird ein frisches Glas Champagner gereicht. Es ist so wundervoll, dass ich hier feiern kann! Meine Familie feiert in Washington D.C. Sie sind alle ziemlich neidisch auf mich, sagt er. Trinken allerdings kann er nicht, weil der Schampus schon eingefroren ist, bis er mit dem Posieren und Prosten in die Kamera fertig ist.

20 Abenteurer begleiten Peary. In roten Jacken mit Pelzkapuzen, vorne jeweils der Name auf die Brust genäht und hinten ein Abzeichen, das zeigt, dass hier ein echter Angehöriger der »Peary-Henson-Centennial North Pole Expedition« im Parka steckt. Sie rollen eine Banderole aus, auf der genau das noch einmal steht, und lassen sich johlend damit fotografieren.

Hinter dieser doch recht bizarren Veranstaltung steckt die Young President´s Organization (YPO). Ein in den USA beheimateter internationaler Eliteclub, dem nur ausgewählte Führungskräfte beitreten dürfen. Die bringen sich gegenseitig auf immer verrücktere Ideen, was auf der YPO-Homepage damit begründet wird, dass man »geographische und kulturelle Barrieren überwinden und sich mit den täglichen Herausforderungen von Führungskräften auseinandersetzen« wolle.

Auf den Spuren Pearys sollte diese Expedition wandeln, zumindest auf den letzten Metern. Doch schon dabei geht ein Viertel des Trupps verloren. Am 5. April machte sich die Centennial-Expedition mit Teilnehmern aus den USA, Kanada, Island, Deutschland und sogar Indien Richtung Pol auf. Sie fliegen von Spitzbergen in der Antonow nach Barneo. Dort steigt die Peary-Gedächtnis-Expedition am 6. April in Hubschrauber um, die sie noch näher an den Pol bringen. Bis auf zehn Kilometer, um genau zu sein. Peary der Ältere hatte rund 800 Kilometer zu latschen, und das Ganze dann auch wieder zurück. Aber welche Führungskraft hat dafür heute schon Zeit?

Geplant ist also, dass die Gruppe auf Skiern ihre Schlitten ein Stück weit Richtung Pol zieht. So wie es Peary, der Urgroßvater, damals getan hat. Dann wollen sie in Expedi-

tionszelten übernachten, am nächsten Morgen das letzte
Stück gehen – und den Polsieg feiern.

Doch schon nach sehr kurzer Zeit wird es einigen zu kalt.
37 Grad minus sind in der Tat frisch, und der Körper hat
viele Stellen, die man sich sehr schnell erfrieren kann: die
Zehen, die Finger, die Nase, die Ohren. Die Polfahrer machen also halt und versuchen, die Frierenden aufzuwärmen.
Doch das will nicht gelingen. Und da sind die jungen Führungskräfte dann froh, mit Peary, dem Urenkel, und nicht
dem Urgroßvater unterwegs zu sein. Denn der Urenkel
kann mit seinem Satellitentelefon den Camp-Chef von Barneo anrufen und um Abholung bitten. Und weil bei einer
jungen Frau die Gefahr einer ernsthaften Erfrierung besteht,
kommt der orangefarbene Helikopter angeflogen und bringt
fünf der Abenteurer in die gewärmten Zelte Barneos. Das
ist nicht selbstverständlich, denn Victor kann gnadenlos
sein, wenn es um Gejammer der Kälte wegen geht. Nur weil
jemand keine Lust mehr hat, hat er noch nie einen Hubschrauber losgeschickt. Das ist nun mal die Arktis, sagt er,
da ist es kalt.

Am nächsten Morgen also fliegen die fünf Gescheiterten
aus dem Camp zu den 16, die die Nacht draußen überstanden haben. Es gibt ein großes Hallo, und dass nun schon
der 7. April und das eigentliche Datum damit um einen Tag
verpasst ist, interessiert niemanden. Peary der Jüngere will
nun mit einer Signalpistole schießen, dem Urgroßvater zu
Ehren. Ein grüner Feuerwerkskörper zerplatzt im arktischen Himmel. Dann ist der Zauber vorbei. Ohnehin ist die
90-Grad-Fahne dem Pol schon lange entdriftet.

Im Camp bereitet sich unterdessen Børge Ousland, der wohl bekannteste der heutigen Polarabenteurer, darauf vor, mit Klienten zum Pol aufzubrechen. Den letzten Breitengrad will der 46-Jährige mit ihnen hinter sich bringen. Für ihn ist das ein Spaziergang. Denn der Norweger hat sowohl das patagonische Inlandeis als auch Grönland durchquert und ohne Unterstützung beide Pole erreicht, den Nordpol dann noch ein zweites Mal – im dunklen Winter, und noch ein drittes Mal, bei seiner Solo-Querung von Sibirien nach Kanada.

Børge ist im Eis zuhause. Er kennt die Distanzen, die man an einem Tag schaffen kann. Dass Peary damals gelogen hat, wagt er nicht zu behaupten. Wer Peary Betrug vorwarf, hat meistens eigene Interessen verfolgt, sagt er, während er seinen Schlitten verzurrt. Ich glaube, dass Peary zumindest sehr, sehr nahe am Pol war. Zum einen war er ein besessener Charakter, der niemals umgedreht wäre, ohne sein Ziel erreicht zu haben. Er wäre wahrscheinlich nicht einmal umgedreht, wenn ihm das Essen ausgegangen wäre. So wie Scott am Südpol. Zum anderen habe ich selbst schon Tagesetappen von 72 Kilometern geschafft – auf Skiern und mit Hilfe von Segeln. Pearys Endspurt mit 60 Kilometern am Tag könnte stimmen. Er hatte für die Schlussetappen frische Schlittenhunde. Er hatte jede Menge Erfahrung. Er hatte viel von den Inuit gelernt. Er war so schnell unterwegs, wie vor ihm niemand sonst. Es ist möglich, was er sagt. Sagt Børge.

Es wird sich nicht mehr beweisen lassen. War Cook der Erste oder Peary? Waren beide am Pol oder keiner? Historisch belegt sind erst andere Pioniertaten im Zusammenhang mit dem Nordpol. Die Ersten, die nach den beiden

Kontrahenten so weit nach Norden vordrangen, waren Umberto Nobile, Roald Amundsen und Lincoln Ellsworth – an Bord des Luftschiffs Norge, 1926. Elf Jahre danach landeten Iwan Papanin und eine Gruppe russischer Wissenschaftler. Aber es sollte noch sehr lange dauern, bis der nächste Mensch den Pol zu Fuß erreichte: der Brite Wally Herbert. Er stand genau 50 Jahre nach Peary am Nordpol, am 6. April 1969, auf seinem Weg von Alaska nach Spitzbergen. 476 Tage war er unterwegs, überwinterte im Drifteis, ging 6000 Kilometer weit.

Seinen Namen kennt heute trotzdem kaum jemand. Denn bis Herbert Ende Juni nach seinem langen Weg in Spitzbergen ankam, da hatte die Welt schon ein neues Ziel ausgemacht, das es zu erobern galt – den Mond. Im Trubel der ersten heroischen Mondlandung am 21. Juli 1969, wer wollte da noch etwas von mühseligen Wanderungen durch Eiswüsten wissen?

Neben Børge steht einer der YPO-Teilnehmer aus den USA. Blut tropft ihm von der Nase. Er hat sich eine Erfrierung zugezogen, und jetzt ist die Blase aufgeplatzt. Er wischt das Blut ab. Er macht das mit der filmreifen, theatralischen Geste eines tapferen Teufelsbratens. Seht her, heißt diese Geste, was ich geleistet habe! Out in the big white cold. Unwillkürlich erweckt er damit den Eindruck, er habe seine Nase absichtlich in den harten Wind gehalten. Damit er Spuren seines Abenteuers mit nach Hause tragen kann. Wo er dann eins mit Peary gemeinsam haben wird: Als Held gefeiert zu werden. Ob zu Recht – wer will das schon wissen.

Die Arktis ist gerecht

Im Eis, April 2010
Tag 5 und 6
Presseisfelder und Lichtspiele
Distanz Tag 5 abends 82,7 km;
Tag 6 morgens 87,3 km, abends 72,4 km.

Die Scholle kippt. Das dünne Eishäppchen, Markus ist zu schwer dafür. Seit Stunden schon bewegen wir uns durch ein riesiges Rinnensystem. Das Eis ist aufgebrochen, Wasserflächen haben sich gebildet, sind neu zugefroren. Nicht alles Eis ist schon wieder so dick, dass es uns trägt. Thomas sucht vorsichtig einen Weg durch das Gewirr aus aufgetürmtem Eis, offenem Wasser, kleinen Rinnen, frischem Eisschlamm. Konzentriert arbeiten wir uns vor, Stück für Stück. In den Rinnensystemen müssen wir schnell sein. Damit wir nicht mittendrinstecken, falls das Eis sich wieder bewegen sollte. Damit wir nicht voneinander getrennt werden. Wir kommen gut voran.

Aber jetzt kippt diese Scholle. Die Rinne ist etwa zwei Meter breit, und als wir sie erreichten, dümpelte ein Eisstück darin herum. Thomas ging vorsichtig darüber. Als er seinen Schlitten hinterherzog, wankte die Scholle. Ein bisschen Wasser lief darauf. Ich ging nicht ganz so ruhig darüber wie Thomas, und noch mehr Wasser schwappte auf sie. Das Wasser fraß sich in den Schnee, und die Scholle wurde schwerer. Zu schwer für Markus. Als er darauf steht, kippt sie. Nach vorne. Er kann nicht mehr zurück, kann aber auch nicht mehr weitergehen, weil das Eisstück untergeht, sich unter den Eisrand vor ihm zu schieben beginnt. Erst in Zeitlupe, dann sehr schnell. Thomas und ich schreien beide auf, Thomas schreit: Spring! Markus macht einen beherzten Sprung nach vorn und kommt auf dem Bauch auf dem Eisrand zum Liegen, die Beine noch halb über dem Wasser, in dem jetzt keine Scholle mehr schwimmt, dafür aber Markus' Schlitten – gut, dass er trainierte Bauchmuskeln hat. Thomas und ich ziehen ihn weiter aufs Eis, seine Beine sind nicht einmal nass geworden. Zu dritt sitzen wir im Schnee und lachen. Das war knapp.

Ich bin froh. Der erste Tag zu dritt, und es klappt prima. Wir funktionieren gut zusammen. An diesem Tag gehen wir bis Mitternacht, achteinhalb Stunden. Als wir müde werden, legt Thomas, der vorausgeht, Ricolas für uns in den Schnee. Wie einen so kleine Gesten aufmuntern können! Wir gehen bis kurz nach Mitternacht und schaffen knapp 13,5 Kilometer. Das ist noch immer nicht viel. Nach dem Essen wissen wir auch warum: Nach anderthalb Stunden im Zelt, gegen halb zwei Uhr morgens, sind wir schon wieder einen Kilometer weiter vom Pol entfernt. Wir driften noch immer in südöstlicher Richtung. Mit mehr als einem Kilometer pro Stunde. Wenn man das dazurechnet, sind wir heute wahrscheinlich mehr als 20 Kilometer gelatscht. Wir liegen in unseren Schlafsäcken, Markus und ich in die eine Richtung, Thomas zwischen uns mit dem Kopf in die andere. Schauen das GPS an, schauen uns an und beschließen: Wir werden um 7 Uhr wieder aufstehen und weitergehen. Wir wollen raus aus dieser Drift, und das geht nicht mit langen Pausen.

Wir wollen außerdem fortan so lange gehen, wie wir können, egal, wie spät es wird, dann essen, sechs Stunden schlafen und weitergehen. Wir müssen uns nicht an Tageszeiten oder Tagesrhythmen halten. Es ist immer hell. Von jetzt an, beschließen wir, machen wir unsere eigene Zeit.

87,3. Das ist unsere Distanz am nächsten Morgen. Die kurze Nacht hat uns fast fünf Kilometer genommen. Ich bin entsetzt. Es fehlt nicht viel, und es steht wieder eine Neun auf dem Display. Es kommt mir so vor, als würden wir schon seit einer Woche immer zwischen 100 und 90 Kilometern herumeiern, sage ich. Das kommt dir nicht nur so vor, sagt Thomas. Das ist so. Heute ist der sechste Tag. So was hab ich noch nie erlebt. Markus entpuppt sich als Motivator der Stunde. Zwischen seinen Müslihappen rechnet er vor, dass wir das alles von nun an locker wettmachen. Weil wir jetzt schneller sind, kürzere Pausen machen, länger gehen. In die wenigen verbleibenden Tage viel mehr Etappen einbauen. Wir zaubern praktisch. So viel Euphorie am frühen Morgen liegt mir sehr fern. Aber ein bisschen anstecken lasse ich mich doch.

Wir mampfen unser Müsli fertig. Gehen los. Und stehen nach etwa 50 Metern am Beginn eines Presseisfelds, wie wir es bisher nie gesehen hatten. Alles ist aufgebrochen, soweit das Auge reicht. Nach Osten, Westen, Norden. Da müssen wir wohl durch, sagt Thomas. Wir schnallen die Skier ab. Nehmen sie in die Hand, die Stöcke hängen an den Schlaufen von unseren Handgelenken. So arbeiten wir uns durch das Trümmerfeld. Der Schlitten fällt um, unzählige Male. Wir rutschen aus auf dem Eis, auf dem dünner Neuschnee liegt. Fallen gegen die harten Kanten. Meine Beine habe ich lange nicht mehr nackt gesehen. Ich bin sicher, sie sind so blau wie das Eis hier.

Es ist Schwerstarbeit. Und der Untergrund ist noch nicht festgefroren. Die Eistrümmer liegen zum Teil in Eisschlamm, der noch nicht zu festem Eis gefroren ist. Rutscht man von den Brocken, bekommt man auch noch nasse Füße. Der Schlitten verhakt sich, hundertmal, tausendmal. Ich stemme mich ins Geschirr, ich hätte nie gedacht, dass ich so viel Kraft haben kann, so lange. Manchmal, wenn ich in dem Geschirr hänge und mit aller Kraft ziehe und mein ganzes Gewicht in die Seile lege und mit den Füßen drücke und mit den Armen in den Stockschlaufen hänge und drücke und drücke und drücke, damit sich der Schlitten aus einer Verkantung löst, schreie ich vor lauter Kraftanstrengung. Thomas und Markus beobachten mich dabei, und irgendwann lachen sie und sagen, bei mir bekäme das Wort Presseisrücken eine ganz neue Bedeutung, sie möchten mir dauernd »pressen, pressen, pressen« zurufen. So sitzen wir in den Trümmern und lachen. Irgendwann lachen wir vor Erschöpfung. Es ist harte Arbeit. Aber es ist auch ungemein befriedigend, wenn man es geschafft hat. Wenn der Schlitten endlich drüber ist über all die Ridges. Nach zwei Stunden kommen wir in besseres Eis. Wir sinken auf unsere Schlitten, machen unsere Essensbeutel auf.

In meinem Beutel finde ich als Tagesüberraschung Power Jellys, Gummibären mit Kraftfüllung. Die mag ich. Und freue mich wie ein Schneehase. Worüber man sich so freuen kann hier. Thomas schaut auf sein GPS. 588 Meter haben wir schon, sagt er. Was?, sagen Markus und ich entsetzt. Und das Beste ist, sagt er, wir driften so schnell – wenn wir noch fünf Minuten sitzen bleiben, dann sind wir wieder auf der Position von heute Morgen.

Genauso gut hätte man zu Markus sagen können: Pol ist aus, gibt's nicht mehr, du kannst nach Hause fahren. Seine

Motivationsrede vom Morgen, jetzt glaubt er selbst nicht mehr dran. Er lässt seinen Essensbeutel sinken. Als hätte man ihn ausgeknipst. Ach komm, sage ich. Jetzt gehen wir noch zwei Stunden, dann haben wir die Distanz von gestern Abend wieder, und ab da ist alles neu. So weit waren wir dann noch nie. Und dann gehen wir noch drei mal zwei Stunden. Und haben eine Sechs vorne stehen. Eine Sechs! Ich glaube sogar richtig dran. Diese Presseisrücken, irgendwie sind das die reinsten Energiespender für mich.

Thomas kaut auf seinem Speck herum. Ihr müsst das sowieso anders sehen, sagt er, lockerer. Ihr dürft nicht so auf die Distanz schauen, sondern mehr auf das Eis. Man muss über Eis gehen. Über wie viel, das haben wir nicht in der Hand. Und alles Eis, über das man geht, hat man hinter sich. Auf langen Strecken gleicht sich alles wieder aus. Irgendwann ist die Drift auch mal positiv. Aber wann, frage ich, wann?

Wir gehen weiter. Nach einer Stunde wird mir kalt an den Fingern, und ich ziehe ein zweites Paar Wollhandschuhe an. Bisher war es so warm, und die Anstrengung pumpte so viel Blut durch unsere Adern, dass eines gereicht hatte. Nach einer weiteren Stunde ziehe ich die Sturmhandschuhe an. Als uns die Skibrillen innen und außen anfrieren, sagt Thomas schließlich: Ha, das Wetter ändert sich.

Das tut es auch. Seit Tagen dieses diffuse Licht. Jetzt, ein Lichtstreifen am Horizont. Heller Schein. Im Nebel wachsen Konturen. Von Eisblöcken. Presseisrücken. Sastrugi. Schneewehen. Das Licht, es zieht den Schleier, der wie ein Schmierfilm über der Landschaft klebte, von den eisigen Zacken ab. Blau der Horizont, auf einmal ist er blau. Das Ende des gewaltigen Tiefs, hier ist es. Die Wetterkarte, wir sehen sie von unten. Das Wolkenende, fast meinen wir, es brausen zu hören, so rast es über unsere Köpfe hinweg, der ganze Himmel scheint in Bewegung, wir bleiben stehen und wissen nicht, wohin sollen wir nur schauen, überall ist irgendwas, es wird blauer und heller und heller und blauer und dann sind die Wolken auf einmal weg. Keine einzige mehr am Himmel. Mir fällt nichts mehr ein.

In weniger als fünf Minuten hat sich unsere Umgebung komplett gewandelt. Eben sahen wir kaum die nächsten Meter unseres Weges, blieben immer wieder mit den Skispitzen in Sastrugis hängen, weil wir sie übersahen. Und jetzt setzt sogar Thomas eine Sonnenbrille auf, so gleißend strahlt der große, helle Stern auf uns herab und wirft sein Licht noch tausendfach verstärkt durch all das Eis um uns herum auf uns. Dann stehen wir da, in silbrig blauem Licht. Kalt ist es. Von minus vier ist die Temperatur auf unter minus 20 Grad gefallen.

Markus ist der Erste, der wieder spricht. Das war wie die Schöpfung, sagte er. So muss das gewesen sein. Es werde Licht! Wir jubeln, juchzen. Was für ein Spektakel. Diese Minuten waren alle Strapazen wert. In unserer Freude fliegen wir geradezu dahin, noch zwei Stunden lang. Auch der Wind hat nachgelassen. Endlich weht es uns die Kapuzen nicht mehr so vors Gesicht. Um halb acht am Abend finden wir einen guten Lagerplatz. Knapp zehn Stunden waren wir unterwegs. Von 87,3 sind wir in dieser Zeit bis auf 72,4 Kilometer herangekommen.

Wir schmelzen Schnee, kochen, essen. Sind begeistert von dem Tag. Und das Beste: Nach zwei Stunden im Zelt sind wir gerade mal 200 Meter zurückgedriftet. Markus beobachtet ständig sein GPS. Mit dem Wind scheint zeitversetzt auch die Drift nachgelassen zu haben. Was für ein Tag.

Jetzt weiß ich, was Victor meint, wenn er sagt, von all den tausenden Tagen, die er im Eis war, war keiner wie der andere. Es ist wirklich so. Jeder Tag hier ist unverwechselbar, jeder hat sein eigenes Drehbuch. Man weiß am Morgen nicht, was kommen wird, wie weit man kommen wird, was passieren wird. Die Arktis ist immer unvorhersehbar. Und da ist es wieder, dieses Gefühl, es hier nicht nur mit Eis zu tun zu haben, sondern mit einem Lebewesen. Das Gefühl, als habe diese Wüste eine Seele. Vielleicht geht es Höhenbergsteigern genauso mit den Bergen, auf die sie klettern. Irgendwann beschleicht einen dieses Gefühl, dass nicht wir entscheiden, was wir hier tun dürfen. Erst wenn man aufhört, gegen dieses Lebewesen zu kämpfen, lässt es einen weitergehen. Und wenn man dann am Gipfel steht oder auf 90 Grad, dann hat man weder den Berg besiegt noch den Pol bezwungen. Es ist andersrum. Deren Seele hat den Zugang gestattet.

Vielleicht ist es genau dieses Gefühl, weswegen die Inuit nicht an Jagdglück glauben. Die Jagd hängt in ihrer Weltsicht nicht vom Können des Jägers oder von Glück oder Pech ab. Einzig das Tier bestimmt, ob es erlegt werden darf. Das Tier entscheidet, es gibt sich hin.

Jetzt fühlt sich diese arktische Seele nicht kalt und abweisend an. Sondern versöhnend, auf Ausgleich bedacht, nach all den Strapazen etwas schenkend. Es fühlt sich so an, als würden wir nun angenommen. Es fühlt sich tatsächlich – irgendwie gerecht an. Das sage ich nicht laut, weil ich denke, die andren halten mich dann wieder für bekloppt. Und dann sagt Thomas genau das: Die Arktis ist gerecht. Was sie dir nimmt, das kriegst du auch wieder.

Vielleicht ist es ja jetzt so weit.

Und was ist mit dem Klima?

Longyearbyen
Was die Serengeti mit der Arktis gemeinsam hat

»Ein Eisbär sollte Sie den Respekt vor der Natur lehren. Hier braucht Menschen wie Sie und Ihr Geschreibsel ohnehin niemand.«

Diesen Kommentar schrieb ein Leser unter einen meiner Texte, die ich vor meiner ersten Reise nach Barneo veröffentlicht hatte. Es folgten noch andere, in ähnlichem Stil. Harsche und zum Teil auch sehr beleidigende Postings. Anfangs überraschten mich diese Reaktionen. Sie trafen mich. An sie gewöhnen werde ich mich nie. Aber ich nehme sie mittlerweile hin, als Teil des Ganzen. Wundere mich nur ab und zu. Welche Gedanken sich manche Menschen über mich machen.

Thomas, der solche Angriffe noch viel besser kennt, meint dazu, wenn man extreme Dinge macht, ruft man auch extreme Reaktionen hervor, positive wie negative. Er glaubt, die meisten dieser so sehr aggressiven Schreiber seien wahrscheinlich einfach neidisch. Damit müsse man leben lernen. Wenn du das nicht willst, musst du dich wieder hinter den Ofen setzen, sagt er einmal zu mir.

Viele dieser Kommentare kreisen um: das Klima. Wie ein Reflex kommt dieser Vorwurf, wenn es um Reiseberichte aus Arktis und Antarktis geht. Man würde maßgeblich zum

Klimawandel beitragen. Bei Berichten über Reisen nach Thailand, Neuseeland oder an den Ballermann wird dieser Vorwurf viel seltener formuliert. Wer Teil des Massentourismus ist und zu einer grundlegenden Veränderung bestimmter Regionen beiträgt, sieht sich seltsamerweise weniger Vorwürfen ausgesetzt als jemand, der mit 50 Leuten auf einer Eisinsel steht und auf jeden seiner Schritte achtet.

Es schmilzt nicht mehr oder weniger Eis, ob man nun nach Thailand oder nach Grönland fliegt. Wenn man sich in Grönland richtig verhält, richtet man auch keinen Schaden an. Im Gegenteil – aber Kosten und Nutzen des Tourismus für Menschen und Regionen sind ein sehr komplexes Thema. Zu komplex für kurze Internetkommentare. Überdies wird der größte Teil der Eisreisenden sich ohnehin immer nur in den Randgebieten dieser Eiswelt bewegen und nur ein sehr, sehr kleiner Teil weiter in sie vordringen. Die Natur ist der beste Schutz dieser Region.

Wenn man seine Naturliebe konsequent zu Ende denkt, dürfte man nirgendwohin fliegen oder fahren. Was immer der Mensch auch tut, wo immer er sich auch hin bewegt, er verursacht Emissionen aller Art. So, wie unsere modernen Gesellschaften heute aufgebaut sind, kann er gar nicht anders. Wenn man sich mit der Arktis und dem Wandel, der besonders dort zu spüren ist, beschäftigt, ist man sich dessen vielleicht sogar noch bewusster. Und natürlich bekommt man seine eigene Ökobilanz für das ganze Leben nie wieder auch nur annähernd in ein Gleichgewicht, wenn man nur einmal zum Nordpol reist. Das ist so, und das kann man nicht schönreden.

Es ist also tatsächlich ein großer Widerspruch, diese Liebe zur und der Respekt vor der Natur – und der eigene Beitrag zu ihrer Zerstörung. Es ist ein Widerspruch, den man auch als Wintersportler, als Bergsportler kennt. Man liebt die Natur und macht sie kaputt. Mit Bergbahnen, Skipisten, Wanderwegen. Tiefe Wunden schlagen die Skihänge in unser schönes Alpenland, wie Gerippe ragen die Pfeiler der Bahnen in den Himmel, und über allem schallen dumme Lieder. Wenn man sich dann aber von den Bahnen und Pisten abwendet und nur noch Skitouren geht? Sich nur mit der eigenen Kraft in den verschneiten Bergen bewegt? Ist das dann besser? Wenn das dann aber alle machten? All die grölenden Massen auf einmal in einem jungen Wald?

Und es beginnt ja schon viel früher, es fängt schon beim Kauf giftiger Funktionskleidung an. Aber wer beschäftigt sich schon jemals mit der Frage, wie viel Gift in seinen Bergschuhen steckt, wo die Gerberei oder Färberei steht, in der die Schuhe verarbeitet wurden, warum manche Frauen, die in den Färbereien arbeiten, missgebildete Kinder bekommen, und wo die Abwässer hinfließen. Ganz langsam erst wächst in den letzten Jahren das Bewusstsein in der Bekleidungsindustrie, und dort vor allem bei den Outdoor-Firmen, dass ihre Artikel nur so lange gekauft werden können, solange es auch eine Umwelt gibt, in der man sie gerne benutzt oder überhaupt benutzen kann. Und unsere Kleidung ist nur ein Beispiel, nur ein so kleiner Teil.

Unseren Beitrag zur Zerstörung der Arktis, so, wie es sie heute gibt, leisten wir alle. Dabei ist die Erwärmung nur ein Aspekt des Problems. Einer, mit dem unsere Erde vielleicht noch am besten zurechtkommen wird, wenn die Veränderungen auch tiefgreifend sein werden. Auf Spitzbergen gibt es Kohle, jede Menge Kohle, also wuchsen dort irgendwann einmal Bäume. Es war schon einmal warm dort oben, es ist keine Überraschung für die Erde, wenn es wieder so sein wird.

Ein anderes Problem ist die Verschmutzung, die langsame Vergiftung unseres Planeten. Die ist neu. Und wenn man bei der Erderwärmung noch lange reden und debattieren wird, was nun vom Menschen verursacht und was ganz natürlich ist, so kann man bei der stetigen Anhäufung von Giften sehr wenig diskutieren: Die haben wir allein gemacht.

Ein Beispiel dafür, wie sehr auf unserer Welt alles zusammenhängt, ist der Zustand des Strands von Jan Mayen, dem winzigen Eiland zwischen Island und Spitzbergen. Als wir 2009 dort an Land gingen, standen wir bis zu den Knien in Plastikmüll. Etwa drei Meter breit war der Streifen, der sich den Strand entlangzog und durch den wir waten mussten. Ein Streifen aus Plastiktüten, Plastikflaschen, Waschmittelflaschen, Kanistern, Plastikfetzen, durchsetzt mit Seetang. Auf Jan Mayen gibt es eine Wetterstation. Dort leben 18 Menschen. Diese Plastiktüten, der ganze Müll, er kommt nicht aus dieser Station. Er kommt von uns. Aus dem Süden.

Jedes Fitzelchen Plastik, das wir irgendwo wegwerfen, es landet irgendwann in Bächen, in Flüssen, in den Meeren. 250 Millionen Tonnen Kunststoffprodukte werden jedes Jahr auf der Welt hergestellt. Viermal so viel wie noch vor 30 Jahren. Allein in Deutschland werden jedes Jahr 2,7 Millionen Tonnen Plastikverpackungen produziert. In den wenigsten Ländern der Welt werden Abfälle einem so relativ gut funktionierenden Müllkreislauf wie in Deutschland zugeführt. 80 Prozent des Abfalls, wird geschätzt – enden im Meer.

Wer das Meer also nur dort kennt, wo Badestrände sind, hat ein falsches Bild vom Zustand unserer Ozeane. Überall, wo es badewillige Touristen gibt, werden die Strände gereinigt, täglich zum Teil. Überall dort, wo das nicht passiert, liegen die traurigen Reste unserer Industriegesellschaften im Sand. In den Wellen der Welt treiben riesige Felder aus Plastik. Die Meere sind voll davon. Vögel verwechseln im Wasser schwimmende Plastikfetzen mit Fischen. Eine Untersuchung auf Jan Mayen ergab, dass dort vier von fünf verendeten Seevögeln Plastik im Magen haben. Untersuchungen von Eisbären auf Spitzbergen ergaben eine deutlich erhöhte Konzentration von Umweltgiften in ihrem Fett, Giften, die sich in ihren Körpern anreichern und nicht ausgeschieden werden. Giften, die zum Beispiel im Plastik stecken. Um es weich zu machen und haltbar. Bisphenol A ist vielleicht das bekannteste darunter, aber es gibt etliche andere. Es sind hormonähnliche Stoffe, die unter anderem die Fruchtbarkeit beeinflussen können, einige stehen außerdem im Verdacht, Krebs zu erregen. Diese Gifte wandern überallhin. Auf Spitzbergen werden mittlerweile unter Eisbären immer mehr Hermaphroditen beobachtet. Tiere, die beide Geschlechter haben und sich nicht fortpflanzen können.

Der Eisbär steht an der Spitze der Nahrungskette. Er frisst all die Lebewesen, die zuvor schon andere Lebewesen gefressen haben – und er frisst all das Gift, das diese gefressen haben. Dieses Gift kommt von uns – und wir haben mit dem Eisbären eines gemeinsam: Auch wir stehen an der Spitze der Nahrungskette. Es wird auch wieder bei uns landen. Der Zustand des Eisbären ist in manchen Punkten ein sehr guter Stimmungsanzeiger für den Zustand des Menschen.

Als Dozentin und Journalistin kann ich versuchen, einige dieser Zusammenhänge zu erklären. Zu verdeutlichen, dass die Arktis nicht so weit weg ist von uns, wie es scheint. Dass wir wirklich in einer globalisierten Welt leben, in der auch die Gifte global wirken. Es ist nicht so, dass es keine Rolle spielt, ob wir bei unseren Einkäufen jedes einzelne Teil in eine Plastiktüte packen lassen oder eine Stofftasche mitnehmen. Und so zeige ich bei meinen Vorträgen auf den Schiffen immer wieder die Bilder der plastikverschmutzten Strände. Erkläre die Globalisierung der Verschmutzung. Und hoffe jedes Mal, dass ich ein paar Menschen erreiche, ein paar, die einen Unterschied machen.

Meine Reisen mit diesem »Auftrag« zu rechtfertigen, ist allerdings durchaus fadenscheinig. Um diese Vorträge zu halten, müsste ich nicht auf einen Atomeisbrecher steigen. Ausgerechnet!

Nein, natürlich steckt hinter jeder dieser Reisen, und am meisten natürlich hinter jenen, bei denen ich mich auf Skiern auf den Weg mache, auch eine große Portion Egoismus. Ich muss einfach hinauf, hinein in diese Welt. Weil sie mich fasziniert. Weil sie mich so gepackt hat, weil sie mir fehlt, weil ich dort oben inzwischen ein Stück weit zuhause bin.

Einen großen Teil meiner Leidenschaft macht aber tatsächlich auch das Bewusstsein um die Vergänglichkeit dieser Landschaft aus. Das Bewusstsein darum, was wir dieser Welt antun. Wie schön sie wäre, ohne uns.

Thomas mag es nicht, wie manche Abenteurer ihren Expeditionen dadurch einen Öko-Stempel aufdrücken wollen, indem sie sich im Namen des Klimawandels auf Gott weiß welche Spuren begeben. Und doch nur den eigenen Egoismus ausleben. Er selbst hat auf jeder seiner Expeditionen dort oben Daten gesammelt für das Norwegische Polarinstitut, hat Forschungsbojen ausgesetzt und Schneehöhen gemessen. 2011 hatten wir deshalb einen Ersatzskistock dabei, der als Messinstrument diente. Thomas und Bengt zogen bei den Pausen große Kreise um unseren Pausenplatz, einer rammte alle zehn Meter den Stock in den Schnee, der andere notierte mit steifen Fingern die Schneehöhe auf einen Block. Bei 30 Grad minus. Und er erledigte das mit derselben schweizer Akribie, wie er alles erledigt. Wir haben keine einzige Messung ausgelassen. Über diese Datensammlungen verliert Thomas nie öffentlich ein Wort. Er hat seine Expeditionen deswegen nicht Arctic Snow Measure Expedition oder wie auch immer genannt, so wie das andere machen würden. Aus Rechtfertigung, oder um sich vor den üblichen Vorwürfen zu schützen. Diese klitzekleinen Forschungsbeiträge sind nicht sein Urantrieb, sagt er, warum sollte ich also so tun? Weil ich dann ein besserer Mensch wäre? Warum darf man nicht sagen, man macht das, weil man es will, fragt er immer anklagend, wenn es um dieses Thema geht.

Eine berechtigte Frage. Zum einen, weil es tatsächlich eine gute Frage ist, warum man sich als Arktisreisender so oft rechtfertigen muss. Und zum anderen, weil ich davon überzeugt bin, dass Menschen wie Thomas, die sich hineinwagen in diese Welt und faszinierende Bilder mitbringen, auf ihre ganz eigene Art zum Schutz dieser Welt beitragen. Genauso, wie ich glaube, dass dieser Region zum Teil auch der Tourismus nützt.

Der Mensch besiedelt die Landschaften der Welt mit seinen Sehnsüchten, schreibt ihnen Stimmungen und Bedeutungen zu. Macht sich so sein eigenes Bild von der Welt. Das einfache Abbild eines hohen Bergs kann tausenderlei Assoziationen hervorrufen, die nicht aus der puren Existenz des Berges resultieren. Sondern aus den Eigenschaften und Stimmungen, die unsere Kultur der Bergwelt zuschreibt, vermischt mit eigenen Erlebnissen. Genauso ist es mit Meeren, Wüsten, Stränden. Das schrieb 1873 schon Julius Payer in sein Tagebuch, als er über die überschäumende Begeisterung über das erste Betreten Franz-Joseph-Lands sinnierte: »Es liegt etwas Erhabenes in der Einsamkeit eines noch unbetretenen Landes, wenngleich dieses Gefühl nur durch unsere Einbildung und den Reiz des Ungewöhnlichen geschaffen wird, und das Schneeland des Poles an sich nicht poetischer sein kann als Jütland …«.

Das Eismeer, seine Schönheit, die Farbenspiele in der Polregion, das blaue Licht des kommenden Polartags – all das ist für kaum jemanden direkt erlebbar. Es wäre das Schlimmste, wenn deswegen Arktis und Antarktis als unfreundliche, unnütze, tote, leere Eiswüsten gelten würden. Es sind Menschen nötig, die diese Regionen lieben, um sie zu bewahren, die Gefühle in ihnen ansiedeln. Und dafür brauchen wir Bilder, und wir brauchen Erzählungen. Wir brauchen die Erklärungen, wie alles mit allem zusammenhängt. Der Mensch ist egoistisch. Er bewahrt nur, was er kennt, was er schön findet, was er liebt. Was wäre nach 1959 aus der Serengeti geworden, ohne die Filme und Geschichten – und schließlich dem Tourismus?

Aber bei alldem können wir uns natürlich ohnehin sicher sein, dass die Welt auch ohne uns weiterhin schön sein wird. In der Eingangshalle der Universität in Longyearbyen hängt ein Plakat. Darauf sind zwei Planeten, und der eine sieht recht schlecht aus. Bist du krank?, wird er gefragt. Ja, sagt er, ich hab' Menschen. Sagt der gesunde, ach, die hatte ich auch mal. Das geht vorbei.

Die Schnecke in mir

Im Eis, April 2010
Tag 7 und 8
Hoffnung im Sturm
Distanz Tag 7 morgens 73,2 km, abends 52,5 km
Tag 8 morgens 51,2 km, abends 28,8 km

Ich spüre es. Noch bevor ich es höre. Beklemmung. Druck auf der Brust. Herzklopfen. Der Schlafsack. Plötzlich ein Gefängnis. Viel zu eng. Angst. Panik! Ich will raus. Sofort. Der Reißverschluss klemmt. Ich zerre und ziehe und reiße. Setze mich auf, Arme raus aus dem Schlafsack. Den ganzen Oberkörper, nur raus. Sauge die kalte Luft ein, gierig. Als würde ich ertrinken. Atme hektisch ein und aus. Das Herz. Klopft hart, schwer, bis zum Hals. Was ist das?

Thomas' Augen tauchen in der Öffnung seines Schlafsacks auf. Was ist?, fragt er. Ich weiß nicht. Da ist was, sage ich. Schmarrn, rein in die Tüte!, sagt er. Den Schlafsack meint er. Gerade haben wir fertig gegessen. Zehn Stunden waren wir auf den Skiern. Von 73,2 haben wir die Distanz auf 52,5 Kilometer verringert, an diesem siebten Tag. Ein langer Tag. Jetzt tickt die Uhr. Wir wollen wieder nur sechs Stunden schlafen. Das ist nicht viel. Bei dieser harten Arbeit. Thomas taucht wieder ab. Ich bleibe sitzen. Die Kälte legt sich auf meine Schultern. Dieses Gefühl! Als würde jemand den Brustkorb zusammendrücken. Der Atem, stoßweise.

Versuche, mich zu beruhigen. Ich bilde mir das ein, bilde mir das ein, bilde mir das ein. Bild im Kopf. Ein Eisbär. Witternd. Neben dem Zelt. Das ist es. Was ich spüre. Nackenhaare, aufgestellt. Stütze den Kopf in die Hände. Lausche. Ist da ein Knirschen? Von Tatzen, im Eis? Verbiete mir den Gedanken. Bild im Kopf. Das Zelt, ganz allein. Im riesigen Eis. Ohne Schutz. So weit weg. Der Atem, immer schneller. Richte mich auf. Zwinge mich. Atmen. Langsam. Ein. Aus. Alles ist gut. Alles ist gut. Ruhig. Hier sind keine Bären. Hier sind keine Bären. Mach die Augen zu. Die Augen zu. Die Augen zu. Wühle mich in den Schlafsack. Unerträglich eng. War der immer schon so? Und dann kracht es.

Ein lauter, heller Knall. Dann Quietschen. Das Eis bricht. Schiebt sich aufeinander. Thomas sitzt, mit einem Ruck. Das Eis, sage ich. Ich hör's, sagt er. Wir lauschen. Wo ist es? Weit? Sind wir sicher? Peitschender Knall. Ha, sagt Thomas. Ich starre ihn an. Beobachte, wie er schaut. Was er macht. Was er denkt. Wird das gefährlich? Wir haben eine große Knautschzone, sagt er. Hier ist ein guter Platz. Wir haben unser Zelt direkt neben einem alten, hohen Presseisrücken aufgestellt. Das Eis, hier ist es meterdick. Tackernde Geräusche. Tack. Tack. Tack. Nie gehört. Brechen, Knallen. Ein Reißen. Wie beim Beißen auf einen Eiswürfel. Der Eiswürfel hier ist einige Quadratkilometer groß. Immense Kräfte. Gewaltige Energie.

Auch Markus ist wach. Thomas öffnet das Zelt. Wir knien. Halb in den Schlafsäcken. Recken die Köpfe hinaus. Es kracht. Ein Sirren in der Luft, spürt ihr das?, frage ich die Jungs. Sie schauen mich an, was soll man denn spüren?, fragen sie, na, diese Spannung. Sie schauen mich an, als sei ich plemplem. Ein langes, langes Quietschen. Ha, sagt Thomas. Werd ich mal schauen gehen.

Er zieht sich an. Springt aus dem Zelt. Ich bin zu kaputt. Noch nie habe ich Eispressungen gesehen, während sie gerade passieren. Immer wollte ich das. Seit ich Payers und Nansens Berichte gelesen habe. Und jetzt will ich nur, dass es aufhört, ich will schlafen, schlafen, schlafen. Ich will auch nicht das Zelt zusammenpacken. Keinen neuen Schlafplatz suchen. Und noch mal alles neu aufbauen. Drei Stunden würde das dauern, wenn wir schnell sind. Ich knie in meinem Schlafsack. Kopf in die Hände gestützt. Bitte lass es nicht so schlimm sein. Schritte vorm Zelt, Thomas kommt zurück. Wir machen ihm den Reißverschluss auf. Er fällt ins Zelt herein. Bringt Schneestaub mit. Es ist 200 Meter weit weg, sagt er. Sollte gut sein.

Wir bleiben. Packen aber zusammen. Alles in die Zeltsäcke. Wir holen die Schuhe ins Zelt. Bauen die Handschuhe zusammen, Wolle in Wolle in Sturm. Legen sie mit den Mützen bereit. Falls es doch schnell gehen muss. Dann sitzen wir da, schauen uns an, in unserem kleinen Dreierkreis. Und schlagartig ist alles still. Aus. Vorbei. Wir lauschen. Alles ruhig. Ha, sagt Thomas. Kratzt sich am Kopf. Das war's schon. Dann können wir jetzt endlich rein in die Tüten.

Die Spannung in der Luft, mit einem Mal ist sie fort. Der Schlafsack wieder Zuhause, kein enges Grab mehr. Die Müdigkeit schlägt ein, wie ein Hammer auf den Kopf. Arme, Beine, schwer, so schwer. Viereinhalb Stunden sind übrig von unseren sechs Stunden Schlaf. Soll ich den Wecker…?, sagt Thomas noch, nein, sagen Markus und ich, nein. Schlaf, komm.

Vier Uhr morgens. Der Wecker klingelt. Ich singe. Weil ich morgens motzig bin, sagten die Jungs am Anfang. Damit ich das nicht mehr bin, singe ich. Die Jungs sind unentschlossen. Was besser ist. Motzig sein. Oder jeden Tag Guten Morgen, Sonnenschein, den Gassenhauer von Nana Mouskouri. Thomas sagt, die Tante Birgit kann überhaupt nicht singen. Mit diesem Satz wechseln sich er und Thomas ab. Auch jeden Morgen. Sie zitieren damit meine Nichte. Die meine mangelnden Gutenacht-Sangeskünste schockierend ehrlich beurteilt. Gesang und Kritik sind unser Morgenritual geworden. Es hilft ein bisschen. Mir zumindest. Den Jungs vielleicht nicht so. Aber irgendwie muss man diesem Moment eben begegnen, am Morgen. Wenn man die Nase aus dem Schlafsack streckt. Und da schon merkt, hui, jetzt hat es keine vier Grad minus mehr. Und dann auf dem Thermometer sieht, es sind minus 25. Im Zelt genauso wie draußen. Jetzt sind unsere Sachen nicht mehr klamm und feucht. Jetzt ist alles schön gefroren. Am Zeltrand arbeitet sich der Frost langsam nach oben. Vierzig Zentimeter ungefähr reicht ringsum der Eisgürtel nach oben. Wir bürsten das Eis ab, bevor Thomas den Kocher anmacht. So haben wir weniger Feuchtigkeit im Zelt.

Thomas schaltet den Kocher an, setzt Wasser auf. Schaut mir mit leerem Blick beim Zähneputzen zu. Er sieht zehn Jahre älter aus. Mir fällt auf, dass ich schon lang nicht mehr gesehen habe, wie ich aussehe. Spiegel habe ich keinen dabei. Also mache ich ein Foto von mir. Schaue das Display an. Und erschrecke. Mein Gesicht ist seltsam aufgequollen, gleichzeitig aber faltig. Ich sehe ganz anders aus als sonst. Wow, sage ich. So Touren sind wie ein Blick in die Zukunft. Wie meinst du das?, sagt Markus. Der sieht auch nicht jünger aus. Mach mal ein Foto von dir, sage ich. Dann siehst du, wie du in zehn Jahren aussiehst. Thomas schaut mich an. Ha, sagt er,

eher wie in 20. Einen Preis für deinen Charme kriegst du im
Leben nicht, sage ich zu ihm.

Thomas wirft mir das Satellitentelefon zu. Ruf mal Victor
an, sagt er. Victor hebt lange nicht ab. Das ist ungewöhnlich.
Dann stellt sich heraus: In der Nacht ist zuerst die Landebahn nochmals auseinandergebrochen. Und zwar so, dass
kein Flieger mehr landen kann. Und dann die ganze Station.
Risse, mittendurch. Manchmal passiert es, dass sich Rinnen
öffnen, die innerhalb weniger Minuten ein paar hundert
Meter breit sind. Genau das ist passiert. Barneo musste umziehen. Rebiatushki, sagt Victor, das sind nicht gerade opti-
male Bedingungen dieses Jahr, aber ihr seid nicht schlecht.
Ein paar andere Teams haben schon aufgegeben. Ihr macht
weiter. Molodez!

Molodez. Wenn das so einfach wäre. Also packen wir zusammen. Wie jeden Morgen bemühe ich mich, organisiert
zu handeln. Nicht die Langsamste zu sein. Und scheitere.
Auch wie jeden Morgen. Ich bin einfach kein Morgen-
mensch. Bis ich normal agieren kann, muss jeden Tag erst
Zeit vergehen. Und wenn ich mich noch so sehr bemühe.

Hier ärgert mich das. Unheimlich. Dass ich es einfach
nicht besser hinkriege. Immer stehen die anderen beiden
schon fertig angeschnallt da. Warten auf mich, während ich
immer noch mit dem Schlitten kämpfe. So auch heute. Ich
ziehe und zerre an den Expandern, die den Pulka verschließen. Immer wieder kommen sie mir aus. Rutschen durch
die Handschuhe. Meine Hände funktionieren nicht wie die
Hände von anderen. Seit ich sie bei einem Motorradun-
fall acht Mal gebrochen habe, immer wieder operiert werden musste. Für einige Handgriffe brauche ich Tricks. Hier

merkt man das. Das ärgert mich noch mehr. Dass mir manches einfach nicht gelingt. Die Jungs schauen mir zu, bei meinem Kampf mit dem Schlitten. Es ist saukalt. Ich habe nicht ausgeschlafen. Ich bin erschöpft. Ich bin schon wieder zu langsam.

Zum zweiten Mal an diesem Morgen denke ich an meine Nichte. Die kleine Marlene, auch immer zu langsam. Alle stehen schon gestiefelt und gespornt vor der Haustüre, und sie ist noch nicht einmal im Flur angekommen. Mein Bruder sagte einmal zu ihr, sie sei eine Schnecke. Da kniete sie sich zwischen unseren Füßen auf den Boden. Po in die Höhe, Arme nach vorn gestreckt, als würde sie gen Mekka beten. Schluchzte herzzerreißend, legte in ihre Worte so viel Schmerz und Empörung über eine ungerechte Behandlung, wie das nur Dreijährige können: Ich biiiiin aaaaber keineeeeee Schneeeeckeeeeee! Jetzt möchte ich mich auch in den Schnee werfen. Heulend. Und winseln, ich bin aber keine Schnecke. Das geht natürlich nicht. Ich bin zu alt.

Jeden Morgen vergeht also etwa eine Stunde, in der ich hinter Thomas herfahre und mich selbst kasteie. Jeden Morgen eine kleine Niederlage. Heute gelangen wir schon nach 200 Metern an eine breite Rinne. Das Ergebnis der Nacht. Wir laufen die Rinne entlang. Brauchen lange, bis wir einen Übergang finden. Müssen schnell sein. Gleich Vollgas geben am Morgen, das ist überhaupt nicht meins.

Ich keuche hinter Thomas her. Das ist es, was hier anders ist, denke ich mir. Es hört nie auf. Wir sind immer mittendrin. Bei Ski- oder Bergtouren geht es meistens zahm los. Man kann sich warm laufen, irgendwann wird es dann spannend, und dann flaut es wieder ab. Hier sind wir in der

Hölle, sobald wir den Kopf aus dem Zelt stecken, man weiß nie, was als Nächstes kommt. Aber das ist es auch, was hier alles so spannend, so anders und damit so schön macht. Das Gefühl, alles als Erster zu entdecken. Niemand kann uns den Weg sagen, wir müssen ihn selbst finden, und wir werden die Einzigen sein, die jemals diesen Weg gehen. Es ist nur unserer. Das Eis wird weiterziehen, und mit ihm auch unsere Spuren. Menschen, die nach uns kommen, finden anderes Eis vor, andere Rinnen, andere Drift.

Aber heute quäle ich mich. Heute hab ich es schwer. Was ist los?, fragt Thomas nach einer Weile. Ich kann das irgendwie alles nicht, sage ich. Was meinst du?, fragt er. Na, alles, sage ich, ich stelle mich immer so blöd an. Brauche für alles immer ewig. Bin morgens langsam. Beim Klettern über die Presseisrücken stelle ich mich an, als wäre ich noch nie Ski gefahren. Er stützt sich auf seine Skistöcke. Lacht. Du bist gut, sagt er. Ich habe schon mehr als 1000 Tage und Nächte auf dem Eis zugebracht. Wenn ich da keine Routine hätte – wäre etwas falsch, meinst du nicht? Und wenn du nach einer Woche schon genauso routiniert wärst, wäre auch was falsch. Wir fahren weiter. Nach einer Weile bleibt er wieder stehen und wartet auf mich. Du bist immer viel zu hart zu dir selber, sagt er. Schau mal an, wo du bist. Was wir schon geschafft haben. Wenn du zu allem zu blöd wärst, wie du sagst, würdest du jetzt auch schon wieder in Barneo sitzen. Ja, kann sein.

Wir springen über schwarze Wassergräben. So bleibt uns warm. Der Wind. Sein Geräusch ist jetzt schöner. Mit aller Macht kommt er nun von Süden. Bläst in unseren Rücken. Handschuhe festzurren, sonst zieht es hinein. Zum ersten

Mal seit acht Tagen ist die Drift mit uns. Langsam. Aber wir sind dankbar dafür, sehr. Wenigstens verlieren wir nichts mehr. Als wir einmal über eine wirklich kleine Rinne springen müssen, vertue ich mich. Und springe zu kurz. Mit einem Bein bin ich am andren Ufer, mit dem anderen breche ich durch den dünnen Eisrand an der Kante der Rinne. Es macht platsch!, und ich knalle mit dem Schienbein mit Karacho in die Eiskante, mein rechtes Bein versinkt bis zur Hüfte im Wasser. Meine Beine, ich will gar nicht wissen, wie sie aussehen. Dank der großartigen Hose bin ich trocken geblieben, das ist das Wichtigste. Nur mein rechter Schuh vereist außen. Thomas wird im nächsten Jahr erzählen, die Rinne sei 50 Zentimeter breit gewesen und ich sei gesprungen wie ein Kartoffelsack. Das mit dem Charme, das ist eben nicht seins.

Wenig später: Whiteout. Stundenlang. Wir bleiben nah zusammen. Thomas' grüne Pulkaabdeckung, immer vor mir. Mit dem kleinen orangefarbenen Ajungilak-Aufdruck. Ein meditativer Anblick, irgendwann. Schritt für Schritt.

Unsere Knochen schmerzen. Meine Hände sind geschwollen. Heute nach dem Aufwachen waren meine Finger so dick, dass ich kaum eine Faust machen konnte. In den Ellbogen pocht es. Und im linken Fuß, mit einem erst kürzlich verheilten Bänderriss. Markus geht es genauso. Die weichen Schuhe. Das unebene Eis. Umknicken. Umknicken, tausend Mal am Tag. Der Körper, er fühlt sich an, als sei man verprügelt worden.

Ein Jahr später erklärt mir Bengt, dass das alles ganz normal war. Jeder hat auf so einer Tour einen wirklich schlechten Tag, sagt er. Das Gute ist, dass ihn alle an unterschiedlichen

Tagen haben. So kann man sich gegenseitig helfen. Das ist Teil des Ganzen. An dem Tag 2010 weiß ich das noch nicht.

Ich fange an, ein Haus aus Schmerzen zu bauen. Es wird ein oberbayerisches Voralpenhaus. Zwei Stockwerke, ein Dach. Dunkle Holzbalkone. Vier Fenster, in der Mitte eine Tür. Wie ein Kind ein Haus zeichnet. In jedes Fenster zieht ein Schmerz ein. Oben links die linke Hand. Oben rechts die rechte. Unten links der linke Fuß. Immer mehr baue ich. Mehr Blumen. Eine Lüftlmalerei. Es geht ganz von alleine, mein Gehirn macht das alles, selbstständig, ich trage nichts dazu bei. Eine Bank vor die Tür. Einen Apfelbaum daneben, ein Vogelhäuschen daran. Ringsum eine grüne Wiese. Blumen auf die Wiese. Ein paar Wolken an den Himmel. Und wieder die Schmerzen in die Fenster. Immer wieder lasse ich die Schmerzen in das Haus einziehen. Am unteren Bildrand taucht ein Maschinengewehr vor mir auf. Wie bei Doom, dem Ballerspiel. Ich lege an und feuere. Auf das Haus, den Baum, das Vogelhäuschen. Und die Schmerzen. Die Trümmer qualmen. Dann tut es mir leid. Ich streiche die letzte Szene. Ein rotes Kreuz, quer über meinen Bildschirm. Zurückspulen. Weiterbauen. Stunde um Stunde. Und je mehr ich die Schmerzen in das Haus verbaue, umso weniger spüre ich sie. Stehen bleiben, ich würde so gern stehen bleiben.

Stehenbleiben ist definitiv das Langsamste, was man tun kann. Sagt der Speedbergsteiger Benedikt Böhm bei einer Skitour zu mir. Das ist mal richtig große Philosophie, schiebt er hinterher. Der Spruch, er fällt mir jetzt ein, ich weiß nicht warum, und geht mir nicht mehr aus dem Kopf. Ich sage ihn mir vor, murmle ihn in meine Neoprenmaske hinein. Hundertmal, tausendmal, in den Bergen, da stimmt er wenigstens, aber im Eis, da stimmt er ja nicht. Stehenbleiben ist noch nicht das Langsamste, stehenbleiben und rückwärts driften, das ist das Langsamste. Die Bewegung des Eises verändert alle Regeln, Gesetze gelten nicht mehr, Stehenbleiben ist nicht mehr Stehenbleiben und Gehen nicht mehr Gehen, man kann im Gehen langsamer sein als im Stehen und im Schlafen schneller als im Laufen, wir haben nichts mehr in der Hand. Die Schmerzen, ich muss weiterbauen.

Pause. Ich sinke auf den Schlitten. Tränen laufen mir über das Gesicht, aber das sehen die anderen nicht, unter meiner Maske. Geht's?, fragt Markus. Passt schon, sage ich. Speck raus, essen. Wir kauen vor uns hin. Respekt, sagt Markus, wieso?, frage ich. Weil du in der ganzen Zeit noch nie was Negativeres als das gesagt hast, sagt er. Wenn es dir so richtig dreckig geht, sagst du immer noch, passt schon.

Diese Sätze, ich lasse sie in der eisigen Luft stehen und auf mich wirken. Sie tun gut. Bis Thomas lacht. Ha, sagt er. Was soll sie denn anderes sagen, nützen würd's ja eh nichts. Markus tritt gegen Thomas' Schlitten. Sagt, Thomas brauche dringend Nachhilfe in Motivation. Jetzt muss ich lachen. Dringend brauchst du das, sagt Markus. Du bist ein echter Demotivator. Wir lachen. Alle drei. Das stimmt, sage ich zu Thomas. Sag doch einmal, dass wir echt toll sind. Ja, wenn ihr das wärt, sagt er. Ich werfe Speck nach ihm.

Ein Mann für jede Sportart

Ostpark, Schwimmbad, Berge, Hochhaus –
Trainieren kann man überall

Der Mann fährt fast den Kinderwagen gegen einen Baum. Es ist Sonntagmorgen, sehr früh, im Münchner Ostpark. Wir dachten, um diese Uhrzeit sei hier nichts los. Das stimmt aber nicht. Und das ist ein bisschen unangenehm. Denn zum ersten Mal mache ich das, was alle machen, die einen Schlitten über das arktische Eis ziehen wollen: Ich schleife einen Autoreifen hinter mir her. Der ist mit einer selbst gebastelten Konstruktion an meinem Klettergurt festgemacht. Das soll den Schlitten simulieren. Sämtliche Muskeln trainieren, die man später im Eis braucht. Den Rumpf, Rücken, Hüften, Oberschenkel, und sogar die Oberarme – mit dem Stockeinsatz. Das klingt seltsam. Ist es auch. Ist aber auch effektiv. Und für eine ganze Reihe von Sportlern gar nichts Besonderes. Extrembergsteiger, Skilangläufer oder Sprinter zum Beispiel trainieren gerne mit Reifen. Der normale Mensch eher selten.

Deshalb macht man sich vor allem lächerlich, wenn man mit Reifen trainiert. Das ist einfach so. Zum ersten Mal aber schon vor dem Training. Nämlich dann, wenn man in einer Münchner Autowerkstatt nach alten Reifen fragt. Und der Mechaniker sagt, Sie bauen wohl eine Kinderschaukel? Wenn man dann erklären muss, wofür man die Dinger braucht, hat man einen großen Auftritt. Etwas Bescheuerteres kommt einem gestandenen Automechaniker selten unter. Genauso gut könnte man sein Auto im Abendkleid zum Ölwechsel bringen.

Zum zweiten Mal macht man sich lächerlich, wenn man naiv genug ist, das Training tatsächlich in einem Park zu absolvieren. Weil ich mir nicht sicher bin, ob meine selbst gebastelte Zugkonstruktion überhaupt hält, will ich für den ersten Test nicht in die Berge fahren. Mein Arbeitskollege Jürgen schlägt den Ostpark vor, »weil da nie was los ist«. Sagt er. Er findet die Idee außerdem so schräg, dass er mitkommen will.

Reifen, die man über Teer schleift, klingen ein bisschen wie rumpelnde Müllcontainer. Begleitet vom Klackern der Stöcke sorgt unsere Geräuschkulisse für Irritationen. Der Mann mit dem Kinderwagen traut seinen Augen nicht, als er uns sieht. Es sind so früh nämlich vor allem Menschen mit Kinderwagen und Hundebesitzer unterwegs. Er bleibt stehen, mit offenem Mund, und wir schlurfen an ihm vorbei. Weil es auf dem Teer zu einfach ist, marschieren wir zum Rodelhügel. Und ziehen die Reifen den Hügel hinauf und hinunter. Ein kläffender schwarzer Hund hechelt auf uns zu. Er bellt meinen Reifen an, wie von Sinnen, springt um ihn herum. Läuft mir in die Seile, schnappt nach meinen Füßen. Sein Herrchen ist nicht reaktionsfähig ob dieses Schauspiels. Wenn er könnte, würde er vielleicht genauso entfesselt reagieren wie sein Hund. Dass es so ungewöhnlich ist, was wir da machen, hätte ich auch wieder nicht gedacht.

Ich entkomme dem Hund und schnaufe zum zehnten Mal den Rodelhügel hinauf. Dort wartet Jürgen, der mittlerweile einen hochroten Kopf hat. Ob vor Anstrengung, oder weil ihm das alles so peinlich ist, weiß ich nicht. Ein anderer Mann mit Zipfelmütze fragt ihn, was wir da machen. Meine Kollegin hier trainiert für eine Nordpol-Expedition, sagt Jürgen. Das auch noch. Der Mann ist verwirrt. Aha, sagt er. Und die Reifen, ist das ein neuer Trendsport? Eine solche Frage kann nur in München gestellt werden, denke ich mir. Ein Trendsport! In einer völlig kruden Konstruktion aus Autoreifen, Seilen, Karabinern und Klettergurt das Potenzial zur Entwicklung eines neuen Trendsports – allein das Wort – zu erkennen, das geht nur hier. Für eine Antwort fehlt mir die Luft. Und Jürgen, der genauso ein Landei ist wie ich, sagt tatsächlich: Ja, das gibt's als Set bei Sport Schuster. Ich wette, der Mann hat am nächsten Tag dort nach diesem neuen Sport mit den Reifen gefragt.

Das Reifentraining im Ostpark bleibt, was wenig verwunderlich ist, eine einmalige Sache. Auch, weil wir den Rodelhügel gehörig umgeackert und uns dafür ein bisschen geschämt haben. Ich verziehe mich mit dem Reifen also in entlegene Bergtäler. Jürgen hat genug von diesem Showtraining. Schon nach der ersten Einheit habe ich den ersten Trainingspartner verschlissen.

Man kann allerdings auch auf viel einfachere Art bei seinen Mitmenschen den Eindruck erwecken, etwas kauzig zu sein. Dann zum Beispiel, wenn man im Winter bei zehn Grad minus die zehn Kilometer zur Arbeit läuft. Dampfend und schwitzend steht man dann in enger Rennpelle vor dem Aufzug, weil man die im Büro deponierten frischen Klamotten holen muss, bevor man im Keller duscht. Die meisten Kollegen, die einen dabei sehen, sind gelinde gesagt irritiert. Dabei gibt es in unserem Riesenturm eine ganze Reihe Läufer, die das regelmäßig macht. Den Ruf, etwas absonderlich zu sein, kann man mittags ausbauen: Wenn man nach dem Mittagessen in der Kantine, nach dem man regelmäßig gerne ins Koma fallen würde, erst noch eine im Winter verdammt zugige Runde um den Büroturm drehen und dann vor allem nicht mit dem Aufzug fahren will. Sondern unbedingt die Treppen bis in das Büro im 23. Stock gehen möchte. Es gibt Kollegen, die zeigen einem einfach nur den Vogel und entschweben im Lift. Es gibt auch Kollegen, die mitgehen. Einmal. Ich habe aber noch keinen gefunden, der mit mir hochjoggt.

Bei manchen Menschen hat mir das alles den Ruf eingebracht, eine Supersportlerin zu sein. Vor allem bei den Menschen, die keinen Sport mit mir machen. Diejenigen, die mit mir sporteln, haben ein ganz anderes Bild.

Mein Skitourenfreund Michael hat mir für mein Gestöhne auf den Bergen der Alpen den schmeichelhaften Namen Monica Seles des Skitourengehens verliehen. Einzig meine Kälteresistenz beeindruckt ihn, wofür ich manchmal dann auch Polarbirgit heiße. Ansonsten hat er Recht. Im Grunde bin ich ein Waschlappen. Genau deswegen – Motivationstrick Nummer eins – verabrede ich mich meistens zum Sport. Die Verabredungen und der nahende Abreisetermin sind das, was mich auf den Berg, in die Schwimmhalle, an die Hanteln, in die Isarauen treibt. Ich bin langsam beim Aufsteigen und ein Angsthase beim Abfahren, ich jammere, ich ächze, ich bin ein elender Bergauf-Stehenbleiber, ein Verträumt-durch-die-Gegend-Schauer und ein Lange-Brotzeitpausen-Macher. Meistens. Ich kann auch anders.

Michael erträgt mein Langsamsein mit geradezu stoischer Geduld und wartet am Gipfel außerdem meistens mit Apfelschnitzen auf mich. Davon muss ich mindestens zwei oder drei essen, weil der Vegetarier wegen meiner kaminwurzlastigen Tourenernährung Angst um meine Vitaminversorgung hat. Wenn es ihm zu fad wird, stützt er sich auf die Stöcke, schaut mich mit Verachtung im Blick an und sagt: Warum kannst du dich hier nicht mal genauso anstrengen wie am Nordpol, das gibt's doch gar nicht. Da ist tatsächlich was dran. Vielleicht liegt es daran, dass man in den Bergen fast immer umdrehen könnte. Auf jeden Fall bin ich auf dem Meereis härter zu mir. Ausdauernder. Kräftiger. Bleibe seltener stehen, und vor allem jammere ich nicht so. In den Bergen würde ich so gern wenigstens ab und zu mal eine Wellnesstour machen, wie meine Skitourenfreundin Vroni das nennt. Also eine Tour, bei der man stehen bleibt zum Teetrinken, sich unterhält, die Aussicht genießt und eine deftige Brotzeit dabeihat. Solche Touren wiederum sind für Michael ein Schmarrn, weil eine Tour unter 1000 Höhenmetern keine Tour ist, eigentlich erst bei 1500 von einer Skitour gesprochen werden kann, und man schon hin und wieder 3000 gehen sollte. Sonst rentiert sich das Ganze ja nicht, und man kann gleich zuhause bleiben. Dank dieser Sichtweise und den daraus resultierenden Gewaltunternehmungen gelingt es mir mittlerweile manchmal, solche Touren fast ganz ohne Jammern mitzugehen. Als Michael mich einmal nach einer langen Tour bei meinem Bruder absetzt, sagt er zu ihm: Heute hat sie gar nicht gebockt.

Sehr viel Geduld braucht auch mein Schwimmfreund Martin. Schwimmen ist ein wunderbarer Sport, wenn man im Winter auch in einer Chlorbrühe herumdümpeln und nicht in Seen oder Naturbäder springen kann. Im Winter also Kachelzählen, 2000 Meter, zwei- bis dreimal die Woche. Immer Brustschwimmen. Bis ich Martin frage, ob er mir vielleicht mal Kraulen beibringen könnte. Damit ich nicht

irgendwann einen steifen Hals von meinem ewigen Brust-
geschwimme bekomme. Martin also bringt mit Begeisterung Schwimmbrett und Beinklemme mit ins Dantebad.
Erklärt mir die Bewegung und macht sie vor. Ich mache sie
nach. Und brauche fast einen David Hasselhoff, so viel Wasser schlucke ich. Ich fühle mich so schwimmunfähig und
schwerfällig wie eine Seegurke. Den zweifelnden Blicken
Martins nach sehe ich wohl noch mehr so aus. Talent sieht
anders aus, glaube ich. Martin sagt, ich soll viel üben.

Zum nächsten einmaligen Trainingslager kommt es auf dem
Dachsteingletscher, 3000 Meter hoch. Der Alpenverein bie-
tet 2008 tatsächlich ein Polartraining an. Das mag man abge-
fahren finden – aber es gibt sogar eine Warteliste dafür. Die
Nachfrage ist groß. Die meisten Teilnehmer haben Projekte
in Nordnorwegen oder Grönland vor sich, zum Teil beachtliche Touren. Hier höre ich zum ersten Mal, dass nicht alle
Ausrüstung, die man in den Bergen verwendet, auch für das
Polareis geeignet ist. Dass ich meine ganze Synthetikfunk-
tionsunterwäsche gleich zuhause lassen kann und durch-
weg mit Wolle ersetzen muss. Dass Fleece unbrauchbar ist
dort oben. Dass die Kälte anders ist. Dass der Umstand, dass
Unternehmungen wie diese so lange dauern, andere Anforderungen an den Körper und seine Warmhaltefunktionen
stellt. Wann man wie erkennt, dass man nicht nur friert,
sondern unterkühlt, wie man Erfrierungen der Finger und
Zehen vorbeugt. Eine ganze neue Welt tut sich vor mir auf.
Harald Fuchs, der Dozent, hat schon auf eigene Faust Grönland durchquert. Er weiß, wovon er spricht, wenn er die
Navigation und Orientierung im Whiteout erklärt.

Beim Praxisteil auf dem Dachsteingletscher steht mir eine
Lektion bevor, die ich nicht vergessen werde. Es herrschen

an dem Januarwochenende 2008 ideale Bedingungen: Starker Wind, dichter Nebel, wenig Sicht, leichter Schneefall. Nur mit fünf Grad minus etwas warm. Als ich das Tunnelzelt aufbaue, entdecke ich einen Riss in der Außenhülle, am Ende einer Zeltstangenhalterung. Drei Zentimeter lang ist er ungefähr. Ich überlege, ob ich das Tape herausholen und den Riss kleben soll. Ich bin zu faul. Das Zelt steht. Und wir üben am Nachmittag Orientierung im Whiteout. Ziehen den Schlitten über den Gletscher und stellen fest, dass wir tatsächlich immer im Kreis laufen würden ohne Kompass. Dass wir nicht einmal mehr erkennen, ob wir bergauf oder bergab gehen, irgendwann. Es wird einem fast schwindlig. Das Plateau des Dachsteins ist ein hervorragendes Übungsgelände dafür. In dem keine Anhaltspunkte gebenden Weiß verirrte sich in der Karwoche 1954 eine ganze Schulklasse aus Deutschland. Zehn Schüler und drei Lehrer starben, ein paar der Leichen fand man erst im nächsten Frühjahr.

Am Abend essen wir alle in einem großen Zelt. Und verziehen uns dann in unsere Schlafsäcke. Der Wind ist stärker geworden – über die Alpen zieht ein Föhnsturm. Damals weiß ich noch nicht, dass dies für mich der Normalfall werden würde: Dass es grundsätzlich stürmt, wenn ich im Schnee zelte. Ich liege in meinem Schlafsack und friere. Immer mehr. Das wundert mich. Weil ich einen guten Schlafsack habe. Und es eigentlich nicht kalt ist. Ich friere so, dass ich nicht einschlafen kann. Ich frage Karin, die neben mir in dem Zweierzelt liegt, ob ihr auch so kalt ist. Unglaublich kalt, sagt sie. Was für ein blödes Zelt. Es zieht so.

Es zieht wirklich. Es zieht so heftig, dass ich irgendwann die Stirnlampe einschalte und an die Decke leuchte. Weil ich sehr kurzsichtig bin, sehe ich erst mal nur, dass scheinbar irgendwas über die Zeltdecke wabert. Etwas Dunkles.

Ich setze meine Brille auf und stelle fest, dass das Tunnelzelt gerade dabei ist, in der Mitte auseinanderzureißen. Ripstop hin oder her. Ich scheuche Karin aus ihrem Schlafsack. Als wir das Innenzelt aufmachen, pulvert uns ein Schneesturm entgegen. Wir stemmen uns gegen den Wind und betrachten das Zelt von außen – es ist eine Ruine. Definitiv nicht mehr zu retten. Die Möglichkeit, die Nacht in diesem Zelt zu verbringen, gibt es schlichtweg nicht. Der eben noch drei Zentimeter lange Riss zieht sich an der Zeltstangenhalterung entlang quer über den Tunnel auf die andere Seite. Und mit jeder Böe reißt die Außenhülle weiter auf. Es ist ziemlich erstaunlich, dass wir so lange darin gelegen haben, ohne zu kapieren, dass wir fast nur noch im Innenzelt liegen, während sich das Außenzelt verabschiedet. Man könnte auch sagen, es ist ziemlich doof. Zwischen Innen- und Außenzelt hat sich ein beachtlicher Haufen Schnee angesammelt. Interessant, diese Dynamiken und Schneeverfrachtungseffekte. Es ist ein Uhr nachts, und die Flocken stechen in unser Gesicht. Noch während wir überlegen, was wir tun sollen, reißt das Zelt in zwei Teile. Wir wecken Harald. Unsere Lust, jetzt eine Schneehöhle zu graben, geht gegen null. Harald hilft uns, im Schein unserer Stirnlampen unsere Siebensachen mit Hilfe seiner Pulka aus der Zeltruine zu retten, ohne dass uns etwas davonfliegt. Auch das ein wunderbares Lehrstück für polare Konditionen. Wir schlüpfen in den Zelten der anderen unter. Am nächsten Morgen steht die Gruppe, in Daunenjacken gehüllt, um unsere Zeltruine herum und beäugt die Arbeit des Winds. Der verformte, eingewehte, total zerstörte Tunnel dient Harald als Anschauungsbeispiel dafür, was passieren kann, wenn man da draußen Dinge nicht sofort erledigt. Ich bin der Fauli-Schlumpf der Runde. Auf Karin als bleibende Trainingspartnerin brauche ich nicht zu hoffen.

Der Respekt vor der bevorstehenden Expedition aber ist groß. Er ist es, der mich immer wieder antreibt. Wenn man etwas Großes vorhat, dann kann man keine Trainingseinheit verschieben. Man kann nicht sagen, ach, das mache ich morgen. Weil morgen schon was andres dran ist. Man muss irgendwann sehr fokussiert vorgehen. Das Training hilft auch bei der mentalen Vorbereitung. Wenn man während des Aufstiegs daran denkt, wie das Schlittenziehen sein wird. Wenn man seine Kraft spürt. Wenn man stundenlang in der Eiseskälte verbringt und merkt, die Handschuhe funktionieren, meine Ausrüstung ist gut, ich bin gut. Das ist wichtig. Denn ein kleines bisschen Angst bekommt man von alleine.

An manchen Tagen also fahre ich vor der Arbeit in die Berge, morgens um halb fünf. Gehe eine Skitour, 800 Höhenmeter. Bin um zehn im Büro. Gehe am Abend noch zehn Kilometer laufen und 2000 Meter schwimmen. Am Tag darauf mache ich dann nur eine Stunde Hanteltraining. Das Gefühl, wenn ich dann in meinem Trainingstagebuch blättere, ist beruhigend. Wenn ich zwei Tage lang nichts reinschreibe, fühle ich mich schlecht. Länger als drei Tage werden die Pausen den ganzen Winter über nicht.

Meine absolut unbeliebteste Trainingsdisziplin dabei ist das Laufen. Es gibt für mich keine sinnentleertere Beschäftigung. Laufen, die Isar entlang. Immer eine Brücke weiter. Jeder Grashalm nickt schon beim Vorbeilaufen. Die immer gleichen Kiesel, der immer gleiche Flauchersteg. Und am Ende ist man wieder zuhause. Warum bin ich denn erst losgelaufen, im Kreis? Wenn schon laufen, dann auf einen Berg. Seltsamerweise kann ich in den Bergen wesentlich weiter laufen als in München. Nur einer der vielen Gründe, warum ich die Stadt mittlerweile verlassen habe und gleich hineingezogen

bin in die Berge, wenn ich doch eh dauernd in ihnen herum-
steige. Weil es mehr Kampf ist, eine Herausforderung, nicht
nur das müde Ablaufen einer Strecke. Denke ich. Laufen gehe
ich sehr selten allein. Mein Laufkumpan Hauke hat folgende
Strategie entwickelt: Bei jedem Lauftreff verabreden wir uns
schon für das nächste Mal. Und telefoniert wird nicht mehr.
Außer man steht im Stau auf der Autobahn oder hat sich den
Fuß gebrochen. Was andres zählt nicht. Das wirkt.

Hauke wartet also regelmäßig an einer der Isarbrücken
auf mich, im Winter, im Sommer, im Schnee und im Regen.
Hauke macht aus Jux und Dollerei bei Triathlons mit, bei
deren Distanzen mir schwindlig wird. Er ist dabei so schnell,
dass er fast Profi werden könnte. Als ich in die Berge gezogen bin, kam Hauke mich aus München mit dem Fahrrad
besuchen und ging dann mit mir laufen. So einer ist das.
Hauke ist groß und schlank. Das wenige, was an ihm dran
ist, sind Muskeln. Er ist zum Laufen geboren. Federt dahin
wie eine Gazelle. Es sieht manchmal aus, als würde er tän-
zeln. Den Boden gar nicht erst berühren. Als habe er seinem
Körper alles Gewicht genommen, so leicht. Wenn Hauke
läuft, dann sieht er aus wie ein Läufer.

Ich sehe daneben aus wie ein Nilpferd. Ich bin viel kleiner als er, und außer Muskeln ist an mir noch ziemlich viel
anderes dran. Ich sehe ganz, ganz sicher nicht so aus, als
hätte ich die Schwerkraft besiegt. Ich sehe eher so aus, und
vor allem fühle ich mich so, als hätte ich noch ein paar Ge-
wichte um die Beine, die Arme und den Hals hängen. Trotzdem läuft Hauke mit mir, obwohl ich manchmal denke, der
Trainingseffekt muss für ihn doch recht gering sein. Gut,
vielleicht nicht, wenn er davor und danach noch 70 Kilometer Rad fährt. Er erzählt mir dabei immer lustige Geschichten. Dank dieser Geschichten ist unsere Stammstrecke mitt-

lerweile immerhin 14 Kilometer lang. Hauke verdanke ich die Entdeckung, dass es schön sein kann, oder sagen wir: weniger ätzend, ein bisschen länger zu laufen als ein bisschen kürzer. Dass es mit der Zeit schon ein bisschen schöner wird. Aus mir wird dennoch nie ein Lauffan werden. Es ist Mittel zum Zweck, aufwandsarmes Training. Genauso wenig Aufwand man dafür braucht, genauso wenig Freude macht es auch. Und am schlimmsten ist Laufen im Sommer. Wenn schon laufen, dann wenigstens, wenn es kalt ist. Viel zu warm wird man ja sowieso. Laufen bei 28 Grad ist eine vollkommen bekloppte Betätigung. Für solche Temperaturen hat der liebe Gott Liegestühle erfunden, Liegestühle, die an einem klaren See aufgebaut sind und neben denen kühle Getränke stehen. Laufschuhe dagegen kommen aus der Hölle.

Mein Kopf verfärbt sich bei solchen Temperaturen besorgniserregend. Ich sehe dann so aus, als wäre ich just an diesem schönen Sommertag zum ersten Mal auf die Idee gekommen, mal laufen zu gehen. Ich bin lila. Irgendwann wird mir jemand ein Sauerstoffzelt überwerfen, der mich so laufen sieht. Haukes Sauerstoffzelt kommt anders daher. Ein schwüler Sommerabend. Der Dampf steht in München. Die Wege an der Isar entlang stauben. Wir laufen. Oder besser: Ich hechle, und Hauke erzählt tänzelnderweise Geschichten, um mich von meinem Leiden abzulenken. Nicht gut heute?, hm, fragt er irgendwann. Gar nicht gut, gar nicht gut, überhaupt nicht gut, keuche ich. Ich darf mich kurz in die Isar stellen, die an uns vorbeigluckert. Das hilft nur kurz. Am Flauchersteg gibt es einen Kiosk. Hauke hat in seiner Rennpelle sogar noch Platz für Eisgeld. Auf dem Rückweg kauft er mir dort ein riesengroßes Wassereis. Und ich darf es gehend essen. Es gibt Trainingspartner, ohne die wäre ich aufgeschmissen.

Wind essen Willen auf

Im Eis, April 2010
Der Sturm gewinnt an Kraft
Tag 9, 1. Etappe
Distanz morgens 28,8 km
Distanz Notcamp zu Beginn der Pause 12 km

Dieser Sturm. Er will nicht enden. Er bläst. Von vorn, unbarmherzig, gnadenlos. Die Böen kommen jetzt wieder aus Nordwest. Die linke Gesichtshälfte verschwindet im Fell der Kapuze. Gesehen wird mit einem Auge. Gestolpert mit beiden Beinen. Schneedrift bringt den Boden scheinbar in Bewegung, bis zu den Hüften bewegen wir uns in dem an uns vorbeistürmenden Schneegemisch dahin, sehen den Untergrund kaum. Geduckt marschieren wir, fallen im Whiteout über Sastrugi, die wir erst bemerken, wenn die Skispitzen gegen das Hindernis stoßen. Die aufgeworfenen Presseisrücken sind blank geweht. Der Wind verbläst die dünne Schneedecke. Wie ein Präzisionspinsel das Innere einer Kamera vom Staub befreit, fährt der Atem des Sturms in jede Ritze der eisigen Gebilde, wedelt den Schnee davon. Beginnt, am Eis zu nagen. Lange, dünne Kristallfahnen stehen über den Hummocks. Dazu dieses Schreien. Der Sturm brüllt um uns herum. Die Planen unserer Schlitten knattern. Wir reden nicht mehr. Wir reden sowieso kaum miteinander, aber wenn wir jetzt etwas sagen wollen, schreien wir uns an. Anders geht es nicht mehr, der Wind reißt uns die Worte aus dem Mund.

Die Temperatur liegt bei minus 28 Grad. Der Wind bläst, erfahren wir hinterher, an diesem Tag in Barneo mit 55 Stundenkilometern. Das ist Windstärke 7. Diese Temperatur zusammen mit diesem Wind – das ergibt minus 61,8 Grad. Wir müssen oben bleiben, immer oben bleiben. Der Wind erodiert die Landschaft, langsam, unerbittlich. In manchen Böen fällt er die Eisrücken an wie ein losgerissener Kettenhund, er beißt ganze Ecken heraus aus den harten Gebilden. So wie der Wind das Eis zerfrisst, versucht er, unseren Willen zu zerfressen. So wie der Wind nicht lockerlässt, dürfen wir nicht nachgeben. Auch der Sturm ist längst kein Naturphänomen mehr für uns. Er ist ein Lebewesen, das kämpft und uns zerstören will. Das den Pol verteidigt, das uns einfach nicht vorankommen lassen will. Die arktische Seele, hier ist sie wieder, und sie sagt Nein, sie will uns nicht haben. Wir tun etwas, was die Natur nicht will. Dies ist kein Menschenort. Dieser Gedanke gräbt sich in meinen Kopf. Man möchte sich hinlegen und winseln. Dieser Wind frisst den Willen auf. Ohne jede Gnade.

Wie er das Eis erodiert, erodiert er uns. Unerbittlich. Wenn wir jetzt stehen bleiben – und stehen bleiben wäre so schön, so schön, so schön, sich einfach nach vorn auf die Skistöcke stützen, ins Geschirr des Schlittens hängen, locker lassen, endlich nachgeben, aufgeben, aufhören – dann würden wir immer kleiner und kleiner, bis nichts mehr von uns da ist, bis wir einfach verschwinden, im Wind, im Eis, für immer. Fern jeder Poesie ist dieses Gefühl. Es ist beschissen. Man beginnt, diesen ewigen Wind zu verfluchen, zu hassen.

An diesem Tag zerfällt unser Team. Der Sturm reißt es auseinander, aber wir bauen es wieder zusammen. Wir machen vier Fehler, und vieles, viel Wichtigeres, richtig. Der erste Fehler passiert mir am Morgen im Zelt. Die Neoprenmaske nervt schon lange. Sie rutscht in die Augen, sie versperrt mir die Sicht. Gepaart mit dem Fellkragen, der vom Wind ins Gesicht geweht wird, wird sie zu einem Störfaktor. Sie bleibt im Schlitten. Umgebunden wird das Buff, das Lieblingsbuff, unten dickes Fleece, oben dünne Funktion. Mehr Komfort. Der fatal werden wird.

Den zweiten Fehler mache ich während der ersten Pause nach zwei Stunden. Weil ich Victors Warnungen in den Wind, ja, diesen Wind geschrieben hatte. Und keine Pinkelhilfe dabei habe. Ich muss mich in diesem Sturm also auch noch ausziehen. Jetzt kommt der Moment, in dem ich es wirklich bereuen werde, mich darum nicht gekümmert zu haben. Ich muss meine Haut ungeschützt diesem wilden Tier preisgeben. Es gibt keinen Windschutz. Das führt zu tauben Fingern und einer komplett davongetragenen Körperwärme. Und mir bleibt keine Zeit, noch etwas zu essen, es ist so durchdringend kalt, ich muss gehen, gehen, gehen, Blut durch meine Adern pumpen, meine Finger! Sie brennen, pochen, schreien, scheiße, wie weh Finger tun können! Nichts zu essen ist der dritte Fehler, denn so hat der Hochofen im Innern keine Nahrung. Und kann weniger Wärme produzieren.

Gleichzeitig zeigt sich jetzt, wie ungeeignet das Buff für diese Temperatur ist. Der Atem durchnässt den Stoff, und er gefriert. Der Atem taut ihn wieder auf. Die Nässe sickert über das Buff in den Anorak und verbreitet sich auf der Brust. Die Wollschichten verlieren ihre Isolation, aber ich merke nicht, dass das an der Nässe liegt. Zu Beginn der zweiten

Pause ist mein Körper so kalt wie sonst am Ende der Pausen. Und wieder die leidige Entscheidung: pinkeln oder essen. Das Ergebnis: Es dringt noch mehr Kälte an den Körper. Und wieder bekommt der Hochofen keine Nahrung. Meine Finger werden so steif, dass ich es nicht schaffe, meine Hose selbst zuzumachen. Und es gibt keinen Schutz und kein Entrinnen vor diesem Wind, der in die Finger beißt. Die Jungs helfen mir. Und sofort gehen wir weiter, ich muss irgendwie warm werden. Ich warte sehnlich auf die Welle, die warme. Die sich oft erst fast eine halbe Stunde nach den Pausen im Körper ausbreitet. Wenn endlich die Kälte aus den Knochen verschwindet. Die Finger nicht mehr wehtun. Der Körper wieder weich wird. Diesmal kommt sie nicht. Egal, wie schnell ich gehe. Egal, wie sehr ich mich über die Presseisrücken stemme. Durch Bewegung Wärme produzieren – es funktioniert nicht mehr. Mehrmals kontrolliere ich meine Jacke. Mein Brustkorb fühlt sich so kalt an. Ich habe das Gefühl, mit offener Jacke zu marschieren. Aber die Jacke ist zu. Es ist grauenhaft kalt.

Und dann mache ich den vierten und größten Fehler. Am Morgen haben wir besprochen, wie wir diese letzte Distanz meistern wollen. 28,8 Kilometer am Stück, in diesem Sturm, das wird nicht gehen. Wir wollen aber auch nicht noch einmal übernachten, nur wenige Kilometer vom Ziel entfernt. Das Risiko einer sich wieder beschleunigenden Drift ist zu hoch. Wenn dieser heulende Sturm seine Richtung ändert, dann wird auch die Drift sehr schnell wieder sehr negativ werden. Die Lösung: Wir werden irgendwann unser Zelt aufschlagen, aber nur als Windschutz, nicht als Schlafstelle. Werden eine etwa einstündige Pause machen, in der wir ausruhen und ein Hauptgericht essen können.

Die Jungs wollen diese Pause bei acht Kilometer Distanz einlegen. Ich möchte sie schon nach der Hälfte, also bei etwa 14 Kilometern, weil es mir in Bezug auf die Regenerationsfähigkeit sinnvoller erscheint. Thomas lehnt das ab. Unsere Umgebung ist nicht der Ort für lange Diskussionen. Ich sage meine Meinung, die Jungs sagen ihre, Thomas entscheidet, und ich akzeptiere.

Und dann der Sturm, das Buff, das verhängnisvolle Auskühlen während der Pinkelpausen, das fehlende Essen – nach etwa sieben Stunden ist alles kalt. Die Hände, die Arme, der Brustkorb, die Schenkel, die Knochen. Es fühlt sich an, als würde das Hirn einfrieren, die Gedanken werden so zäh wie der Eisschlamm, über den wir manchmal hasten müssen. Thomas fragt, ob alles in Ordnung ist. Jaja. Nie würde ich zugeben, dass es mir kälter ist als sonst, dass es mir überhaupt so kalt ist, dass ich kaum noch meinen Namen weiß. Auf keinen Fall soll es so aussehen, als würde ich meinen Willen durchsetzen und eine frühere Pause erzwingen wollen. Und überhaupt will ich nicht schwächer sein als die Jungs. Das will ich sowieso nie und jetzt schon gar nicht. Wir gehen weiter.

Einige Zeit später bleibt Thomas stehen und lässt mich herankommen. Du stolperst dauernd, schreit er durch den tobenden Sturm. Wieder fragt er, ob alles in Ordnung ist. Wieder sage ich, jaja, gehen wir weiter. Dir ist kalt, sagt er. Ja, sage ich, aber es passt schon. Gehen wir, dann wird mir wärmer. Aber es wird mir nicht mehr wärmer, und ich weiß das auch. Mein Körper schafft es nicht mehr, seine Temperatur zu halten. Ich werde seltsam müde. Ich bin eiskalt. Thomas sagt, er merke doch, es stimmt was nicht.

Nach fast acht Stunden, noch gute zwölf Kilometer vom

Pol entfernt, sagt er: Stopp. Wir bauen das Zelt auf. Ich habe Angst, du unterkühlst. Markus meckert nicht. In Windeseile packt Thomas unseren Tunnel aus. Das Zelt ist noch nicht halb aufgebaut, da sagt er: Und du gehst jetzt rein. Sofort. Er wirft einen Kocher ins Zelt. Mach ihn gleich an, sagt er. Der Moment, in dem der Körper in den Schutz des Zelts gleitet. Der Moment, in dem der Sturm ausgesperrt ist. Wir nennen ihn das Zeltwunder. In diesen Sekunden wird noch deutlicher, in welcher Apokalypse man sich den ganzen Tag bewegt hat. Thomas schaufelt Schnee gegen das Zelt, Markus reicht mir die Matten hinein. Es fällt mir unendlich schwer, diese Matten auszurollen. Ich muss mich zwingen, muss mir innerlich immer wieder Befehle geben. Es ist keine Frage, dass wir nun doch auch die Schlafsäcke mit auspacken und länger kampieren. Es ist klar. Es ist allen klar, was getan werden muss. Jetzt tun wir das Richtige.

Das ist das Schöne. In den vergangenen Stunden bin ich langsam aus dem Team gefallen. Wir waren nicht mehr eins. In diesen Minuten wachsen wir wieder zusammen. Dank der Umsicht von Thomas, der meinen Sturkopf erkannt hat, der verstanden hat, ich würde nie zugeben, dass ich eine richtige Pause brauche. Dank Markus, der sofort mithilft, keine neue Diskussion beginnt, sondern einfach tut, was getan werden muss.

Die Jungs haben mich eingesammelt, dort, wo ich war. Als ich die Jacke ausziehe, merke ich erst, wie nass ich bin. Das Buff hat die ganze Atemfeuchtigkeit auf meine Wollschichten transportiert. Deshalb war mein Brustkorb so kalt. Meine Jacke ist vorne innen vereist. Mit der Neoprenmaske wäre das nicht passiert, die Neoprenmasken vereisen zwar, aber sie nehmen keine Feuchtigkeit auf und transportieren somit keine ins Innere. Deswegen verwendet man dieses Material. Als die Jungs ins Zelt hinterherkommen, setzt Thomas Wasser auf, er füllt meine Wärmflasche, dann seine, dann die von Markus. Das geschieht mit großer Selbstverständlichkeit.

Markus sagt: Ich hab ja schon viele wilden Sachen hinter mir. Aber das ist mit Abstand das Härteste, was ich jemals gemacht habe. Ich weiß nicht, ob er das meinetwegen sagt. Damit ich weiß, er ist nicht böse, dass ich nun eine längere Pause brauche. Ein bisschen sieht auch er so aus, als habe er diese Erholung dringend nötig. Nach diesen vielen Etappen mit nur vier bis sechs Stunden Schlaf, dieser elenden Drift und diesem verdammten Sturm. Der Satz beruhigt mich.

Thomas verliert an diesem Tag kein Wort darüber, dass ich viel früher hätte sagen müssen, dass mir so kalt ist.

Monate später, in den Schweizer Bergen erst, wird er über mich sagen, die Birgit, die kann sich schon ganz schön quälen. Nur manchmal sagt sie nicht, wenn es dann wirklich zu viel ist. Und das ist dann gefährlich. Nicht nur für sie. Mehr wird er auch dann nicht sagen. Ich lerne viel an diesem Tag. Nicht nur für Skitouren.

Ich ziehe die nassen Klamotten aus und hänge sie an die Zeltdecke. Ich zittere. Ich zittere so, wie ich noch nie im Leben gezittert habe, und als Thomas das sieht, macht er auch noch den zweiten Kocher an. Er und Markus sitzen kurzärmlig da und schwitzen. Ich fühle nicht einmal, ob es warm oder kalt ist im Zelt. Ich klappere nur so mit den Zähnen. Sie geben mir ihre Wärmflaschen, ich verkrieche mich mit ihnen in den Daunensack. Und schlafe sofort ein.

Im Dunkeln zum Pol

Nordpol, April 2008
Wem das alles noch nicht schwierig genug ist,
der geht einfach im Dunkeln

Was wir da machen ist Pipifax. Es sind nur 110 Kilometer.
Es hat nicht mal 30 Grad minus. Es ist windig, okay. Aber
vor allem ist es hell. Wir sind elende Jammerlappen. Es gibt
Menschen, die sind aus ganz, ganz anderem Holz geschnitzt.
Geschuldet ist das dem Umstand, dass man für Erstleistun-
gen auf unserem Globus mittlerweile weit gehen muss. Kreativ
sein muss. Und in der Tat Arktis und vor allem die Antarktis
die Gebiete sind, in denen in dieser Hinsicht noch am meisten
zu holen ist. Allein schon deswegen, weil man dort so schwer
hinkommt. Aber welchen Blumentopf kann man in der Arktis noch gewinnen? Der Pol ist erreicht. Geschwindigkeitsre-
korde in dieser Gegend, sie machen nicht viel Sinn. Zu unter-
schiedlich sind die Bedingungen auf dem Meereis, die Drift ist
ein zu unberechenbarer Faktor. Es ist nicht messbar, welche
Teams mehr geleistet haben, zu wenig vergleichbar sind die
einzelnen Touren. Deswegen ist die Steigerung einer Expedition zum Nordpol: eine Expedition zum Nordpol im Dunkeln.

Wer das hört, lacht. In der Tat ist dies ein Unternehmen, bei
dem auch ich ein klitzekleines bisschen zu zweifeln anfange,
ob das Sinn macht. Aber was macht schon Sinn?

Als ich im April 2008 nach Barneo komme, zum ersten Mal, sitzen da zwei wilde Kerle im Messezelt. Der eine sieht aus wie Räuber Hotzenplotz, der andere wie sein dünnerer Bruder. Es sind Matvey Shparo und Boris Smolin. Shparo hat dicke, rote Wangen. Um seinen Kopf ringeln sich schwarze Locken in alle Richtungen. Die Hälfte seines Gesichts ist wegen eines schwarzen Barts unsichtbar. Smolin ist das Gleiche in Blond. Die beiden Männer sind nicht wie ich in einer Antonow nach Barneo geflogen. Sie sind hierher gelaufen. Im Dezember sind sie aufgebrochen, vom russischen Kap Arktichesky. Genau dann, also, wenn die Polarnacht am dunkelsten, die Sonne am tiefsten unter dem Horizont verschwunden ist.

Am 14. März kamen sie an, auf 90° Nord. 84 Tage haben sie für ihren Weg bis zum Pol gebraucht. 84 Tage. Die tiefste Temperatur, die sie messen, sind minus 45 Grad. Kein Wunder, dass die beiden hier mit Ehrfurcht beäugt und mit großem Respekt behandelt werden.

Nach ihrer Ankunft am Pol schlugen die beiden ein Zelt auf und warteten auf den Helikopter, der sie nach Barneo bringen würde. Der kam auch mit etwas Verspätung. Gleichzeitig erreichte die Welt im Süden die Nachricht, es sei endlich zwei russischen Polfahrern gelungen, den Nordpol im Dunkeln zu erreichen. In Russland folgte der Beschluss, die beiden Männer im Eis zu besuchen. Ihnen zu Ehren eine Feierstunde abzuhalten. Am Nordpol. Und heute ist es so weit.

Victor kommt singend ins Messezelt. Rebiatushki, sagt er, heute haben wir viel zu tun. Das haben wir. Wir werden mit einer Gruppe Champagner-Touristen zum Nordpol fliegen. Boris und Matvey werden mitfliegen und am Pol ihr Zelt aufbauen. So, als seien sie gerade erst angekommen. Bis auf die beiden fliegen dann alle wieder zurück nach Barneo, nur, um dann gemeinsam mit den aus Moskau angekommenen Staatsgästen wieder zum Pol zu fliegen. Die Staatsgäste sollen beim Anflug einen schönen Eindruck davon bekommen, in welch eisiger Wüste das kleine Tunnelzelt steht. Und wie groß die Leistung der beiden Männer ist. Darüber, das werden wir bald merken, besteht aber ohnehin nicht der Hauch eines Zweifels.

Boris und Matvey nehmen den Aufruhr eher ungerührt zur Kenntnis. Ihnen wohnt jene Ruhe inne, die ich bei allen Polfahrern, bei allen, die schon wirklich lange Zeit außerhalb der Zivilisation verbracht haben, beobachte. Beide sind keine Unbekannten. Matvey und sein Vater haben 1998 die Beringstraße durchquert, auf Skiern, als Erste. Unter anderem. Sie packen ihren Krempel und gehen zum Hubschrauber. Die Champagner-Touristen, die bald zusteigen, schauen immer wieder verstohlen zu Boris und Matvey. Aber die erklären nicht, was sie hier machen. Was sie gemacht haben. Und so weiß niemand, dass in diesem Heli die beiden jüngsten Helden Russlands sitzen.

Am Pol springen wir aus dem Hubschrauber. Die Champagner-Touristen bekommen ihren Champagner und Gelegenheit, ein Polfoto zu schießen. Boris und Matvey ziehen ihre Pulka ein Stück weit weg von dem Trubel. Bauen ihr Zelt auf. Der Hubschraubermechaniker und der Navigator sprühen daneben die Meridiane in den Schnee, in Hellblau. Mit vielen Anweisungen und Überlegungen, aufgeregtem Armewedeln und Lachen geht das vor sich. Einer steht in der Mitte und hält ein Seilende. Der andere geht mit gespanntem Seil um ihn herum und versucht, einen schönen Kreis zu sprühen. Fünf verschieden große Kreise, um genau zu sein. In die Mitte pflanzen sie eine Fahne, 90° ist darauf gedruckt und ein Eisbär. Dann überlegen und diskutieren sie kurz. Die hellblaue Fahne fliegt in den Schnee. Eine große Russlandflagge weht statt ihrer bald im arktischen Wind. Zufrieden stehen sie dann da und betrachten ihr Werk. Jetzt ist der Festsaal fertig.

Boris und Matvey hängen einen Teddybären an ihre Zeltschnur. Willst du uns mal besuchen?, fragen sie. Klar. Ich krieche in ihr Zelt hinein. Ihr Kocher hustet schon. Ich bekomme eine Tasse heißen Tee. Was war das Schlimmste auf eurem Weg?, frage ich. Boris sagt, wenn das Eis gebrochen ist, aber wir nicht sehen konnten, wo. Es hat gegurgelt. Und wir wussten nicht, in welche Richtung wir gehen sollten. Unsere Stirnlampen kamen kaum gegen diese Dunkelheit an.

Und was war das Schönste?, frage ich weiter. Als wir da waren, sagt Boris. Immer, wenn wir gekocht haben, war es gut, sagt Matvey. Und der Sternenhimmel. Und der Mond. Manchmal war es taghell, so hell schien der Mond. Die Sterne, sie halfen den beiden, den Weg zu finden. Navigiert haben sie mit GPS, meistens aber mit den Sternen. So wie man sich während des Polartags viel an der Sonne orientiert.

Zu Anfang zog jeder von ihnen zwei Schlitten hinter sich her, 160 Kilogramm pro Person. Sie haben ihre Expedition nicht unsupported gemacht. Unassisted-unsupported ist die Königsklasse der Expeditionen, auf Unterstützung wird dabei völlig verzichtet. Matvey und Boris haben sich einmal Vorräte abwerfen lassen. Von der russischen Armee, die ihre Expedition gefördert hat. Auch das eine Meisterleistung. Im Zappendusteren in dieser Ödnis zwei Menschen zu finden.

Matvey und Boris haben somit aber noch ein Ziel unerreicht gelassen, es gibt immer noch eine Steigerung: den Nordpol, im Dunklen, unsupported. Für jemanden, der sich berufen fühlt.

Wenig später bin ich wieder in Barneo. Wir holen die Ehrengäste ab. Die Maschine kommt direkt aus Moskau. An Bord sind Journalisten, hochrangige Militärs, Staatsmänner. Wer ist das genau?, frage ich Victor, aber die Antworten bleiben sehr vage. Einige der Männer steigen in Anzügen aus der Antonow, und sie haben nur Anzugschuhe an. Andere tragen imposante Pelzmäntel. Dazwischen sind ein paar Frauen, grell geschminkt. Sie reden aufgeregt durcheinander. Es ist die illusterste Gesellschaft, der ich je beiwohnen durfte.

Wir steigen in den Hubschrauber um. Der Heli ist zweifellos übersetzt, aber wer kontrolliert hier schon? Die russische Delegation hat Geschenke mitgebracht. Einige der Männer balancieren riesige, in Goldpapier mit Papier- und Goldblumen verzierte Pralinenschachteln auf den Knien. Andere halten Champagnerflaschen in den Händen, ein anderer trägt eine Box mit Gläsern. Am allerputzigsten aber ist eine riesige Schachtel mit: Schnittblumen. Für Räuber Hotzenplotz und seinen Bruder. Wenn diese beiden Kerle mit irgendetwas wirklich nichts anfangen können, dann sind es liebevoll verpackte Schnittblumenarrangements. Es ist rührend, diese Geschenkauswahl anzusehen.

Als wir wieder am Nordpol ankommen, stehen Matvey und Boris vor ihrem Zelt. Sie haben noch mehr Tee gekocht, in den jetzt ein bisschen des russischen Wässerchens gekippt wird. Dann wird es ernst. Abenteurer, Militärs und Journalisten versammeln sich in dem Meridianenkreis um die Flagge. Nehmen Haltung an. Einer der Männer klappt einen kleinen Laptop auf. Lässt die russische Hymne erklingen. Es hat 29 Grad minus. Wir stehen am Nordpol. Diese ganze Szenerie, sie ist so skurril, dass ich vergesse, ein Foto zu machen. Mein Gehirn ist viel zu sehr damit beschäftigt, mir immer wieder zu bestätigen, dass das alles wirklich passiert, was ich da sehe. Es folgen Reden. Ein Vertreter der russischen Luftwaffe spricht als Erster. Dann Victor, als Veteran der gloriosen russischen Polarexpeditionen. Dann Irina Orlowa, Chefin von Barneo und Präsidentin der Vereinigung der russischen Polarforscher. Diejenigen, die nur Anzugschuhe anhaben, beginnen, qualvoll auf der Stelle zu treten. Ihre Lederschuhe sind nass. Sie werden sich die Zehen erfrieren. In einer der Ansprachen fallen die Namen von Børge Ousland und Mike Horn, aber ich verstehe nur, dass es um deren Trip zum Pol geht, nicht mehr. Auf die Nennung dieser Namen und dem auf sie folgenden russischen Wortschwall reagieren alle mit anerkennenden Blicken und stolzem Nicken in Richtung von Matvey und Boris, einige klopfen ihnen auf die Schulter. Jede der Ansprachen endet mit einem sehr zackigen, dreifachen: Hurra.

Pralinen, Champagner und Schnittblumen werden überreicht. Boris und Matvey staunen gebührend. Auch sie halten eine kurze Ansprache. Sie bedanken sich bei ihren Unterstützern. Auch sie endet mit Hurra. Champagner wird mit großem Gedöns eingeschenkt. Nochmals Hurra gerufen. Der Champagner im Mund, die Zähne explodieren fast, so kalt ist er. Der Tee der beiden Polfahrer wärmt dagegen den Bauch ganz angenehm. Ein Ball fliegt aus dem Hubschrauber, Bewegung, um warm zu bleiben. Die Staatsgäste spielen Fußball gegen die Hubschrauber-Crew. Die Leder-schuhträger fehlen, sie sitzen im Helikopter, reiben mit ver-zerrten Mienen ihre Zehen.

Was haben sie über Børge Ousland und Mike Horn gesagt?, frage ich Victor. Die beiden sind doch auch schon im Dun-keln zum Pol gegangen, sagt er, 2006. Aber Boris und Mat-vey haben deren Leistung bei Weitem übertroffen. Warum das?, frage ich. Im Grunde, erklärt Victor, haben die beiden Russen die erste Polfahrt überhaupt in der Polarnacht voll-bracht. Und Børge und Mike? Na ja, sagt er, das zählt nicht so richtig. Die sind erst im Januar losgegangen, viel näher am Polartag. Bei Boris und Matvey war es immer dunkel. Børge und Mike hatten gegen Ende richtig viel Licht. Und dann ist das ja einfach.

Zu dritt am Ziel

Im Eis, April 2010
Tag 9 und 10, 2. Etappe
Distanz Notcamp nach der Pause 11,5 km
Position Tag 10, 1:45h: 90.00.00 N

Ich wache völlig durchgeschwitzt auf. Grabe mich aus meinem Schlafsack. Thomas und Markus schauen mich fragend an. Geht schon, sage ich. Gehen wir weiter? Da lachen sie beide. Thomas schüttelt den Kopf. Du bist unglaublich, sagt er in seinem breiten, langsamen Bernerdeutsch, schau dich mal an, das geht noch lange nicht. Wir essen jetzt erst mal was, dann sehen wir weiter. Ich gebe den Jungs ihre Wärmflaschen, meine eigene reicht mir jetzt. Ich fühle mich, als würde ich in meinem Schlafsack langsam durchgegart. Wenig später klappere ich mit den Zähnen. Und das, obwohl ein Kocher läuft. Wir essen. Schauen mit bangem Blick immer wieder auf das GPS. Distanz zum Pol: 11,5 Kilometer. Die Drift ist jetzt sogar für uns. Ein kleines bisschen. Der Wind zerrt an unserem grünen Tunnel. Es hört sich so an, als habe er noch zugelegt. 70 Kilometer pro Stunde, erfahren wir später aus Barneo.

Wir könnten im Zelt bleiben. Das Ende des Sturms abwarten. Thomas dreht das GPS in den Händen hin und her. Vor zwei Jahren hatte er mit einer Gruppe nur noch sieben Kilometer bis zum Pol, als ein Sturm aufzog, erzählt er.

Die Drift war bis dahin langsam und positiv gewesen. Die Gruppe wollte nicht durch den Sturm marschieren, und so bauten sie die Zelte auf. Auch am nächsten Tag war noch Sturm, und wieder blieben sie im Zelt. Und fanden sich am Tag darauf 35 Kilometer vom Pol entfernt wieder. Der starke Sturm hatte die Drift umgedreht und deutlich beschleunigt. Die Gruppe erreichte den Pol nicht, die einzige von allen, die Thomas bisher geführt hat. Bis zum allerletzten Meter kann man sich hier nicht sicher sein, ob man es wirklich schafft, sagt er.

Markus und ich schauen uns an. 11,5 Kilometer. Wie schön wäre es, noch einmal im Sonnenschein dahinzugleiten. Oder wenigstens ohne Wind. Aber an so viel Glück glauben wir nicht mehr. Und wir haben mittlerweile gesehen, wie unbarmherzig die Drift sein kann. Wir sind zu lange auf einem rückwärtslaufenden Laufband marschiert, haben zu oft morgens entsetzt auf das GPS geblickt. Wenn sich die Distanz noch einmal vergrößert, können wir es vergessen. Und wir sind überzeugt, dass genau das passieren wird, wenn wir uns jetzt ausruhen. Wir ziehen die Möglichkeit, auf besseres Wetter zu warten, nicht einmal in Betracht, sie existiert für uns gar nicht. Wir sind so weit durch diesen Sturm marschiert. Wir kennen es ja gar nicht mehr anders.

Wir beschließen, es mit Humor zu nehmen. Es sollte eben Sturm sein. Nach dem Essen warten wir also noch eine halbe Stunde. Dann machen wir uns wieder fertig. Ich ziehe über meine Windjacke und -hose noch Isolierjacke und -hose an. Und jetzt auch wieder die ungemütliche Neoprenmaske. Als wir völlig vermummt aus dem Zelt krabbeln, haut uns der Sturm seine Faust ins Gesicht, und wir fallen als Erstes über eine riesige Schneewehe. Alles ist weiß. Völliger Whiteout. Prima.

In Böen, die uns fast unsere Matten aus den Händen reißen, bauen wir unser Zelt ab. Nach jedem Gegenstand, den man in den Schlitten legt, muss man die Schlittenplane zuziehen. Ansonsten muss man fürchten, dass der Sturm alles herausreißt.

Die letzte Etappe. Wir gehen los, und nach ein paar Minuten explodiere ich fast. Von der einen Sekunde auf die andere ist mir glühend heiß. Ich schäle mich aus der Überjacke. Im Kopf geht es mir gut. Aber mein Körper spielt nicht mehr richtig mit. Die Thermoregulierung, jetzt klappt sie gar nicht mehr. Ich weiß, dass das ein Zeichen ist, dass ich einfach keine Energie mehr habe. Die Temperaturregulierung ist einer der Vorgänge im Körper, die sehr viel Energie verbrauchen. Normalerweise merkt man das kaum. Aber meine Speicher sind vollkommen leer. Wir gehen über eine seltsame Eisfläche, ein nicht enden wollendes Feld sehr jungen Eises. Wir müssen sehr nahe zusammenbleiben, um uns nicht zu verlieren. Sehen nur wenige Meter weit. Ich bin langsam. 11,5 Kilometer. Das könnten jetzt auch 111,5 sein, so weit erscheint es mir.

Thomas bleibt stehen. Ich nehm deinen Schlitten, sagt er. Gewöhn dich erst mal wieder ans Gehen. Und hängt meine 40-Kilo-Pulka an seinen 70-Kilo-Schlitten. Allein, dass ich das zulasse, ist schon kein gutes Zeichen. Wir gehen weiter. Aber ohne Schlitten ist mir wieder zu kalt. Nach nur ein paar hundert Metern nehme ich meine Pulka wieder zurück. Und nach ungefähr einer Stunde komme ich endlich wieder in meinen Tritt. Thomas quält sich mit seinem Schlitten, der in den Neuschnee einsinkt und sich schlecht ziehen lässt. Als wir kurz stehen bleiben, sehe ich, dass Markus ganz weiß ist unter den Augen und an der Nase. Frostbeulen. Thomas zieht seine Handschuhe aus und versucht, ihm das Gesicht mit seinen bloßen Händen zu wärmen. Der Sturm hat eine unglaubliche Wucht bekommen.

Nach zwei Stunden kommen wir an einen riesigen Presseisrücken, hinter dem sich ein Graben gebildet hat. Und wollen dessen Windschutz für eine Pause nutzen. Als ich Thomas hinterherspringe, merke ich, dass es uns hier den Schnee erst recht um den Kopf bläst. Bis unter die Maske wirbelt es die Pulverflocken. Wir schauen uns alle drei an. Und müssen lachen, trotz allem. Es ist so unfassbar ungemütlich, und man denkt sich dann doch: Was zum Teufel machen wir hier eigentlich? Ist das eine Scheiße!, schreit Thomas. Das ist es wirklich!, schreie ich zurück. Ich glaube, ich mache nie mehr eine große Expedition, so eine Scheiße ist das!, schreit er mir ins Ohr, und ich schreie: Recht hast du, das machst du nicht mehr, so eine Scheiße! Uns wird richtig warm, so müssen wir lachen. Wahrscheinlich werden wir jetzt langsam verrückt.

Diese kleine Pause dauert keine fünf Minuten. Wir gehen weiter, in dem donnernden Sturm, in dem wir manchmal keine zehn Meter weit sehen. Die letzten Kilometer kontrolliert Thomas immer wieder sein GPS. Jeden Kilometer schreit er in den Wind hinein. Es ist der längste Countdown meines Lebens. Um 1.58 Uhr am 13. April zieht Thomas seinen Revolver aus dem Halfter am Rücken und schießt dreimal in die Luft. Für jeden eine Kugel. Für Markus. Für mich. Für sich. Wir sind da!

Der Nordpol. Unser Pol, er sieht aus wie eine kleine Lichtung. Mächtige Hummocks haben sich ringsherum aufgetürmt. Wir können tatsächlich direkt auf 90 Grad Nord unser Zelt aufbauen, wir müssen keinen Lagerplatz suchen, hier ist es gut.

Aber wenn ich heute gefragt werde, wie es war, am Pol anzukommen, dann bin ich manchmal nicht ganz ehrlich. Dann sage ich, ich sei stolz gewesen, sehr stolz. Und froh, dass es vorbei war. Das bin ich aber erst ein paar Stunden später. Die Wahrheit ist: Der Moment, in dem wir am Pol ankommen, ist wohl für uns alle drei der härteste von allen. Unter anderem wieder wegen Number two. Man erzählt aber nicht gerne Menschen, die man nicht so gut kennt, dass man am Nordpol mit heruntergelassener Hose in einer Schneehölle stand und vor lauter Schmerzen nicht mehr in der Lage war, sich wieder anzuziehen. Markus bekommt Erfrierungen an den Fingern, bei dem Versuch, ein Polfoto zu machen. Ich ebenso, als ich die Reißverschlüsse an meiner Hose zumachen will, wieder einmal, und Thomas beim Zeltaufbauen. Ohne Thomas, was wären wir ohne Thomas, hier? Ich weiß nicht, ob ich es an diesem Tag geschafft hätte, in diesem Inferno das Zelt noch aufzustellen. Wie ein Verrückter arbeitet er daran, dass das Zelt so schnell wie möglich steht. Dann wieder der Moment, in dem der Körper aus dieser Apokalypse in den Windschutz des Zeltes eintaucht. Das Zeltwunder. Thomas wirft einen Kocher hinein.

Markus will wenigstens ein Foto von unserem Polmoment machen. Wir kriechen in den Zelteingang, in den Windschutz der Apsis, draußen geht es einfach nicht. Zu dritt sitzen wir nebeneinander, Markus streckt den Arm aus und drückt ab, es wird ein verwackeltes Bild, auf dem man uns kaum erkennt. Was außerdem auch nicht im Bild ist: Die Isolierhose hängt mir in diesem Moment noch immer

um die Knie, weil meine steifen Finger sie nicht mehr hoch-
ziehen können. Seitdem schaue ich Fotos von Heldentaten
anders an. Seitdem weiß ich auch, wenn man noch Fotos
machen kann, dann geht es immer noch. Von den letzten
drei Etappen unserer Tour gibt es kein einziges Bild. Nicht
mal Thomas hat mehr ans Fotografieren gedacht.

Das Bild, das Markus mit ausgestrecktem Arm von uns
knipst, auf dem wir alle drei noch unsere vereisten Masken
aufhaben, es ist das einzige Foto, das wir von unserer Ankunft machen. Ich bin weit davon entfernt, ans Fotografieren zu denken, meine Hände schmerzen, als hätten wir mit
dem Hammer auf ihnen herumgeschlagen. Keine Sekunde
habe ich das Gefühl, es sei nun vorbei. Dafür heult der apo-
kalyptische Sturm viel zu laut um uns herum. Es ist verrückt. Aber der Pol ist tatsächlich der kälteste Punkt dieser
Tour.

Markus und ich rollen die Matten aus. Bereiten das Innere des Zelts vor. Thomas schaufelt draußen eine Schnee-
mauer um unsere Höhle. Zurrt die Heringe fest. Er bindet
das Zelt jetzt auch noch an den Schlitten fest, zur Sicherheit.
Es vergehen fast zwei Stunden, bis wir das Eis aus unseren
Jacken, Handschuhen und Kapuzen geschüttelt und gebürs-
tet haben, und bis unsere Sachen einigermaßen in Ordnung
sind im Zelt. Wir sind zwar angekommen. Aber wir sind immer noch auf dem Arktischen Ozean. Immer noch müssen
wir darauf vorbereitet sein, von einem Moment auf den anderen aus dem Zelt zu springen, sollte das Eis brechen.

Aber endlich, endlich, endlich haben wir alles getan. Der
Kocher zischt tapfer gegen die Kälte an. Um schnell etwas
Heißes in den Bauch zu bekommen, trinken wir eine heiße

Suppe. Und mit dieser Suppe strömt die Freude in meinen Körper. Freude, Glück und Stolz. Sind wir wirklich da? Ich traue mich kaum, das zu glauben. Zu dritt sitzen wir in unseren Schlafsäcken, die heißen Becher in der Hand. Und freuen uns. Spüren still dem Glück im Innern nach. Manche Momente möchte man konservieren, für immer. Man möchte sie in einen Schrank legen und ab und zu wieder herausholen, wieder genau in diesem Moment sein, genau das Gleiche fühlen, genau das Gleiche sehen, genau das Gleiche hören. Das Rütteln des Sturms, die Geborgenheit im Zelt, das schöne Gefühl, trockene Wollkleidung anzuhaben und die dicken, weichen Wollsocken, das beruhigende Zischen des Kochers, das Wissen, es ist vorbei, wir müssen nicht mehr hinaus, wir müssen nicht mehr weiter, die warmen Zehen, die warm werdenden Finger, die schmerzenden Beine, das gute Gefühl, die Beine auszustrecken, die heiße 59-Cent-Tomatensuppe, die lachenden Gesichter der anderen beiden, ihre glänzenden Augen, ihre roten Wangen, die Flut der Freude. Irgendwann sagt Thomas: Ich muss schon sagen, das war schon nicht so schlecht.

Sturz ins Wasser

Arktischer Ozean
Wie gefährlich es sein kann, wenn es einfacher ist
Ein Vergleich der Touren 2010 und 2011

Und ich mache es noch einmal. 2011. Thomas will im Eis über seinen nächsten Plan nachdenken und fragt mich, ob ich mitkommen will. Und über meinen Plan nachdenken. Und wie ich will! Erst sehr kurz vor unserer Abreise kommt noch eine Teilnehmerin hinzu, Naomi. Und Bengt, der zwar schon viel im Norden unterwegs war, aber noch nicht auf dem Ozean. 2011 mache ich mir noch mehr Gedanken über die Tour. Ich teste ausgiebig verschiedene Fertignahrungen, mixe mir selbst Nussmischungen zusammen, verpacke das Essen so, dass ich immer etwas in den Jackentaschen tragen kann. So muss ich nicht bis zu den Pausen warten und kann auch zwischendurch immer mal wieder Nüsse essen. Jeden Morgen werde ich dann noch im Zelt die Taschen meiner Wind- und meiner Daunenjacke mit kleinen Päckchen füllen. Essen, überall.

Thomas besorgt mir einen anderen Schlitten, einen größeren. Und im April, als es in Deutschland schon 25 Grad hat, brechen wir wieder auf.

Und alles ist anders. Es ist, als wären wir am Pol eines andren Planeten. Sturm, negative Drift, meterhohe Presseisrücken und etliche Rinnen – das war 2010. 2011 haben wir Sonnenschein, positive Drift, kaum offenes Wasser und im Ganzen vielleicht zehn richtig große Eishindernisse. 2010 dauerte unsere Tour insgesamt zwölf Tage. 2011 dauert sie fünf.

Ist das besser? Nein. 2011 habe ich am Ende das Gefühl, gar nicht richtig gegangen zu sein. 2010 haben wir so hart kämpfen müssen. Es war viel wert, das Ziel, sehr viel. Es war ein sehr besonderer Last Degree, sagt Thomas am Ende, von all den Touren, die er schon gegangen ist. 2011 ist zu einfach. So seltsam sich das anhört.

Aber es ist lehrreich, es ist beeindruckend zu sehen, wie groß der Unterschied sein kann. Zu sehen auch, wie trügerisch die Natur sein kann. Wer 2011 dabei war, wird denken, diese langen Nordpoltouren vom Land, so schwierig sind sie ja gar nicht. Wer 2010 unterwegs war, denkt sich, wie es jemals jemand schaffen kann, 800 Kilometer in dieser Hölle, acht Mal so weit, wie wir gingen?

Wie anders ist doch alles, wenn die Drift positiv ist. Es stellt sich keine Sinnfrage ein, kein Sisyphosgefühl. Kein Bangen, ob man es überhaupt schaffen wird. Die Mühen sind so viel weniger in dem flachen Eis. 2011 wachen wir fast jeden Tag fünf Kilometer näher am Pol auf, als wir einschlafen. Wir können die Werte, die das GPS anzeigt, zum Teil kaum glauben. Thomas hat in seinem Block die Daten des letzten Jahres. Jeden Tag blättert er zurück. Und liest vor, was vergangenes Jahr an jenem Tag passierte. So wird umso deutlicher, wie verrückt die Bedingungen 2010 waren.

2011 gehen wir langsam. Und kommen trotzdem viel schneller voran. Naomi lässt sich viel Zeit, morgens im Zelt. Und Thomas lässt sie gewähren. Beharrt weder auf das Einhalten der Marschzeiten noch auf dem Einhalten der zwei Stun-

Training mit Autoreifen: Auf die Umwelt wirkt das irritierend.

Lehrgeld: Auf dem Dachsteingletscher zerreißt in der Nacht mein Zelt, weil ich einen Riss nicht sofort repariert habe.

Auf einen Tee bei Dmitri Smolin und Matvey Shparo: Sie sind in der Polarnacht zum Pol marschiert, und geben …

… deshalb am Ziel Interviews. Dazu gibt es Schnittblumen, halbgefrorenen Champagner und die russische Hymne.

Robert Peary, der Ältere: 1909 stand er als erster Mensch am Nordpol. Vielleicht.

Robert Peary, der Jüngere: 2009 feiert er die Heldentat seines Urahns mit einer Peary-Puppe im Arm.

Jan Mayen, die Teufelsinsel im Eismeer: Hier suche ich mit Heidi von Leszczynski und Frank Berger nach den Überresten…

… der Österreicher-Station aus dem ersten Polarjahr 1881/82. Heidi jubelt, als wir sie nach Stunden endlich gefunden haben.

Der norwegische Polfahrer Børge Ousland mit zwei Kunden: Es ist seltsam, Menschen in dieser Eiswüste auszusetzen, …

… deren einzige Abwechslung in Presseisrücken und offenen Wasserrinnen besteht, die oft schwierig zu überwinden sind.

Allein im Eis – von oben habe ich diese Szene schon mehrmals erlebt. 2010 bin ich dann selbst einer der kleinen Punkte.

Es geht los: In Barneo beladen wir den Helikopter, …

… der unser Fünferteam an unseren Startplatz bringt.

Und dann sind wir allein im Eis, beginnen unseren Weg zum Pol...

...am Anfang mit gnädigem Wetter, im wunderbaren Polarlicht. Doch so sollte es nicht bleiben.

Meterhohe Presseisrücken, Wasserrinnen und vor allem…

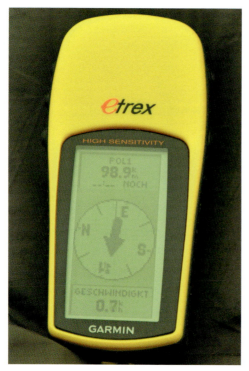

…eine schnelle negative Drift prägen in den nächsten Tagen unseren Weg. Das GPS-Gerät zeigt an, dass wir uns mit 0,7 Kilometern pro Stunde bewegen – obwohl wir im Zelt sitzen.

Zeit und Muße für Fotos bleibt uns wenig. Nur auf diesen Riesenbrocken klettern Thomas und ich.

Tag 5: Victor holt unsere beiden Teammitglieder ab, die den Anforderungen des Eises nicht gewachsen waren.

Zu dritt gehen wir weiter Richtung Norden, überqueren aufgebrochenes und gerade erst wieder frierendes Eis, …

… springen immer wieder über Rinnen, und kämpfen auch mit den sinkenden Temperaturen.

Jeder hat irgendwann einen schlechten Tag, während einer solchen Tour, sagt Bengt ein Jahr später zu mir. Oh ja, ich hatte einen schlechten Tag.
Den Gesichtsschutz der vereisten Neoprenmaske habe ich zum Essen aufgemacht. Es ist so kalt, dass unsere Speckpäckchen zu eisigen Klumpen werden.

Sonnige Verhältnisse wie diese waren so selten, dass Thomas sofort zum Fotoapparat griff. Ansonsten hatten wir: Sturm.

Es ist eines der letzten Bilder, die auf unserer Tour entstehen: Thomas auf der Suche nach dem Weg um eine Rinne herum.

Dann verschluckt uns der Sturm, und erst am Ziel drückt Markus wieder auf den Auslöser. 90 Grad Nord.

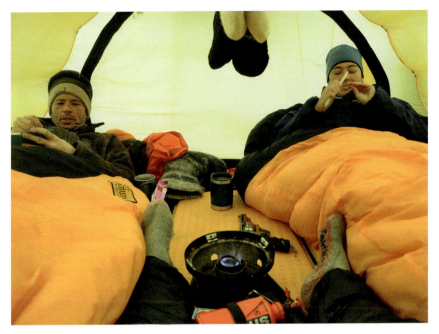

Unser Ziel können wir noch 58 Stunden lang genießen. Die Zeit vertreiben wir mit Nagelpflege und lustigen Geschichten.

Der nördlichste Zeltplatz der Welt: Unser persönlicher Pol liegt auf einem besonders schönen Stück Eis. Finden wir.

Bevor wir abgeholt werden, darf jeder ein Magazin der Magnum leer schießen. Markus trifft am besten.

Und dann ist es so weit: Der Hubschrauber kommt. Es ist vorbei.

den vom Aufwachen bis zum Losgehen. 2010 wäre das unvorstellbar gewesen. Wir driften 2011 manchmal fast exakt in nördlicher Richtung. Wenn das Fridtjof Nansen gesehen hätte! Kälter ist es. Die Temperatur liegt relativ konstant bei annähernd 30 Grad minus. Dafür weht kaum Wind. Sonnenschein, fast immer. Weißblauweißblauweißblau, und abends golden. So sind die Tage. Als wir wieder in Longyearbyen sind, bin ich traurig. Dass es so schnell vorbei ist. Das viele Essen, das ich vorbereitet habe, nicht einmal die Hälfte ist verbraucht. Wir sind kaum richtig angekommen, und schon wieder weg.

Trotzdem hat auch diese Tour ihr Schönes. Bengt erzählt in den Pausen von seiner Querung der Nordwestpassage, 2500 Kilometer in dreieinhalb Monaten. Wir machen wunderbare Fotos. Wir können Eis fotografieren. Eisschollen anstaunen. Immer wieder bleiben wir stehen und lassen den Blick schweifen. Über das Eis, bis zum Horizont, rundherum, überall Eis, mit vom Wind verwehten Schneekappen. Es sieht so wunderschön aus. So gar nicht feindlich, wie im vergangenen Jahr. Einmal geraten wir in heftige Pressungen. Es knarzt, quietscht, ruckelt. Tackernde, brechende, sirrende Geräusche ertönen aus dem Eis. Risse springen um unsere Beine. Wir nehmen die Geräusche auf Video auf. Beobachten die Arbeit der Natur. Wir sollten hier weg, sagt Thomas dann. Das Eis singt unter unseren Skiern.

Manchmal wandern wir so lange ohne Hindernisse dahin, dass unser Marschieren fast meditativen Charakter bekommt. Dass man dennoch nie unachtsam sein darf, mit den Gedanken nicht zu weit fortschweifen darf von der Eisoberfläche, das lerne ich am dritten Tag. Am Morgen lade ich alles Benzin von Naomis auf meinen Schlitten um, und Thomas gibt mir auch noch Gepäck. So wird Naomis Schlitten leichter, und ich kann ausprobieren, wie ich mit noch mehr Gewicht klarkomme. Mit dem leichteren Schlitten geht Naomi noch immer gemächlich, aber stetig. Ich marschiere hinter ihr her, in geringem Abstand zu ihrem orangefarbenen Schlitten. Mehr als eine Stunde lang gehen wir an diesem kalten Morgen, ohne ein Wort zu sprechen. Die Luft tut gut in den Lungen. Man will sich bewegen, warm halten. Mein Schlitten wird jetzt um die 60 Kilo wiegen. Ich spüre die Kraft in den Armen. Die Sonne blendet. Es geht gut. Das Licht ist dünn und silbern, das Eis flach. Ich versinke in meinen Gedanken, spüre der Freude hinterher, die durch jeden Winkel meines Körpers fließt, der Freude am Unterwegssein, am Gesundsein. Alles ist ruhig.

Thomas ist weit voraus. Bengt geht ein Stück hinter mir. Wir nähern uns einem Feld mit aufgebrochenem Eis. Thomas ist schon darüber hinweggestiegen. Ich bleibe kurz stehen, um meine Gesichtsmaske enger zu schnallen. Passe einen kurzen Moment nicht auf. Denke überhaupt nicht daran, dass es jetzt etwas geben könnte, worauf man aufpassen müsste.

Als ich meine Skistöcke wieder in die Hand nehme und den Blick hebe, sehe ich, wo Naomi steht, wenige Meter von mir entfernt. Mir wird glühend heiß. Sie steht in einer Rinne. Während ich an meiner Maske herumgezuppelt habe, ist sie einfach von der Eiskante in diese Rinne hineingestiegen. Sie ist etwa drei Meter breit. Das Eis ist viel zu dünn. Es ist hellblau. Weil unter der Wasseroberfläche Eisplatten hängen, die sich während Eispressungen, die noch nicht lange her sein können, unter andere Eisplatten geschoben haben. Das Wasser ist gerade erst dabei, wieder zu frieren. Es ist noch in jenem Übergangsstadium, in dem es mehr ein Salzwasserschlamm ist, der langsam fester wird. Ein paar Meter entfernt wölbt sich die Eisdecke nach oben. Das Eis gibt nach.

Bevor man Rinnen betritt, egal, wie sie aussehen, rammt man den Stock fest in das Eis. Wenn es an einer Stelle zwei Hiebe hält und erst beim dritten durchgeht, queren wir. Wenn man gleichmäßig gleitet, das Gewicht gut verteilt, passiert nichts. Alle paar Meter wiederholt man diesen Test. Bei dieser Rinne brauche ich keinen Stock. Ich sehe von hier, dass das Eis zu dünn ist. Naomi ist einfach Thomas' Spur nachgegangen. Die Spur führt gerade auf die Rinne zu. Dann aber biegt sie ab, an der Kante entlang nach rechts. Dort liegt, wie eine wunderbare Brücke, ein Eisblock über der Öffnung. Nur ein paar Meter entfernt. Dort hat Thomas die Rinne überquert.

Naomi hat nicht gesehen, dass die Spuren nach rechts führen. Sie hat auch nicht selbst getestet, ob das Eis sie tragen wird. Und erst als sie darauf steht und der Untergrund so seltsam wabert, merkt sie, da stimmt was nicht. Oh, hier ist ein bisschen offenes Wasser auf meiner rechten Seite, sagt sie. Die Bewegung des Eises sieht so aus wie Seen bei der Augsburger Puppenkiste. Eine gespannte Klarsichtfolie, die Wellen wirft. Es sieht fürchterlich aus.

Ich brauche ungefähr drei Sekunden, um diese Situation zu erfassen. In diesen drei Sekunden steht Naomi auf diesem grässlich dünnen Eis und sagt dann auch noch, meinst du, das hält? – und federt mit den Knien. Das ist so ungefähr das Allerfalscheste, was man machen kann, wenn man schon komplett auf dem Eis steht. Dann will man nicht mehr wissen, *ob* es hält. Dann will man nur noch, *dass* es hält. Dieses

Federn weckt mich aus meiner Schockstarre. Nicht federn, nicht federn, nicht federn, sage ich, so schnell und ruhig wie möglich. Bleib nicht dort stehen. Geh entweder einen Schritt zurück oder nach vorne. Ganz, ganz vorsichtig. Gleichzeitig nehme ich ihren Schlitten und schiebe ihn ganz an den Rand, damit sie nicht noch mehr Druck auf die Ski bekommt. Noch während ich das sage, fängt das Eis an zu reißen. Naomi macht einen Schritt, aber sie gleitet nicht, sondern hebt einen Ski und macht einen richtigen Schritt. Das ist zu viel. Sie sackt ein. Oh nein, ruft sie, oh nein. Scheiße, sage ich. Der Eisschlamm ist zäh, bis zu den Knien steht sie schon im Wasser und kippt nach vorne. Sie ist so erschrocken, dass sie sich kaum bewegt. Mach Schritte, sage ich, ich schreie sie fast an, mach Schritte, du musst auf die andere Seite. Jetzt brechen auch ihre Stöcke durch. Ich springe aus meiner Skibindung, Bengt, rufe ich gleichzeitig, komm! Ich schiebe ihren Schlitten ins Wasser, damit sie ans andere Ufer kann, der Schlitten schwimmt, im Notfall wird sie sich daran festhalten müssen, bis wir sie rausziehen können. Sie bräuchte noch einen Schritt, sie schreit, das Eis bricht. Mach noch einen Schritt, rufe ich, noch einen Schritt! Sie kippt nach vorne. Sie fällt ins Wasser. Es ist ein Alptraum.

Bengt bläst in seine Trillerpfeife. Das Zeichen für Thomas, sofort umzudrehen. Hier ins Wasser zu fallen, das ist nicht gut, gar nicht gut, überhaupt nicht gut. Die Temperatur dieses Wassers liegt bei etwa zwei Grad minus – das ist der Gefrierpunkt von Salzwasser. In solchem Wasser überlebt der Mensch um die fünf Minuten. Jeder, der schon in einem kalten Bergsee gebadet hat, kennt das Lähmungsgefühl in den Armen und Beinen, das man nach kurzer Zeit bekommt. Hier fängt das nach ein paar Sekunden an. Bei den Sommertouren war ich schon oft schwimmen, am Nordpol.

Auch in der Antarktis bin ich schon geschwommen, im Bikini. Es ist hochinteressant, wie der Körper reagiert. Man quillt über vor Endorphinen, hinterher. Aber es wird einem auch sehr schnell sehr klar, dass der Tod nicht weit ist. Länger als eine halbe Minute war ich noch nicht in diesem Wasser. Wenn man sich dann abtrocknet, warm und trocken anzieht und einen heißen Tee trinkt – dann ist einem den ganzen Tag warm. So sehr heizt der Körper nach. Es ist ein tolles Gefühl. Aber im Winter, mit Skiern an den Füßen, ohne warmen, sicheren Ort in der Nähe, bei 29 Grad minus – hier darf das nicht passieren. Naomis Kleidung wird nass sein und nicht mehr isolieren.

Bengt hängt sich aus seinem Schlitten aus, ruft, alles wird gut, Naomi, ich komme auf die andere Seite. Er sprintet über die Scholle, kniet am Rand der Rinne und packt Naomis Schulter, ich schubse den Schlitten an, er zieht Naomi aus dem Wasser, klinkt den Karabiner aus, macht ihre Skibindungen auf. Roll' dich im Schnee, rufe ich Naomi zu, reib' alles, was nass ist, mit Schnee ab. Ich springe auf die Beine und fahre ebenfalls auf die andere Seite. Ich helfe ihr, sich mit Schnee abzureiben. Der Schnee saugt das Wasser auf. Wenn man nichts anderes hat, kann man Kleidung mit Schnee einiges an Feuchtigkeit entziehen. Davon wird sie nicht richtig trocken. Aber das Trocknen geht wesentlich schneller.

Die ganze Szene hat weniger als eine Minute gedauert. Bis gerade eben war alles gut. Wir waren sicher. Und mit einem Mal ist alles anders. Hier ins Wasser zu fallen, daraus kann eine Katastrophe werden, wenn man nicht richtig reagiert. Thomas ist ohne Schlitten herbeigerast. Wie habt Ihr denn das hinbekommen?, sagt er nur. Lauf, sage ich zu Naomi, lauf im Kreis. Sie schlottert mittlerweile. Dabei ist sie zum Glück nicht einmal ganz untergegangen, nur bis zu den Hüften ungefähr.

Bengt hat schon seinen Schlitten geöffnet, das Zelt ausgepackt. Ich hole Naomis Thermoskanne aus ihrem Schlitten. Nach jeder Runde ums Zelt trinkst du ein paar Schlucke Tee, sage ich. Lauf. Thomas und Bengt bauen das Zelt auf, Thomas holt zwei Kocher, ich suche in Naomis Schlitten nach ihrem Essen. Kaum ist das Zelt aufgebaut, ertönt das rettende Geräusch der Benzinkocher im Innern, und Naomi schlüpft ins Zelt. Thomas holt eine Packung Reserveklamotten. Alles ausziehen, sagt er zu Naomi, und alles neu anziehen.

Wir ziehen unsere Daunenjacken an und warten draußen. Naomi wirft mir ihre Überklamotten aus dem Zelt zu, ich hole eine der Zeltbürsten, grabe die Goretex-Hose fast in Schnee ein und fange an, sie abzubürsten. Ich fühle mich entsetzlich schuldig. Und dumm. Ich habe nicht achtgegeben. War völlig abwesend. Wie kann man so abwesend sein, wenn man auf dem Arktischen Ozean unterwegs ist?, wüte ich in mich hinein. Wie kannst du vergessen, wo du bist?

Es war zu einfach, die letzten Tage. Diese Rinne war die erste richtige Rinne, auf die wir trafen. Das Eis, das Wetter, es ist alles gut. Und dabei weiß ich es doch besser. Von einer Sekunde auf die andere kann alles anders sein, zu jeder Zeit. In den Bergen wie im Eis. 4000 Meter ist das Wasser hier tief, und es ist verdammt kalt. Wie kann ich so unvorsichtig werden?

Ich bürste und bürste. Die Hose aus Funktionsstoff ist irgendwann so gut wie trocken. Ihre Jacke allerdings ist außen aus Baumwolle. Hier funktioniert der Trick nicht, der Stoff hat sich zu sehr vollgesogen. Noch während ich bürste, wird er steif wie ein Brett. Macht nichts. Wir haben genügend Wechselsachen dabei. Naomi bekommt eine Jacke von Bengt.

Naomi ist erstaunlich guter Dinge. Über dem einen Kocher hängen ihre Innenschuhe, über dem anderen ihre Handschuhe. Sie ist wieder warm und trocken. Ich staune. Bengt meint, er ist sich nicht sicher. Ob sie sich darüber im Klaren ist, in welcher Gefahr sie soeben war. Thomas filmt Naomi. Sie scheint diese Erweiterung ihres Abenteuers geradezu aufregend zu finden.

Thomas geht mit Bengt zu der Rinne. Filmt das zerbrochene Eis, das fast ein bisschen aussieht wie in einem Comic. Aber lachen können wir noch nicht. Warum um alles in der Welt wir auf dieses Eis gestiegen sind?, fragt er. Meine Schuld, sage ich. Ich war direkt hinter Naomi. Aber als ich gesehen habe, wo sie da hinsteigt, war es schon zu spät. Thomas schweigt. Ich hab nicht aufgepasst, sage ich.

Was ich an Thomas so schätze, ist, dass er sehr selten richtig ärgerlich wird. Er könnte Bengt und mich jetzt beide für völlig bekloppt erklären. Das tut er aber nicht. Er sagt nur: Wenn du es nur selber weißt. Und dass er es für absolut unmöglich gehalten hatte, dass wir die Brücke nicht erkennen würden, die nur wenige Meter neben der ersten Spur über die Rinne führt. Deswegen habe er nicht wie sonst an schwierigen Stellen gewartet. Das ist keine schwierige Stelle, sagt er.

Wir kriechen zu Naomi ins Zelt. Essen und warten, bis sie wieder richtig warm ist. Du darfst nie, nie, nie auf Eis steigen, von dem du nicht weißt, ob es dich trägt, sagt Thomas zu ihr. Das habe ich dir am Anfang gesagt. Und jetzt hast du erlebt, was passiert, wenn du dich nicht dran hältst. Thomas erklärt ihr außerdem, wie viel Glück sie hatte. Sie ging nicht ganz unter. Und wir konnten sofort ein Zelt aufbauen, weil die Scholle neben der Rinne dick und sicher war. Befänden wir uns in anderer Umgebung, Naomi hätte, nass wie sie war, weitergehen müssen. So weit, bis wir in Sicherheit gewesen wären. Umziehen ohne Zelt, das geht nicht. Nicht, wenn man nass ist. Nicht bei 29 Grad minus. Das sind dann die Gelegenheiten, bei denen man Finger und Zehen verlieren kann, ganz schnell, sagt Thomas. Ist dir das klar? Naomi nickt.

Nach zwei Stunden Unterbrechung gehen wir weiter. Thomas kündigt nach wenigen Kilometern an, die Unterbrechung dafür am Abend hinten dranzuhängen. Keiner widerspricht. Im Zelt liegt er am Abend auf dem Rücken, Hände hinter dem Kopf verschränkt und schaut an die Zeltdecke. Man darf hier einfach nie abschalten, sagt er. Man darf es einfach nicht. Aber das ist auch das Schöne. Wahrscheinlich ist es das, was mich hier so fasziniert, neben vielem anderen. Nirgendwo sonst ist man immer so an der Grenze. So nah an der Grenze zwischen Leben und Tod. Dieses Gefühl habe ich nicht mal auf einem Achttausender. Winzige Dinge können hier entscheidend werden.

Nach diesem kurzen Zwischenspiel verläuft die Tour 2011 genauso weiter, wie sie begonnen hat. Mit den besten Bedingungen. Die Rinne, in die Naomi gefallen ist, war keine drei Meter breit. Und sie sollte die einzige offene Rinne bleiben, die wir auf unserem Weg überqueren mussten. Da haben wir gut gezielt, sage ich am Ende der Tour.

Der nördlichste Zeltplatz der Welt

Im Eis, April 2010
Tag 10 bis 12
Rationieren von Essen und Benzin

Kartoffeleintopf mit Rindfleisch. Vanillepudding mit Him-
beeren. Der Nuss-Schokoladenkuchen von Thomas' Freundin Silvia. Gummibären. Feine dunkle Schokolade. Das alles
essen wir nach der ersten Tomatensuppe. Heiße Schokolade.
Tee. Essen. Ruhe. Der Himmel ist ein fauchender Kocher
und das Wissen: Wir müssen nicht mehr hinaus. Wir fläzen
in unseren Daunen. Beine ausstrecken, gut, gut, so gut fühlt
sich das an. Der Sturm drückt auf das Zelt. Tapfer stemmt es
sich gegen die Böen. Unsere kleine Höhle, unsere Zuflucht.
Diese dünnen Stoffbahnen, die uns von der Apokalypse da
draußen trennen. Unschätzbar, ihr Wert. Langsam essen.
Die Uhr tickt nicht mehr. Der Schlaf darf kommen, wann er
will. Er kommt, direkt nach der Essensschlacht. Das Gefühl
der Entspannung. Um sieben Uhr morgens schlafen wir ein,
auf 90 Grad Nord.

Langsam schleicht sich dieses Geräusch in die Ohren. Die
Melodie des Sturms. Ein gleichmäßiges Tosen. Das leichte
Kratzen, wenn Böen Schnee gegen das Zelt werfen. Das
Knattern einer Schlittenplane, die nicht fest genug verzurrt
ist. Die Melodie des Sturms begleitet das Aufwachen, das

Auftauchen aus der wohligen Wärme des Schlafsacks, später, viel später am Tag. Als Erstes fühle ich Glück. Dass wir es geschafft haben! Wir drei! Als Nächstes spüre ich: Hunger.

Thomas heizt den Kocher an. Das Pol-Frühstück: 700-Kalorien-Müsli, 200 Gramm Speck, eine Packung Manner-Waffeln. Wir reden nicht viel bei diesem Frühstück. Wir freuen uns nur. Welche Freude Essen bereiten kann. Man fühlt, wie der Hochofen befeuert wird. Wie die Wärme durch die Arme fließt, mit jedem Bissen ein bisschen mehr. Essen.

Essen? Die letzten Brösel der Waffel in der Verpackung. Und auf einmal der Gedanke: Wir haben für zwölf Tage Verpflegung eingepackt. Wir sind jetzt seit elf Tagen unterwegs. Wir haben mehr gegessen als vorgesehen. Und das Wetter ist schlecht. Wir werden so schnell nicht abgeholt. Wir brauchen heute Abend und morgen früh auch noch was zu essen. Unter Umständen auch übermorgen und überübermorgen. Ich lausche dem Sturm, der seine Melodie weitersingt, unverändert. Essen. Dieser Gedanke wabert ganz langsam durch meinen Kopf. Es dauert eine ganze Weile, bis sich daraus der Befehl bildet, zu essen aufzuhören. Und vielleicht erst mal zu zählen, was wir noch haben. Ich habe meine Tagesaufgabe: Rausgehen und alle Essensbeutel aus den drei Schlitten holen. Bestandsaufnahme.

Ich ziehe mich also an. Langsam. Wenigstens das Zuggeschirr muss ich nicht anlegen. Dafür die dicke Daune. Als Bibabutzefrau rolle ich aus dem Zelt. Schließe erst das Innenzelt, bevor ich das Außenzelt öffne. Der Sturm, jetzt donnert er. Es sieht fantastisch aus, der dahintreibende Schnee zwischen den riesigen Hummocks. Die Schönheit dieser Gewalt, jetzt sehe ich sie, jetzt, wo wir nicht mehr weitergehen müssen. Ein paar Sekunden stehe ich in diesem Donnern und staune, die Schneedrift geht bis über die Hüften. Man sieht die Schlitten kaum in dem Gewaber. Schnell, die Pulkas. Während ich sie aufmache und die Essensbeutel raushole, schaufelt der Wind Schnee in die Schlitten. Und in meinen Kragen. Ich habe die Jacken nicht richtig angezogen, für die paar Minuten. Der Sturm, er findet seinen Weg. Alle Päckchen draußen, Schlittenplanen wieder verzurrt.

Markus macht das Zelt auf, ich werfe die gesammelten Päckchen hinein. Die Jungs huldigen mir, dafür, dass ich das gemacht habe. Das haben sie verdient, nachdem sie mir gestern so geholfen haben. Nach der Ausziehprozedur kippen wir alle Tagessäcke in unserer Mitte aus. Und stellen fest: Wir haben insgesamt noch fünf Hauptgerichte und ein paar Desserts. Außerdem nur noch die Müsliriegel, die niemand essen wollte. Das wenige Essen in unserer Mitte ausgebreitet, lauschen wir auf den Sturm. Irgendwann wird er schon aufhören, sagt Thomas.

Wir haben aber noch ganz was andres zu wenig, sagt Markus. Klopapier. Oh nein, ruft Thomas. Ich hab' keinen Bock auf Schneewäschen. Aber das werden wir wohl müssen, sagt Markus. Außer, wir sind richtig sparsam. Und weil wir viel Zeit haben und auch sonst nichts zu tun, fängt er an, die letzte halbe Rolle Papier in Drei-Blatt-Rationen zu portionieren. Hochkonzentriert sitzt er in seinem Schlafsack und faltet Klopapier. Ich lache ihn aus und fotografiere seine Rationierungsaktion. Du wirst mir noch dankbar sein, sagt er. Feierlich bekommt jeder sein kleines Klopapierpaket. Ich reiße mein letztes Taschentuch in drei Teile. Mein Beitrag, sage ich.

Thomas räumt derweil seine Reparaturtasche auf. Stolz breitet er alles, was darin ist, auf der mittleren Isomatte aus.

Markus und ich staunen gebührend. Jedes einzelne Stück wird besprochen. Auch eine Feile ist dabei. Voller Begeisterung schnappe ich sie mir. Die Jungs schütteln den Kopf. Du willst dir am Nordpol die Nägel feilen? Wir haben ja Zeit, sage ich. Ich mache uns Tee. Lasse den Kocher auf kleiner Stufe weiterheizen. Ein Luxus, heute ist er mal erlaubt. Baue mir aus meinem Krempel eine Lehne. Und verziehe mich mit Thomas' riesiger Feile in meinen Schlafsack, bequem sitzend, feile mir die Nägel, neben mir die dampfende Teetasse. Thomas werkelt mit seiner Werkzeugtasche weiter. Markus schreibt in sein Tagebuch.

Gibt es einen Ort, an dem ihr jetzt lieber wärt als hier?, frage ich nach einer Weile. Nein, sagen sie gleichzeitig.

Später stöpseln wir das Satellitentelefon an den Akku an. Bisher habe ich den Blog auf Thomas' Internetseite jeden Tag mit dem Bleistift in mein Buch gekritzelt und dann zusammen mit Uhrzeit, Position, Temperatur und Wind in die Schweiz durchtelefoniert. Weil das Tippen nicht funktioniert hat. Das Telefonieren hatte den Vorteil, dass ich den Jungs somit immer vorgelesen habe, was ich geschrieben hatte. Das wurde zum Abendritual. Beruhigend, irgendwie. Jetzt funktioniert das Tippen, und wir verstöpseln das Telefon zum Senden. Lies trotzdem vor, sagt Thomas. Und ich lese meine Beschreibung der letzten Etappe vor. Du kannst eindeutig besser schreiben als singen, sagt Thomas, als ich fertig bin. Eindeutig, sagt Markus.

Dann rufen wir in Barneo an. Von Victor erfahren wir, dass wir von den sieben Teams, die gleichzeitig gestartet waren, das einzige sind, das es zum Pol geschafft hat. Alle anderen haben aufgegeben. Molodez, scheppert es aus dem Satellitentelefon, molodez, rebiatushki. Darauf machen wir dann doch noch eine Mousse au Chocolat auf. In Barneo ist das Wetter so schlecht, dass seit zwei Tagen keine Antonow fliegen konnte, sagt Victor außerdem. Der ganze Flugplan ist völlig durcheinander. Erst Pause wegen der gebrochenen Landebahn. Kaum war sie repariert, Sturm. Wir müssen uns also keine Sorgen über eine Mitfluggelegenheit nach Spitzbergen machen, sagt er. Sobald es wieder geht, muss die Antonow gleich mehrere Male fliegen.

Nur, wann wird das sein? Die Wettervorhersage sieht nicht gut aus. Nach diesem Gespräch schauen wir uns an. Schütteln unsere Thermoskannen, die fast leer sind. Wir schmelzen Schnee und füllen alle Kannen mit Wasser. Und dann machen wir den Kocher aus. Von jetzt an, so beschließen wir, wird er nur noch zum Wasserkochen eingeschaltet. Kein Heizen mehr. Es könnte sein, dass sich das Ganze noch hinzieht. So liegen wir also in unseren Schlafsäcken, aus denen kleine Dampfwölkchen aufsteigen, und erzählen uns Geschichten. Noch war uns keine Sekunde langweilig. Im Gegenteil. Und irgendwann schlafen wir einfach ein.

Die Melodie des Sturms, am nächsten Morgen hat sie sich nicht verändert. Thomas schlägt vor, wir könnten Verstecken spielen im Zelt.

Irgendwann müssen wir uns ein bisschen bewegen. Wir machen einen kleinen Ausflug, hinaus, vors Zelt. Der Wind bläst unvermindert. Die Schneedrift ist immer noch einen halben Meter hoch. So kann kein Hubschrauber landen. Aber das Licht hat sich verändert. Es gibt kurze Fenster blauen Himmels. Zu dritt stehen wir vor unserem Zelt. Einen schönen Pol haben wir, stellen wir fest. Das Eisgebilde hinter unserem Lager, es erscheint uns besonders kunstvoll, feiner aufgeschichtet als alle Presseisrücken, die wir bisher gesehen haben. Vielleicht scheint uns das nur so. Jetzt erst machen wir die ersten Bilder von unserem Nordpol, filmen den Sturm, den dahintreibenden Schnee. Ich stehe im Wind und denke, wie viel Zeit ich damit verbracht habe hierherzukommen. Wie viel Vorbereitung. Wie viel Energie. Wie viele Widerstände auch. All die Bedenken von Menschen um mich herum, die ewigen Fragen, wieso weshalb warum. Ich schaue das Wellenmuster im Schnee an, die glitzernden Schneekristalle in der Luft. Die drei Sonnen, die am Himmel stehen. Darum.

Wir kriechen wieder zurück ins Zelt. Während wir kochen, will ich unsere Gesamtdistanz ausrechnen. Zählt man alle unsere Einzeletappen zusammen, sind wir 138,9 Kilometer weit gegangen. Das ist die reine Luftlinie. Der Abstand vom Zeltplatz morgens zum Zeltplatz abends. Was wir tagsüber verloren haben und auch die ewigen Zickzackmärsche um die offenen Wasserstellen herum – das ist damit nicht erfasst. Markus schätzt, wir seien 180 Kilometer gegangen. Oder 200? Statt 111! Thomas sagt, wir sollen uns keine Mühe geben, man kann es sowieso nicht herausfinden. Man müsste schon ein Rad an den Schlitten montieren, aber selbst das wäre noch fehlerhaft. Und auf den Presseisrücken würde so ein Rad auch nicht richtig messen. Es geht eben um etwas anderes hier, sagt er.

Schon wieder haben wir Hunger. Und so teilen wir unsere letzten beiden Hauptgerichte unter uns auf. Essen sie mit Handschuhen. Jetzt haben wir nur noch die Müsliriegel.

Wir installieren ein Campregelwerk. Markus und ich wollen Thomas damit ein bisschen ärgern, weil er so schweizerisch-akribisch ist. Wir formulieren Unterpunkte. 27c heißt, man darf nichts durch das Zelt werfen. Wer gegen die Regeln verstößt, muss fünf Minuten ohne Handschuhe vors Zelt.

Den Tag verbringen wir mit Erzählungen, lachen sehr viel. Irgendwann will Thomas den Kocher anheizen, aber der will nicht so recht, und auf einmal sagt Thomas, Mist, macht mal ganz schnell das Zelt auf. Unsere Augen brennen. Als wir das Innenzelt aufmachen, stellen wir fest, dass unser schöner Tunnel bis zur Hälfte mit Schnee eingeweht ist, der Rest ist angefroren. Der Sturm hat uns luftdicht verpackt. Als wir das Außenzelt aufreißen, merken wir erst, wie gut die kalte Luft tut, unsere Lungen saugen sie ein, als würden sie trinken. Wir hatten nur noch sehr wenig Sauerstoff im Zelt! Also ziehen wir uns an und schaufeln das Zelt aus. Auch das sollten wir noch mehrmals machen.

Der Sturm, am nächsten Morgen singt er leiser. Der Wind, er hat deutlich nachgelassen. Als ich mir meine Kontaktlinsen in die Augen pfriemle, brennt es. Mein Augenarzt würde die Hände über dem Kopf zusammenschlagen. Seit zwölf Tagen die Hände nicht gewaschen, und dann mit den Fingern ins Auge. Sie fühlen sich an, als seien sie knallrot. Ich schaue Thomas an und frage, wie sehe ich aus? Thomas sagt: runzlig. Markus lacht sich kaputt in seinem Schlafsack. Als Rache singe ich das Morgenlied. Thomas bettelt um Gnade.

Als wir Victor anrufen, sagt er, dass wir heute abgeholt werden. Um elf. Elf Uhr – das ist noch genau sechs Blatt Klopapier entfernt. Wir packen. Als Letztes malt Thomas auf die Verpackung von Silvias Kuchen eine Zielscheibe, und jeder kann ein Magazin aus der Magnum leer schießen. Markus ist der beste Schütze. Ein Eisbär hätte es schwer gehabt mit ihm. Angezogen und mit nur einem Kocher warten wir schließlich im Zelt und geben ein letztes Mal unsere

Koordinaten durch. Als wir den Hubschrauber hören, läuft Thomas zu dem Platz, den er vorher für die Landung ausgesucht hat. Die Signalpistole, unser Schlusskracher. Grün zerplatzt das Signal am Himmel. Markus und ich packen in Windeseile das Zelt zusammen. Laufen auf den Hubschrauber zu. Aus dem Heli springt Alexander, ein Mitarbeiter von Victor. Don Alessandro heißt er bei ihm. Er fällt mir um den Hals, klopft mir auf die Schulter. Molodez!, ruft er. Im Abwind des Hubschraubers laden wir unsere Schlitten ein. Im vollgeladenen Hubschrauber lümmeln wir auf den Schlitten, Don Alessandro packt eine Flasche Champagner aus, lässt den Korken knallen. Der Schampus, hoch über dem Eis, er prickeltundprickeltundprickelt.

In Barneo wartet Victor auf uns. Er schlägt mir so fest auf die Schulter, dass ich husten muss. Now you are a real poliarnitsa, molodez! What a storm, what a brave lady, sagt er. Er ist stolz und gerührt. Thomas, hast du sie auf dem Schlitten zum Pol gezogen, fragt er, man sieht ihr ja gar nichts an! Danke fürs Lügen, sage ich. Wir lachen. Victor haut Thomas auf die Schulter. Gut gemacht, molodez.

Im Messezelt hängt eine Karte. Auf der haben Victor und Sasha jeden Tag die Positionen eingezeichnet, die die Teams durchgaben. Sieben Linien. Man sieht genau, wo wir anfingen mit unserem Nur-noch-sechs-Stunden-schlafen-Plan. Unser Zickzackkurs, der durch die Drift in der Nacht entsteht, wird von da an gerader. Die anderen treiben immer weiter ab. Wir sind tatsächlich die Einzigen, die es aus dieser Strömung geschafft haben. Andächtig stehen wir vor dieser Karte. Molodez, sagt Victor. Und teilt Wodka aus.

Wir stoßen an. Victor. Markus. Thomas. Ich. Den Kloß im Hals, er lässt sich nicht hinunterspülen. Was habe ich alles gelernt, in den zurückliegenden Tagen. Was bin ich froh, diese Menschen kennengelernt zu haben. Was waren wir für ein eingeschworenes Team. Was hat es gut getan, so gemocht zu werden. Was hat es gut getan, so ineinanderzuarbeiten, sich gegenseitig zu helfen, immer wieder aufzubauen, miteinander so viel zu lachen, selbst im härtesten Sturm.

Es ist ein seltsamer Moment. Es fühlt sich großartig an, dass wir es geschafft haben miteinander. Gleichzeitig ist es schade, dass es vorbei ist. Der Wodka brennt die Kehle hinunter.

Er hat noch eine Überraschung für uns, sagt Victor. Jetzt, wo wir alles überstanden hätten, die Kälte, die Drift, den Sturm und das Warten, jetzt sei da auf Island so ein kleiner Vulkan ausgebrochen. Wir verstehen kein Wort. Aber unsere Heimreise sollte sich tatsächlich noch sehr lange hinziehen.

Vom Nachhausekommen

Immer wieder auf dem Heimweg

Flughafen. Ein letztes Händeschütteln, eine letzte Umarmung. Dann sind sie weg. Die Menschen, mit denen man die vergangenen Wochen verbracht hat, zum Teil auf engstem Raum. Auf Ski-Expeditionen im Zelt, auf dem Schiff in Doppelkabinen. Die Menschen, die immer um einen herum waren. Auf die man sich verlassen hat, und die sich auf einen selbst verlassen haben. Mit denen man auf besondere Weise verbunden war. Mit denen man jene Gemeinschaft bildet, in der man nicht erklären muss, warum man immer wieder in dieses Eis hinauffährt. Die Menschen, in deren Augen jene Abenteuerlust wohnt, die sie immer wieder losziehen lässt. Die Menschen, die wissen, was es heißt, einfach immer unterwegs sein zu wollen, draußen. Die, die mehr wollen vom Leben als ein Butterbrot. Irgendwann auf dem Rückweg vom Norden in den Süden trennen sich die letzten Wege. Zum ersten Mal seit Wochen ist man allein.

Und auch wieder nicht. Denn auf einmal sind da so viele andere Menschen. Am Flughafen, im Flugzeug. Was habe ich Zeit verbracht, auf den Flughäfen des Nordens. Aufgeregt auf dem Weg nach oben. Traurig, angefüllt, auf dem Weg in den Süden. Oft mit absurdem Gepäck. Kameras, Laptop, Daunenjacken, Pelzmützen, 60 Kilo Übergepäck. Das schleppt man freudig in den Norden. Auf dem Rückweg wiegt es doppelt schwer.

Menschen, Stimmen, Anzeigen, Schilder, und dann diese Farben. Jedes Mal wieder ist es ein Wunder, der Anflug über Bayern, das grüne, gelbe, bunte Bayern. Nach all der Zeit, in der es nur wenige Farben gab, das Weiß und Blau des Eises und des Himmels. In der es keine Zeichen von Menschen gab. In der das Auge immer nur Natur, Natur, Natur sah, keine Straßen, keine Häuser, keine Lichtmasten, keine Kabel, nicht einmal Flugzeuge am Himmel. Dass hier so viel wachsen kann, während zur gleichen Zeit im Grunde gar nicht so weit weg alles immer nur weiß ist. Die Welt steckt so voller Wunder.

Als ich 2010 nach dieser anstrengenden Tour zurückkam, wollte ich etwas pflanzen. Ich verließ das Haus in den ersten drei Tagen genau einmal. Um Blumen zu kaufen. Und verbrachte fast einen ganzen Tag mit Pflanzen. Es war mir ein richtiges Bedürfnis, mit den Händen in der frischen, feuchten Erde zu graben, die Blumen einzusetzen, mich mit etwas Lebendigem, Wachsendem zu beschäftigen. Das nicht redet. Dann setzte ich mich zwischen die neuen Blumen. Schaute lange einfach nur ihre Farben an. Und spürte die Sonnenstrahlen auf der Haut. Sonnenstrahlen, die wärmen.

Es ist schwierig, nach dieser Zeit. Die Fahrt mit dem Auto oder mit der S-Bahn zurück in die Stadt. So viele Reize. Der Kopf ist so draußen aus dieser Welt, aus diesem ganzen Regelwerk und Funktionsmechanismus unserer Gesellschaften. Sogar das Einchecken am Flughafen ist schwierig. Der Kopf ist leer. Der Körper müde, sowieso. Völlig angefüllt mit

Eindrücken, Erlebnissen. Die alle noch nach Orten suchen, an denen sie abgelegt werden können. Das innere Körbchen, in dem alles Einzuordnende gesammelt wird, es quillt über, der Zwischenspeicher ist randvoll, der Arbeitsspeicher ausgebremst. Deshalb dauert der Kauf eines S-Bahn Tickets. Man starrt auf die Anzeige. Und versteht kein Wort.

Abholer beschweren sich, dass man gar nicht lächelt. Sich gar nicht freut. Und sind beleidigt. Aber freuen, das geht ja gar nicht, noch nicht, noch nicht so wie sonst. Man ist ein bisschen gebremst, orientierungslos. Der Rückweg mit dem Flugzeug aus dem Norden, er geht zu schnell. Die Seele kommt so flugs nicht hinterher.

Von einer langen Reise nach Hause zu kommen, ist nie ganz einfach. Von einer Expedition nach Hause zu kommen, gerät manchmal zu einer Expedition für sich. Es macht dabei keinen großen Unterschied, ob man mit Skiern unterwegs war oder auf einem Schiff. Der Effekt ist der gleiche. Die Tage sind voller großartiger Erlebnisse, so prall gefüllt mit Glück. Man ist sehr weit weg, in einer sehr besonderen Umgebung, eingebunden in eine fest verschworene Gemeinschaft. Wenn einen diese wieder ausspuckt, fühlt man sich erst mal – einsam. Wahrscheinlich ist man einfach auf Endorphin-Entzug.

Und am schlimmsten sind die Augen. Wochenlang war man umgeben von Menschen mit diesen besonderen Augen. In denen dieses Strahlen, dieses Funkeln wohnt. Man erkennt die Menschen, die weitergehen wollen, sofort. Ihre Augen erzählen Geschichten, ihre Augen sind wach, haben Hunger. Steigt man in München in die S-Bahn, so ist man umgeben von Menschen mit leeren Augen, leeren Mienen, leeren Gesichtern. Die Gleichgültigkeit, die seltsame Abwesenheit in diesen Gesichtern, verhindert jeden Kontakt. Blickt man sich in einer Münchner S-Bahn um, so sieht man etliche Menschen, die hier überhaupt nicht sein wollen. Dieser Gedanke durchfährt mich, bei einer meiner Rückreisen. Wenn sie so wenig hier sein wollen, wie in diesen Augen und Gesichtern steht – warum sind sie es dann?, denke ich mir. Diese Zwänge, in denen so viele Menschen zu leben glauben und in denen man sich auch selbst manchmal verfängt, man spürt sie doppelt, bei der Rückkehr.

Und kommt sich fremd vor, sehr, sehr fremd. Gerade saß man noch in einem Hubschrauber, flog über den Arktischen Ozean. Jetzt sitzt man in der S-Bahn, und in die Ohren bohren sich Gespräche über künstliche Fingernägel. Man schaut auf die eigenen Fingernägel. Die hat man zuletzt mit dem Leatherman geschnitten, im Zelt liegend. Aber mit Thomas' Eisenfeile gefeilt, immerhin. Die Fingerkuppen fühlen sich allesamt so an, als seien sie mit Uhu überzogen. Ein bisschen dick, und taub. In ein paar Tagen wird die Haut abgehen, das kennt man jetzt schon. Ganz ohne kleine Kälteschäden geht es nicht. Man gehört irgendwie nicht dazu, jetzt gerade.

Warm ist es außerdem, so warm. Der Körper hat sich daran gewöhnt, an das ständige Draußensein, bei minus 30 Grad. Alle Systeme sind hochgefahren. Der Körper heizt wie verrückt. Und trotzdem ist einem immer kalt. Man kann Stunden auf seinen Skiern dahinfahren auf dem Weg nach Norden, mit dem Bild einer dampfenden Badewanne vor Augen. Dann ist man wieder zurück. Betritt die Unterkunft in Longyearbyen, zum ersten Mal wieder ein geschlossenes, beheiztes Haus. Und explodiert fast. Eine heiße Badewanne, auf einmal ist sie das Letzte, was man will. Die Körperheizung, so schnell fährt sie nicht zurück. Zehn.Grad minus erscheinen plötzlich frühlingsmild. Einen Tag später bei plus 25 Grad in München zu stehen – nicht nur die Psyche fühlt sich orientierungslos.

Und weil das so ist, ist die Rückkehr nicht nur schwierig für einen selbst, sondern auch für sämtliche Menschen um einen herum. Was soll man antworten auf die Frage, wie war's? Wie soll man erklären, wie man sich gefühlt hat, als die Finger taub wurden und man verzweifelt im Schnee kniete? Oder wie es war, als sich dieser Tisch, an dem man in der Bar saß, aus der Verankerung riss, weil sich das Schiff 40 Grad zur Seite neigte?

Wie soll man erklären, wie schön es ist, wenn die Sonne zwischen den Wolken durchkommt und alles golden wird um einen herum? Wenn die Presseisrücken wie Scherenschnitte aussehen. Wenn auf einmal drei Sonnen am Himmel stehen. Wie erklärt man, dass man tatsächlich geweint hat, nach fünf Tagen im Eis, und auf einmal stand da eine Bärin mit zwei Jungen, und die Jungen spielten mit einer Robbenhaut, sprangen von Scholle zu Scholle und führten ein unwirklich scheinendes Theater auf? Wie erklärt man das tiefe Gefühl der Dankbarkeit für Momente wie diese? Wie erklärt man, dass man sich reich beschenkt fühlt, wenn das Wetter genau für den Zeitraum einer Landung auf einer Insel hält, wenn man im Sonnenlicht auf einem Gletscher sitzen kann und alles, alles so wunderschön ist? Kann man verständlich machen, wie ruhig und still und glücklich man wird, wenn aus dem arktischen Sommernebel Franz-Joseph-Land auftaucht? Wie vollkommen und hundertprozentig man sich am richtigen Ort fühlt, wenn man auf der Brücke dieses Schiffes steht, das Fernglas in der Hand, nach Bären suchend?

Wie erklärt man die psychische Befreiung, das Lachen, wenn potenziell lebensbedrohliche Situationen vorüber sind, und wie sehr diese Momente einen mit den anderen zusammenschweißen? Wie sagt man, wie sehr einem dieses Gefühl fehlt, Teil dieses Teams zu sein, wie sehr einem diese Menschen fehlen – ohne verletzend zu werden? Wo fängt man an, was ist das Wichtigste? Wie erklärt man, dass man erst noch ein paar Tage braucht, bevor man auf die Frage antworten kann: Wie war's? Kann das jemand verstehen, der nicht dabei war?

Immer dieses Geplapper vom Licht. Die anderen müssen einen ja für bekloppt halten. Also hält man lieber die Klappe. Das ist aber auch nicht recht. Im Grunde kann man nur alles falsch machen, wenn man von derartigen Touren wiederkommt.

Victor schickt nach dem Ende der Schiffstouren einmal eine SMS: Sind diese Tage für Dich auch so kompliziert? Diese Frage tröstet mich. Oh ja, die Tage sind kompliziert. Wahrscheinlich für das ganze, nach der Ankunft in Murmansk in alle Winde verstreute Team. Es geht nicht nur mir so. Jeder für sich muss sich wieder in sein Umfeld zuhause einfügen.

Jeder muss vor allem schlafen. Dieses Gefühl, wenn es zum ersten Mal wieder dunkel wird, so richtig Nacht. Die Reaktion des Körpers. Die Dunkelheit trifft das Gehirn wie ein Hammer. Bumm, Licht aus. Es ist eine einzigartige Müdigkeit, die einen anfällt. Die Finsternis, man spürt sie körperlich, an den Armen, an den Beinen, endlich darf man müde sein, alles wird so schwer, mach die Augen zu. Man kann neben einem startenden Düsenjet schlafen, wenn es zum ersten Mal wieder dunkel wird.

Menschen, die auf Expeditionen gehen, muten denen, die zuhause bleiben, viel zu. Schon monatelang vorher beginnt man sich auf das eine Ziel zu fokussieren. Ordnet dem Ziel alles unter. Alles andere ist nicht mehr so wichtig. Darf es im Grunde auch nicht sein, wenn man sich nicht in Gefahr begeben will. Dann ist man schließlich irgendwann fort. Und die zuhause machen sich Sorgen. Wenn man endlich wiederkommt – dann will man also erst mal noch ein bisschen in den Himmel schauen. Und die anderen müssen immer noch ein bisschen warten. Bis sie wieder dran sind. Diese Eiswüste, sie ist also wichtiger als alles andere? So sieht es irgendwann aus, für die daheim.

Doch wenn man einmal angefangen hat damit, dann kann man nur sehr schwer wieder aufhören. Der Wille loszuziehen, dahin, wo noch niemand oder nur sehr wenige Menschen waren, er lässt einem keine Ruhe mehr. Wenn man gesehen hat, was alles geht. Was man alles kann. Was alles möglich ist. Dann will man es immer weiter versuchen. Auf jeder Expedition denkt man schon über das nächste Ziel nach. Schmiedet neue Pläne. Die Welt ist so groß. So schön. Ein Leben reicht sowieso nicht. In Hubschrauber steigen, mit dem Schlauchboot durch knisternde Eisberge fahren. Auf verlassenen Inseln nach Spuren alter Entdecker suchen. Was für ein Glück, das erleben zu dürfen!

Für Menschen, die weitergehen wollen, bedeutet dieses Weitergehen so viel, es ginge ja gar nicht mehr ohne. Bengt sagt in Spitzbergen zu mir, wenn er zuhause ist, dann dauert es nie lange, bis er sich fühlt wie ein Tiger im Käfig. Ohne genügend Auslauf. Ohne die Möglichkeit, weit hinauszugehen, ins Wilde, ins Freie. Zu tun, was er will. Einfach nur unterwegs sein. Unterwegs und bei sich. Der Anblick des Hubschraubers, der abhebt und dich alleine zurücklässt im Eis. Er wirft dich auf dich selbst zurück. Du bist bei dir, nur bei dir. Das Jetzt und Hier prallt in Form von Kälte und Wind mit einer solchen Wucht auf dich, dass du nirgendwo anders mehr sein kannst als im Jetzt und Hier. Wann ist man das schon – immer nur in einer Dimension, immer nur rundum dort, wo man ist? Zuhause, im Süden, da leben wir immer in mehreren Dimensionen, an mehreren Orten. Immer ist da ein Telefon, immer ist da das Internet. Unsichtbar schleppt man überall seine gesamte Welt hinterher, immer bereit, allerlei zu regeln, auf allerlei zu antworten, irgendwo mitzuwirken, obwohl man weit weg ist. Jeden von uns umgibt ständig eine Blase, mit all den Ebenen seines Lebens, die Familie, die Freunde, das Büro, Geschäftspartner.

Vielleicht ist das eine der schönsten Seiten am weit, weit weg sein. Man wird wieder geerdet. Sobald das Handy keinen Empfang mehr hat, sobald es kein Internet gibt, ist man nur noch dort, wo man ist, und nirgendwo anders. Die Distanzen sind wieder die Distanzen, die sie sind. Man ist mit niemandem mehr verbunden, sitzt nicht virtuell mit im Büro, obwohl man tausende Kilometer weg ist. Man ist tausende Kilometer weg. Punkt. Und wenn man wissen will, wie es hinter dem nächsten Berg aussieht, so muss man hinaufsteigen und kann nicht Google Maps befragen. Die Welt, in der man sich bewegt, ist überschaubar. Im wahrsten Sinn. Es ist ein natürliches Leben. Es ist befreiend, dieses Leben ohne Kommunikationsmittel. Endlich kehrt Ruhe ein.

Je öfter ich wegfahre, umso länger dauert es, bis ich das

Telefon wieder einschalte, wenn wir in eine Empfangszone zurückkehren. Ich will sie gar nicht hören, die Nachrichten. Ich höre sie früh genug.

Es ist gut, wenn man sich den Umstand dieses Lebens in zwei Welten bewusst macht. Denn man muss auch ein bisschen aufpassen, nicht zwischen diesen beiden Welten verloren zu gehen. Einmal sitzen wir in Mary Ann's Polarriggen in Longyearbyen, Thomas, Bengt und ich, und trinken eine Flasche Wein. Auf einmal fängt ein Surren und Rattern und Scheppern an, und ich richte mich auf in meinem Sessel und sage, wow, ein Helikopter, und will aus dem Fenster schauen, wie nah und wo der nun landen will. Thomas und Bengt schauen mich an und fangen schallend zu lachen an. Aus dir wird nie eine Hausfrau, sagt Bengt, nebenan schleudert eine Waschmaschine! Kein Helikopter! Diese Szene sei typisch für mich, sagt Bengt irgendwann später zu mir. Wahrscheinlich hat er Recht.

Eine Expeditionsleiterin, die für ein großes Kreuzfahrtunternehmen arbeitet und manchmal mehrere Wochen unterwegs ist, hat sich eine ganz besondere Strategie ausgedacht. Wie sie diese schwierigen Tage des Heimkehrens meistert. Sie sagt ihrer Familie und allen Freunden immer, sie würde erst zwei Tage später zurückkommen. Dann geht sie von Bord, mietet sich in einem Hotel ein und macht im Wesentlichen zwei Tage lang: nichts. Sie schläft lange, isst in Ruhe, badet ausgiebig, liest langsam Zeitung, schaut viel aus dem Fenster, in den Himmel und ein bisschen in den Fernseher. Macht vielleicht, aber nur vielleicht, einen Spaziergang. Und kommt so wieder zurück in die Zivilisation. In diesen zwei Tagen, so sagt sie, verabschiedet sie sich von dem erfüllenden Teamgefühl, ordnet die Eindrücke der vergangenen Wochen wenigstens ein bisschen ein. Sie verschiebt ihre Prioritäten auf Normalmodus und kommt wieder in der Alltagswelt an. Sie ist dann bereit für Steuererklärungen oder das Nachdenken über einen neuen Handytarif. Und niemand muss den Eindruck haben, sie mit Unwichtigem zu nerven.

Seit Jahren macht sie das so. Es sei unmöglich, den verschiedenen Erwartungshaltungen und Bedürfnislagen direkt nach der Rückkehr auch nur ansatzweise gerecht zu werden, sagt sie. Sie war die immer nach dem gleichen Schema ablaufenden Streitereien irgendwann satt. Fand außerdem, sie könne sich in den ersten Tagen nach der Rückkehr ihrer Umwelt gar nicht zumuten, so neben sich stünde sie jedes Mal.

Ich hab's ausprobiert. Es funktioniert.

Epilog

Die Arktis holt alles aus dir heraus. Aber so viel sie dir nimmt, so viel gibt sie dir auch. Wenn die Sonne durch die Wolken bricht. Der Himmel blau wird. Golden die Nacht. Die Luft, so dünn. Das Knirschen des Eises. Das Lachen der anderen. Eine neue Welt. Am Ende 58 Stunden in einem Zelt, zu dritt – es war nicht langweilig, es war nicht eng.

Es war ein Abenteuer.

Bei dem man lernt: Wer die Qualen nicht kennt, kennt auch die Freude nicht. So wie wir uns zwischen den Polen der Erde bewegen, bewegen wir uns zwischen den Polen des Lebens. Wer die Fähigkeit besitzt, Menschen, Landschaften und die ganze Welt, die uns umgibt, nicht nur zu sehen, sondern noch viel mehr zu erfühlen, wer fähig ist, jede Pore des Körpers mit Freude, mit jubelndem Glück anzufüllen – dem wird sich irgendwann auch jede dieser Poren mit einem schreienden Schmerz füllen. Das eine ohne das andere – gibt es nicht.

Man kann hadern mit dieser Fähigkeit, man kann sie verfluchen, in den Momenten, in denen der Schmerz nicht aufhören will und die Dämonen nicht weichen, doch man hat keine Wahl. Man trägt aber selbst dann noch den Schatz der Erinnerung an diesen andren Pol in sich und begreift: Es ist ein reiches Leben, das uns geschenkt ist. Denn wer immer den Mittelweg sucht, den einfachen, geraden, immer gleichen, ein bisschen Auf, ein bisschen Ab, wer die weiten Ausschläge nach oben und unten scheut, der wird zwar von diesem Schmerz verschont – aber auch von diesem Glück.

ANHANG

Glossar

Barneo

Barneo ist ein seltsamer Ort, ein einzigartiger. Jedes Jahr wird die Station irgendwo um den 89. Breitengrad neu errichtet, dann, wenn es schon ausreichend hell und das Eis noch dick genug ist, um die Landung einer Antonow zu verkraften. Sie steht von Ende März bis Ende April und bewegt sich in dieser Zeit zum Teil mehr als 20 Kilometer innerhalb von 24 Stunden. In einem Zickzackkurs folgt sie der transpolaren → Drift, die von Sibirien Richtung Grönland verläuft. Wie genau der Weg verlaufen wird, ist jedes Jahr unvorhersehbar.

Die Geschichte Barneos geht zurück auf die Drifteisstationen, die seit 1937 von der Sowjetunion in den gefrorenen Arktischen Ozean gebaut wurden. NP-1 hieß die erste Station, die von der Sowjetunion errichtet wurde, oder besser, auf Russisch SP-1 für Sewerny Poljus, Nordpol. Geleitet wurde sie von dem legendären Polarforscher Iwan Papanin. Station um Station folgte, aber mit dem Zusammenbruch der Sowjetunion kam diese Tradition zwölf Jahre zum Erliegen. Die erste staatliche Forschungsstation postsowjetischer Zeit war die NP-32, sie wurde 2003 aufs Eis gesetzt. Heute ist man bei NP-38 angelangt. Barneo dagegen, eine privat initiierte Station, entstand zum ersten Mal schon 1993, nur vier Jahre nach dem Ende der Sowjetunion. Ihr Name soll an einen warmen Dschungelort erinnern, deswegen hat Barneo auch den Beinamen »warme Insel in der Kälte«. Dass Barneo tatsächlich eine warme Insel ist, liegt außer an den von Generatoren betriebenen Öfen auch an den Menschen, die man dort antrifft.

Der Aufbau der Station ist ein logistisch hochkomplexer Vorgang, bei dem eine Vorhut aus Fallschirmspringern, einem Traktor und Material mit einer Iljuschin aus Sibirien startet. In Etappen kommen Hubschrauber hinterher. Sie dienen nicht der Versorgung der Station – dafür sind die Distanzen zu weit. Sondern dem Verkehr rund um die Station, zum Nordpol und zurück. Im Wesentlichen kommen drei verschiedene Gruppen nach Barneo: Touristen, Abenteurer und Wissenschaftler – dieser Stützpunkt im Norden eröffnet viele Möglichkeiten. Manche Menschen fliegen mit der Antonow nach Barneo, mit dem Hubschrauber zum Pol und wieder zurück. Andere gehen zu Fuß von Kanada zum Pol und dann nach Barneo und nutzen lediglich die Logistik Barneos. Und Wissenschaftler nutzen die Station für Datensammlungen, die sonst wegen der immensen Distanzen nicht möglich sind.

Barneo hat deshalb viele Gesichter. Es kann als Ort betrachtet werden, an dem die Dekadenz einen ihrer globalen Höhepunkte erreicht. Als Ort, den die wildesten der wilden Menschen für ihre Träume benutzen. Es kann als intelligente Lösung gesehen werden, wie man Forschung an extrem teuren Orten finanziert. Und nicht zuletzt auch als jedes Jahr aufs Neue erbrachter Beweis, dass der Nordpol russisch ist.

Breitengrad

Der Globus ist aufgeteilt in 180 Breiten- (90 nördlich des Äquators und 90 südlich des Äquators) und 360 Längengrade (180 östlich des Nullmeridians in Greenwich und 180 westlich des Nullmeridians). Diese Unterteilung dient der Positionsbestimmung. Breite und Länge werden in Grad, Minuten und Sekunden angegeben, wobei 60 Sekunden einer Minute entsprechen und 60 Minuten einem Grad. Der Münchner Marienplatz liegt auf einer geographischen Breite von 48° 8'13" Nord, Oslo auf 59° 54' 47" Nord, der Nordpol auf 90°. Der Abstand zwischen zwei Breitengraden beträgt etwa 111 Kilometer, wobei er wegen der Erdkrümmung in Richtung der Pole geringfügig zunimmt: An Nord- und Südpol beträgt er 111,694 Kilometer, am Äquator 110,574 Kilometer. Sowohl am Nord- als auch am Südpol werden Touren über den letzten Breitengrad angeboten – die Last-Degree-Touren.

Die Lage auf einem bestimmten Breitengrad beeinflusst neben vielen anderen Faktoren das Klima, das an diesem Ort herrscht, da die Sonneneinstrahlung und die damit dem Leben zur Verfügung stehende Energie mit zunehmender Breite aufgrund der Erdkrümmung und dem längeren Weg, den die Sonnenstrahlen durch die Atmosphäre nehmen müssen, abnimmt. Zum Vergleich: Die Menge der Sonnenstrahlen, die auf einem Quadratzentimeter der Erdoberfläche am Äquator ankommt, verteilt sich am Polarkreis auf zwei Quadratzentimeter – Tieren, Pflanzen, allem Leben steht am Polarkreis also nur die Hälfte der Energie zur Verfügung, die am Äquator auf die Erde gelangt.

Drift

Das Meereis in der Arktis ist immer in Bewegung. Diese Bewegung wird im Wesentlichen durch zwei große Driftmuster bestimmt: den Beaufortwirbel nördlich von Alaska, in dem das Eis im Uhrzeigersinn zirkuliert, und die transpolare Drift, die von Sibirien über die nördlichsten Regionen der Arktis in das Gebiet zwischen Spitzbergen und Kanada – die Framstraße – verläuft. Das Eis reist etwa drei Jahre in diesem Strom, bevor es in so weit südlich liegende Gefilde gerät, dass es schmilzt. Im Beaufortwirbel kann das Eis bis zu sechs Jahre lang kreisen.

Innerhalb dieser groben Muster ändert sich die Richtung jedoch immer wieder. Bojenmessungen oder die Positionsaufzeichnungen von Drifteisstationen zeigen Zickzackwege. Bestimmt wird die Richtung des Eises von der Richtung des Winds in der Arktis, der dominiert wird vom Hochdruck über der zentralen Arktis und Tiefdruckgebieten, die vom Nordatlantik nach Sibirien ziehen. Die gewaltigen Presseisrücken entfalten dabei eine Art Segelfunktion: Der Wind verfängt sich in ihnen und wird zum Hauptmotor der Drift. Die Drift beeinflusst wesentlich die Dicke des Eises: Da das Eis von den sibirischen Küsten beständig wegtransportiert wird, bildet sich dort immer wieder neues Eis – deswegen ist es dort mit wenigen Dezimetern am dünnsten. Im Gegensatz dazu ist es vor den Küsten Kanadas und Grönlands mit Werten von mitunter mehr als sechs Metern am dicksten, weil das Eis in diese Richtung gedrückt wird – und sich dort richtiggehend aufstapelt. Riesige Presseisrücken und stark aufgeworfenes Eis bestimmen dort das Bild.

Eis

Eis ist nicht gleich Eis – es gibt etliche unterschiedliche Erscheinungsformen gefrorenen Wassers und dementsprechend viele Bezeichnungen. Ein kleiner Überblick:

Eisberge sind immer aus Süßwasser gefroren – weil es von Gletschern abgebrochene oder gekalbte Eismassen sind. Vor allem in der Antarktis können sie mehrere Quadratkilometer groß sein.

Schelfeis sind Eismassen, die auf den Schelfgebieten von Kontinenten aufsitzen, also den Gebieten, die noch zum Festlandsockel gehören, aber bereits unter Wasser liegen. Meist werden sie von Gletschern gespeist und sind dauerhaft mit dem Land verbunden. Auch von Schelfeis (in der Antarktis zum Beispiel das Ronne-Filchner-Schelfeis) brechen immer wieder Eisberge ab.

Wenn Meereis gefriert, spaltet sich das Salz ab – somit ist genauer betrachtet auch gefrorenes Salzwasser süßes Eis. Im Meereis jedoch ist das Salz in Kanälen eingeschlossen, sogenannten Sole-Einschlüssen. Deswegen ist junges Eis porös. Je älter das Eis ist, umso besser sind diese Kanäle ausgewaschen, und umso kompakter wird das Eis.

Wenn Meereis gefriert, bildet es zunächst einen zähen Eisschlamm.

Es folgt die Entstehung von Pfannkucheneis, Eis, das aussieht wie Pfannkuchen oder die Blätter großer Seerosen. Diese Pfannkuchen werden immer größer, bis sich eine zusammenhängende Eisdecke bildet.

Sehr dünnes Neueis, das manchmal aussieht wie noch nicht ganz fester Zuckerguss, wird als Nilas bezeichnet.

Schiebt sich das Eis zusammen und wird immer kompakter, spricht man von Packeis.

Jeden Tag werden mit Hilfe von Satelliten aktuelle Eiskarten von Arktis und Antarktis angefertigt. Auf diesen Karten ist das vorhandene Eis mit einem festen Code bezeichnet, die die Eiskonzentration – von Schlammeis über Treib- bis Packeis – beschreiben. Diese Karten werden zum Beispiel zur Routenplanung auf Schiffen verwendet.

Braune, grüne oder rote Einfärbungen, vor allem an der Unterseite von Meereis, sind Eisalgen – der Beginn allen Lebens im Eismeer. Sobald das Licht wieder in die Polregion zurückkehrt, explodiert das Wachstum dieser Algen richtiggehend.

Das Vorkommen von Meereis ist stark vom Wind beeinflusst. Punktuelle Beobachtungen in einem Fjord oder einer Inselgruppe sagen deshalb wenig über die Gesamtmenge des Eises im Arktischen Ozean aus.

Eisbrecher

Eisbrecher brechen Eis, indem sie es umfahren. So erklärt mir der Kapitän der Yamal, wie die Yamal arbeitet. Es gibt einen Eismeister an Bord, ein Eisradar, und manchmal werden auch Erkundungsflüge mit dem Hubschrauber über das Eis auf der geplanten Route gemacht. Der Eisbrecher nimmt dann den Weg, auf dem er am wenigsten arbeiten muss, wo also die größten offenen Wasserstellen oder das dünnste Eis zu finden sind.

Das Eis wird mit dem Gewicht des Eisbrechers gebrochen: Der Brecher schiebt sich mit seinem rund geformten Bug auf das Eis, drückt es mit seinem Gewicht nach unten und bricht es. Eisbrecher sind im Verhältnis zu ihrer Größe besonders breit – so können sie eine möglichst breite Fahrrinne für die ihnen nachfolgenden Schiffe bahnen. Der Rumpf ist außerdem so geformt, dass sich die Eisschollen seitlich über oder unter das den Brecher umgebende Eis schieben und nicht ans Heck des Schiffs gedrückt werden, wo sie die Schrauben oder das Ruder beschädigen könnten. Um in einem solchen Fall Reparaturen verrichten zu können, sind meistens auch Taucher mit an Bord. Wegen der runden Bugform neigen Eisbrecher bei schwerer See sehr zum Rollen, also zur seitlichen Bewegung, und sind schwieriger zu manövrieren als konventionelle Schiffe. Um zu kennzeichnen, wie dick oder dicht das Eis sein darf, das ein Eisbrecher brechen kann, sind Eisbrecher in Eisklassen eingeordnet.

Der bekannteste deutsche Eisbrecher dürfte das Forschungsschiff Polarstern sein – bis zu 1,5 Meter dickes Eis kann sie durchfahren, sie erreichte am 7. September 1991 als erstes konventionell angetriebenes Schiff den Nordpol.

Das erste Schiff, das den Nordpol erreichte, war ein atombetriebener russischer Eisbrecher, die Arktika, im Jahr 1977.

Nach ihr wurde eine ganze Schiffsklasse benannt, die Arktika-Klasse. Sie beschreibt die leistungsstärksten Eisbrecher der Welt, mit einer Leistung von rund 75000 PS. Zu dieser Klasse gehören neben der Arktika die Rossija, die Sibir, die Sowjetski Sojus und die Yamal. Eis von bis zu fünf Metern Dicke kann von ihnen durchbrochen werden.

Die Yamal ist der erste Eisbrecher, mit dem kommerzielle Fahrten mit zahlenden Passagieren an den Nordpol unternommen wurden. 2008 wurde sie von der luxuriöser ausgestatteten 50 Let Pobedy abgelöst. Dieser Name bedeutet übersetzt »50 Jahre Sieg«, was sich auf den Zweiten Weltkrieg bezieht, zu dessen 50. Jahrestag die 50 Let Pobedy fertig gebaut sein sollte. Dieses Ziel wurde allerdings um mehr als zehn Jahre verfehlt. Dennoch ist die 50 Let Pobedy ein faszinierendes Schiff, das sich mit einer Geschwindigkeit im Eis fortbewegt, die unübertroffen ist. Und anders als die Yamal hat die Pobedy nun auch eine Bar mit Fenstern.

Franz-Joseph-Land

Der für russisches Staatsgebiet verwunderliche Name dieser Inselgruppe ist auf seine Entdecker zurückzuführen: 1873 driftete der eingefrorene Schoner Tegetthoff im Rahmen der Österreichisch-Ungarischen Nordpolexpedition auf den Archipel zu, das schließlich von der Mannschaft unter → Julius Payer und Carl Weyprecht entdeckt wurde. Zu Ehren von Franz Joseph I., des damaligen Kaisers von Österreich-Ungarn, der die Expedition neben dem Grafen Wilczek finanzierte, wurde die Inselgruppe nach ihm benannt.

191 Inseln gehören zu Franz-Joseph-Land – zumindest sind derzeit 191 bekannt. Die Landflächen sind zu mehr als 80 Prozent vergletschert, und so gibt es an einigen Stellen Vermutungen, dass sich unter den riesigen Eiskuppen zwei Inseln verber-

gen anstatt nur einer. Der nördlichste Punkt, das Kap Fligely, liegt auf 81°51' nördlicher Breite und ist damit nur rund 900 Kilometer vom Nordpol entfernt – der nördlichste Landpunkt Eurasiens. Seine nördliche Lage machte die Inselgruppe zu einer beliebten Anlaufstelle für Expeditionen, die im 19. und zu Beginn des 20. Jahrhunderts versuchten, den Nordpol zu erreichen. Über die ganze Inselgruppe verstreut sind die Überreste alter Lagerstätten zu finden. Die berühmteste ist das Kap Norwegia auf der Jackson-Insel, wo 1894/95 → Fridtjof Nansen und → Hjalmar Johansen überwinterten.

1926 annektierte die Sowjetunion die Inselgruppe, wogegen Norwegen energisch, aber erfolglos protestierte. 1929 nahm eine erste Forschungsstation in der Tichaya Buchta, der Stillen Bucht, ihre Arbeit auf. Sie blieb bis 1959 aktiv, hinzu kamen einige weitere Stationen. Während des Zweiten Weltkriegs errichtete die Deutsche Wehrmacht die geheime Wetterstation Schatzgräber auf Alexandraland. Weil sie rohes Eisbärenfleisch gegessen hatten, infizierten sich jedoch elf der zwölf Soldaten mit Trichinen, und die Station wurde mitten im Krieg evakuiert.

Nach dem Krieg waren die Inseln jahrzehntelang Sperrgebiet, und erst seit den 1990er-Jahren kam es zu sanften Öffnungen und sehr geringer internationaler Forschungstätigkeit.

2005 reiste eine österreichisch-russische Ski-Expedition unter Leitung von Christoph Höbenreich auf den Spuren der Entdecker durch die Inselgruppe, 2007 durchquerten die am Nordpol gestarteten Abenteurer Thomas Ulrich und Børge Ousland die Inseln auf den Spuren → Fridtjof Nansens. Jedes Jahr besuchen einige wenige Expeditionskreuzfahrtschiffe den Archipel. Seine Landschaft ist geprägt von in die See kalbenden Gletschern und Tafelbergen. Die höchste Erhebung ist kaum höher als 600 Meter.

Trotz seines harschen Klimas lebt auf den Inseln eine ganze Reihe von Tieren, die sich perfekt an die Bedingungen angepasst haben: Es sind Walrosse, Robben, Polarfüchse, Eisbären und Seevögel wie Dickschnabellummen, Krabbentaucher, Dreizehen- oder Eismöwen zu beobachten. Die Vegetation ist beschränkt auf wenige Moose und Flechten, zu den schönsten Blumen zählt der Arktische Mohn. Die einsam und still daliegenden eisigen Inseln sind im Sommer meist in dichtem Nebel versteckt, im Winter sinken die Temperaturen bis unter minus 40 Grad. Das Wissen darum, dass bisher nur wenige Menschen diese Inseln betreten haben, und die Tragödien, die sich dort abgespielt haben, verleihen der Inselgruppe eine starke Ausstrahlung.

Hummocks
→ Presseisrücken

Johansen, Fredrik Hjalmar
Nach vielen Polfahrern, Kapitänen und Sponsoren von Expeditionen sind Inseln, Wasserstraßen und Kaps benannt. Hjalmar Johansen ist diese Ehre bislang nicht zuteilgeworden, trotz seiner großen Leistungen. Johansen ist eine überaus tragische Figur – der Biograph Ragnar Kvam hat den Titel für sein aufschlussreiches Buch über diesen herausragenden Mann zu Recht »Im Schatten« gewählt. Im Schatten anderer Polfahrer stand Johansen Zeit seines Lebens, im Schatten von Menschen, die ohne ihn ihre Triumphe sehr wahrscheinlich gar nicht hätten feiern können. In deren Schatten steht er immer noch, auch wenn sich Historiker heute bemühen, ihn etwas aus diesem herauszuholen. Am 15. Mai 1867 kam er in Skien zur Welt, wurde zu einem der besten norwegischen Turner und Skisportler seiner Zeit und kam durch hartnäckiges

Bewerben 1893 auf die Fram, als Teil der großen Drift-Expedition → Fridtjof Nansens. Nansen wählte ihn als seinen Begleiter aus, als er das Schiff verließ und versuchte, den Pol auf Skiern zu erreichen. Johansen und Nansen gelang es, sich nach dem gescheiterten Polversuch nach → Franz-Joseph-Land zu retten, wo sie nach einer Überwinterung in einer Hütte am Kap Norwegia von der britischen Jackson-Expedition gerettet wurden. Auf ihrem langen Weg durch das Eis trug Johansen maßgeblich zum Überleben der beiden bei, verrichtete einen Großteil der beschwerlichen Arbeit wie das Schlittenziehen und war außerdem auf der Jagd geschickter als Nansen.

Johansen kehrte in die Arktis zurück: 1907 als Teil der Polarexpedition des Fürsten von Monaco, 1907/1908 überwinterte er mit Theodor Lerner auf Spitzbergen, und schließlich fuhr er mit Roald Amundsen 1911/12 in die Antarktis. Hier kam es zur Tragödie, die schließlich zum Tod Johansens führen sollte: Auf seinen vorangegangenen Expeditionen hatte Johansen sehr viel Erfahrung gesammelt. Er riet Amundsen deshalb von dem frühen Start ab, den dieser wegen des Wettlaufs mit Scott plante. Amundsen ließ sich jedoch nicht beirren, musste dann aber wegen eines Sturms umkehren. Dabei ließ Amundsen seine Mannschaft zurück und kehrte, ohne sich um die anderen Männer zu kümmern, ins Basislager zurück. Johansen rettete dem Kameraden Kristian Prestrud das Leben, als er ihn bei Temperaturen von minus 50 Grad zurückbrachte. Nach einem folgenden heftigen Streit zwischen Johansen und Amundsen schloss Amundsen ihn von der Südpolexpedition aus.

Diesen Ausschluss und die Behandlung durch Amundsen im Anschluss – er durfte in Norwegen nicht gemeinsam mit von Bord gehen und wurde im Expeditionsbericht Amundsens nicht erwähnt – verwand Johansen nie. Er trank immer mehr, musste mehrmals Fridtjof Nansen um Geld bitten, der auch immer wieder einsprang, und erschoss sich 1913 in Oslo.

Lektor / Dozent
Viele Expeditionskreuzfahrtschiffe haben ein Expertenteam an Bord, das unterschiedliche Aufgaben wahrnimmt. Dass diese Experten auf Deutsch oft mit dem irreführenden Begriff Lektor bezeichnet werden, liegt an der zwar gängigen, aber schiefen Übersetzung aus dem Englischen. Besser entspräche in diesem Fall der deutsche Dozent dem englischen *lecturer*. Als Dozentin für die russischen Poseidon Arctic Voyages halte ich vor allem an Bord des Atomeisbrechers → 50 Let Pobedy Multimediavorträge über meine eigenen Ski-Abenteuer, über die spannende Entdeckungsgeschichte der Arktis, über die Geschichte → Franz-Joseph-Lands, über Leben und Leiden der Eisbären und über Klima und Wandel in der Arktis. Wenn wir nicht gerade Vorträge halten, stehen wir meistens auf der Brücke und suchen mit dem Fernglas nach Tieren – Walen, Robben, Eisbären, Vögeln –, was manchmal über Stunden ergebnislos bleibt, dann aber umso schöner ist. Dort stehen wir auch immer für Fragen aller Art zur Verfügung, erklä-ren anhand der Landkarten, wo wir uns befinden und wel-chen weiteren Verlauf die Reise nehmen wird. Während der Landgänge koordinieren wir über Funk die Hubschrauber-flüge, sorgen dafür, dass an Bord niemand vom Abwind des Hubschraubers über Bord gepustet oder an Land von einem Bären verletzt oder vom Nebel verschluckt wird. Wir versu-chen außerdem, die Menschen so für die Empfindlichkeit der Region zu sensibilisieren, in der sie sich bewegen, dass sie auf jeden ihrer Schritte achten, keine Bodennestgebiete der See-vögel betreten und möglichst wenig Spuren in der arktischen Erde hinterlassen, in der sich jeder Tritt auf Jahre konserviert.

Die Arbeit auf einem solchen Schiff ist hart und anstrengend und dauert nicht selten von morgens um acht bis Mitternacht, und am Abend schwirrt der Kopf von den vielen Sprachen, in denen man spricht und die man oft auch simultan übersetzt – egal, bei welchem Seegang. Es gibt kaum Pausen, man muss meistens sehr schnell, immer flexibel und selbst sehr gut organisiert sein, muss ein Mindestmaß an technischem Verständnis und Verantwortungsbewusstsein mitbringen und sich ab und an auch den nötigen Respekt verschaffen, wenn Passagiere potenzielle Gefahren nicht erkennen wollen. Man ist eingebunden in Teams aus Menschen, die ebenso für diese Region brennen, und findet unter Passagieren wie unter den Teamkollegen sehr besondere Freunde fürs Leben. Es ist, aus unzähligen Gründen und für eine begrenzte Zeit im Jahr: eine traumhafte Arbeit.

Nansen, Fridtjof

Fridtjof Nansen ist einer jener Menschen der Weltgeschichte, bei denen man staunt, was alles in einen einzigen Lebenslauf hineinpasst. 1861 geboren, wuchs er bereits mit sportlicher Begeisterung und Liebe zur Natur auf, studierte dann Zoologie und reiste 1882 erstmals mit dem Seehundfänger Viking in grönländische Gewässer. Er wurde Kustos am Zoologischen Museum in Bergen und Doktor der Zoologie.

1888 durchquerte er als Erster das grönländische Inlandeis auf Skiern von Osten nach Westen und überwinterte anschließend in Godthåb bei Inuit – wo er wertvolles Wissen für spätere Expeditionen sammelte. Mit seiner Grönland-Durchquerung bewies er, dass das Innere der Insel vollständig von Gletschern bedeckt ist, außerdem nahm er umfangreiche meteorologische Messungen vor.

Es folgte die Driftfahrt mit der Fram von 1893 bis 1896

(→ Johansen, Fredrik Hjalmar). Mit dieser Expedition bewies Nansen unter anderem die Existenz einer transpolaren →Drift von Sibirien in Richtung Grönland. Zudem entdeckte er durch erste Tiefenmessungen, dass es sich beim Arktischen Ozean um ein Tiefseebecken von mehr als 3500 Metern handelt.

Weitere Expeditionen in den Norden und Professuren für Zoologie und später für Ozeanographie folgten.

Nach seiner wissenschaftlichen Karriere strebte der inzwischen in ganz Norwegen bekannte Nansen eine politische Karriere an. 1906 bis 1908 fungierte er als Botschafter in London, als Diplomat widmete er sich vor allem nach dem Ausbruch des Ersten Weltkriegs der Verbesserung der Völkerverständigung. 1920 leitete er im Völkerbund die norwegische Delegation, internationalen Ruhm erlangte er endgültig durch sein Engagement für die Flüchtlinge und Kriegsgefangenen in ganz Europa: Als Hochkommissar des Völkerbunds für Flüchtlingsfragen initiierte er die nach ihm benannte »Nansen-Hilfe«, und ermöglichte somit mehr als einer halben Million Kriegsgefangenen aus 26 Nationen die Rückkehr in ihre Heimat. Als der Völkerbund die Unterstützung der Hungerhilfe für die sowjetische Bevölkerung verweigerte, machte sich Nansen seinen Namen zunutze und versorgte mehrere Millionen Menschen aus privaten Mitteln mit Nahrungsmitteln. 1922 schuf er den Nansen-Pass, der von 52 Staaten anerkannt wurde und hunderttausenden Flüchtlingen den Aufbau einer neuen Existenz ermöglichte.

Im gleichen Jahr ermöglichte er den Austausch von mehr als einer Million Griechen aus türkischen Gebieten mit etwa der gleichen Zahl Türken aus griechischen Gebieten.

Für seine Verdienste in der Flüchtlingshilfe wurde Nansen 1922 der Friedensnobelpreis verliehen. Er spendete das gesamte Preisgeld der Flüchtlingshilfe. Am 13. Mai 1930 starb

Nansen in Lysaker. Das kurz nach seinem Tod gegründete Nansenamt für Flüchtlinge wurde 1938 ebenfalls mit dem Friedensnobelpreis geehrt.

Nebelbogen

Der Nebelbogen ist eines jener faszinierenden Phänomene, die man auf dem sommerlichen Arktischen Ozean relativ oft beobachten kann – weil dort so oft neblig ist. Nebelbogen können aber überall auftreten, wo es neblig ist. Sie sind etwa doppelt so breit wie ein Regenbogen, haben einen Radius von bis zu 42 Grad und sind ganz weiß. Nebelbogen entstehen, wenn Sonne auf die sehr kleinen Wassertröpfchen im Nebel fällt und von diesen reflektiert wird. Weil die Tröpfchen so klein sind, brechen sie zum einen die Lichtstrahlen nicht in verschiedene Farben, sondern reflektieren das einfallende Licht weiß. Hinzu kommen Beugungseffekte: Weil die Tröpfchen kleiner sind als 50 Mikrometer, überlagern sich die reflektierten Lichtstrahlen so, dass der Bogen weiß erscheint. Je kleiner die Tröpfchen werden, umso schwächer wird auch der Nebelbogen.

Am besten sieht man einen Nebelbogen, wenn man eine Nebelwand vor sich hat und hinter sich keinen Nebel – denn sonst wird die Sonne zu sehr vom Nebel abgeschwächt.

Nordpol

Wenn vom Nordpol die Rede ist, so ist im Allgemeinen der geographische Nordpol gemeint, also der nördlichste Punkt der Erde auf 90 Grad nördlicher Breite. Der Nordpol liegt im Arktischen Ozean, der dort die größte Zeit des Jahres von einer meterdicken Eisschicht bedeckt ist. Weil sich das Eis mit einer Geschwindigkeit von bis zu 20 Kilometern innerhalb von 24 Stunden bewegt, kann der Nordpol nur schwer markiert werden. Eine russische Tiefsee-Expedition steckte im August 2007 deswegen eine russische Fahne auf den Meeresgrund – in 4087 Metern Tiefe.

Wegen der am arktischen Meeresgrund vermuteten Bodenschätze ist schon vor geraumer Zeit die Debatte zwischen den Anrainerstaaten entstanden, wer die Rechte an diesen Ressourcen innehaben wird, so das Eis denn einen Abbau erlauben würde. Russland vertritt hierbei die Ansicht, dass der Nordpol Teil des Lomonossow-Rückens sei, einem Gebirgszug im Ozean, der wiederum nach russischer Meinung eine Verlängerung des russischen Festlands und der damit zusammenhängenden Besitzansprüche ist.

Die Sonne geht am Nordpol nur einmal im Jahr auf und einmal im Jahr unter, vom 21. März bis zum 23. September dauert der Polartag (→ Polartag und Polarnacht).

Neben dem geographischen Nordpol, der in politischer Sicht noch wichtig werden wird, gibt es noch drei weitere Pole auf der Nordhalbkugel. Am ehesten geläufig ist vermutlich der arktische Magnetpol: Darunter versteht man den Punkt, an dem die magnetischen Feldlinien des Erdmagnetfelds nahezu senkrecht durch die Erdoberfläche verlaufen – im physikalischen Sinne ist es also ein magnetischer Südpol.

Anders als der geographische Pol ist der Magnetpol in Bewegung, seine Position wird mit einem Magnetometer bestimmt. In den vergangenen Jahren hat sich die Wanderung des Pols deutlich beschleunigt, mittlerweile bewegt er sich jährlich rund 50 Kilometer, das ist fünf Mal so schnell wie noch vor 30 Jahren. Entdeckt hat den arktischen Magnetpol der Engländer James Clark Ross 1831.

Um noch etwas Verwirrung zu stiften, gibt es auch noch einen arktischen geomagnetischen Pol: Dies ist ein theoretischer Punkt, dem die Annahme zugrunde liegt, dass sich im

Erdmittelpunkt ein Stabmagnet befindet. Auch dieser Pol ist nicht fix, sondern folgt einem ähnlichen Wanderungsmuster wie der arktische Magnetpol.

Der vierte und letzte Pol ist wiederum sehr einfach zu verstehen: Es ist der Pol der Unzugänglichkeit. Seine Position ist 84°3' N, 174°51' W, ungefähr 660 Kilometer vom geographischen Nordpol entfernt, und es ist schlicht der küstenfernste Punkt im Nordpolarmeer.

Payer, Julius

Julius Payer hat eines der spannendsten und schönsten Bücher über das Streben nach Norden verfasst, seinen Bericht über die Österreichisch-Ungarische Nordpolexpedition von 1872 bis 1874. Payer beschreibt darin das Eis in einer Weise, wie es vor und nach ihm kaum jemandem gelungen ist.

1841 in Schönau in Böhmen geboren, schlug er zwar eine militärische Laufbahn ein, bewegte sich aber schon in dieser Zeit viel in den Alpen und machte eine große Zahl an Erstbesteigungen. Seine bergsteigerischen Fähigkeiten gepaart mit dem Erkennen topographischer Zusammenhänge trugen ihm schon mit 27 Jahren den Ruf ein, ein versierter Erforscher des Hochgebirges zu sein – und dieser Forscherdrang brachte ihm die Einladung August Petermanns zur zweiten deutschen Nordpolarexpedition unter Carl Koldewey 1869/70 ein. Zwei Jahre später nahm er an einer ersten Expedition mit Carl Weyprecht in die Wasser zwischen Spitzbergen und Nowaja Semlja teil, und 1872 bis 1874 schließlich begab er sich auf seine bekannteste Expedition, die zur Entdeckung → Franz-Joseph-Lands führen sollte. Auf dieser Reise mit der Tegetthoff fungierte Payer als Kommandant zu Land. Als solcher unternahm er drei ausgedehnte Schlittenreisen über das Archipel und drang bis an den nördlichsten Punkt vor. Gemeinsam mit

Weyprecht gelang es ihm, alle Mitglieder der Expedition unversehrt wieder nach Hause zu bringen, obwohl die Tegetthoff im Eis verblieb und die Mannschaft sich nach zwei langen Polarnächten zu Fuß über das Eis nach Süden retten musste.

Nach den Expeditionen nahm Payer seinen Abschied aus dem Militärdienst und studierte Malerei in Wien, München und schließlich Paris. Von ihm stammt das berühmte Ölgemälde »Nie zurück«, das zeigt, wie Weyprecht während der Expedition 1874 seine Mannschaft beschwört, nicht in die trügerische Sicherheit des Schiffs zurückzukehren, wo nur der Tod warten würde.

Am 29. August 1915 starb er in Veldes, Slowenien, an einem Herzanfall. Er ist auf dem Wiener Zentralfriedhof begraben.

Presseisrücken / Pressure ridges / Hummocks

Wenn man über das arktische Meereis fliegt, erinnert es von oben manchmal an irisches Weideland, das durch Mauern voneinander getrennt ist: Ebene Eisflächen sind unterbrochen von den Presseisrücken, die das Eis in unregelmäßige Felder unterteilen. Presseisrücken sind das Ergebnis von Eispressungen; es sind übereinandergeschobene Eisschollen, die sich, in Stücke gebrochen, mehrere Meter hoch aufstapeln können. Teils trifft man auf übereinandergeworfene Schollenstücke, die mehr als zwei Meter dick sind. Um eine solche Eisfläche auseinanderreißen zu können, bedarf es enormer Kräfte. Presseisrücken machen das Polfahren interessant: Es ist anstrengend, diese rutschigen Hindernisse auf Skiern zu überqueren und die Schlitten über die kantigen Blöcke zu wuchten. Zudem ist der Zustand des Eises unvorhersehbar. Man weiß nie, wie einfach oder schwierig die nächsten Kilometer sein werden. Manchmal ist das Eis so aufgestapelt, dass man für wenige hundert Meter mehrere Stunden benötigt.

In der Nähe von alten Presseisrücken liegen die sichersten Zeltplätze, denn in ihrer Nähe ist das Eis am dicksten. Selbst Eisbrecher haben es manchmal schwer, alte Presseisrücken zu durchbrechen. Weil der deutsche Name so sperrig ist, werden oft die englischen Übersetzungen, pressure ridges oder hummocks, gebraucht.

Sastrugi
In den Alpen heißen sie Windgangeln, in Nordeuropa und in der Arktis spricht man von Sastrugi – ein Wort, das aus dem Russischen stammt und tiefe Rillen oder runde Vertiefungen im Schnee beschreibt. Sie entstehen dadurch, dass der Wind Schnee aus einer ebenen, harten, zusammengepressten Oberfläche ausfräst. In ihrem Aussehen erinnern sie manchmal an die Muster, die das Wasser an Sandstränden in den Untergrund malt. Die Rillen können eine beachtliche Tiefe bis fast einem halben Meter erreichen. Im → Whiteout machen die Sastrugi das Polfahren schwer, weil man die Kanten leicht übersieht und über sie stolpert. Abgesehen von dieser Erschwernis sind die Muster ein wundervolles Fotomotiv.

Pulka
Pulkas waren früher aus Holz und wurden von fast allen indigenen Völkern des Nordens gebaut, um Lasten zu transportieren. Heute sind Pulkas in der günstigen Form aus einfachem Plastik, in der teuren aus Fasern, die auch in der Raumfahrt verwendet werden, und damit Gefährte, die mehrere tausend Euro kosten. Eine gute Pulka muss möglichst leicht sein und trotzdem stabil genug, bei minus 40 Grad ständige Schläge auszuhalten, sei es beim Knallen gegen ->Sastrugis oder beim Stürzen von zwei Meter hohen Presseisrücken. Sie muss außerdem gut über alle Formen von Schnee laufen und leicht zu

verschließen sein. In bergigem Gelände verwendet man am besten ein Zuggestänge, um den Schlitten auch bergab handhaben zu können, auf dem Arktischen Ozean verwendet man Zugseile. In die macht man am besten mehrere Knoten – die man als Griffe verwenden kann, wenn man den Schlitten zu sich heranziehen muss, vor Rinnen zum Beispiel.

Wer von Kanada zum Pol startet, zieht etwa 150 Kilogramm in einer solchen Pulka hinter sich her, manchmal auch verteilt auf zwei Schlitten, die hintereinander gespannt werden. Thomas Ulrich und Børge Ousland verwendeten im Sommer 2007 Kajaks, mit denen sie, im bereits fast eisfreien Franz-Joseph-Land angelangt, von Insel zu Insel paddeln konnten.

Polartag und Polarnacht
Die Sonne geht nur einmal im Jahr auf und nur einmal unter – am Nord- und Südpol. Während des Polartags kreist die Sonne 24 Stunden lang um den Horizont, ohne je hinter ihm zu versinken. An den Polarkreisen dagegen gibt es genau einen Tag, an dem die Sonne nicht untergeht, und einen Tag, an dem sie nicht aufgeht. Die Ursache dafür ist die Neigung der Erdachse um 23 Grad. Durch sie sind die Pole jeweils ein halbes Jahr der Sonne zugewandt, und ein halbes Jahr liegen sie im Schatten.

Unassisted, unsupported, partial
Expeditionen in die Nordpolregion sind sehr schwierig zu vergleichen. Da die Drift unvorhersehbar positiv oder negativ sein kann, können unterschiedliche Expeditionen vollkommen andere Bedingungen vorfinden und Wegstrecken zurücklegen, die stark nach oben oder unten von der Luftlinie abweichen. Es gibt jedoch einige Parameter, um die verschiedenen Arten von Expeditionen zu unterscheiden. Dabei

hat sich ein Sprachgebrauch etabliert, der sich auf die Verwendung von Hilfsmitteln oder Unterstützungsflügen bezieht.

Assisted bedeutet die Verwendung von Segeln, Kites oder Schlittenhunden, unassisted den Verzicht auf solche Hilfsmittel. Expeditionen, die unassisted unterwegs sind, verwenden lediglich Skier und Schlitten. In der Nordpolregion ist es eher unüblich, Kites zu verwenden. Das Eis ist zu aufgeworfen, zu viele Hindernisse können gefährlich werden – und im übelsten Fall könnte einen der Kite direkt in eine zu spät entdeckte Wasserrinne ziehen. Børge Ousland und Thomas Ulrich trauten sich bei ihrer Expedition 2007 trotzdem. Wenn gute Verhältnisse herrschten, die sie ausnutzen wollten, segelten die beiden teils 20 Stunden am Stück.

Supported/Unsupported thematisiert die möglichen Unterstützungsflüge. Auf Polexpeditionen gibt es unterwegs keine einzige Möglichkeit, Material oder Nahrung zu ersetzen. Es können keine Landdepots eingerichtet werden, weil sich deren Position mit der Drift in unvorhersehbarer Weise verändern würde. Nur Wasser kann geschmolzen werden. Das bedeutet, dass alles, was man unterwegs braucht, mitgenommen werden muss. Vom Essen über eine eigene kleine Werkstatt und Ersatzmaterial bis zum überlebenswichtigen Benzin. Bei einer Nordpolexpedition summiert sich das Gepäck schnell auf 150 Kilogramm pro Schlitten, abhängig davon, wie groß das Team ist, in dem man die gemeinsam benutzten Gegenstände aufteilen kann. Manche Polfahrer teilen dieses Gewicht auf zwei Schlitten auf, die sich leichter über die Presseisrücken hieven lassen als einer. Kostspielige Unterstützungsflüge minimieren diese Anstrengung. Wer sich ein, zwei oder mehrere Male Material oder Essen abwerfen lässt, ist im Grunde immer mit einem relativ leichten Schlitten unterwegs.

Der Königsklasse der Polfahrten gehören deshalb diejenigen an, die unassisted-unsupported gemacht werden. Bei dieser Art der Expeditionen ist nicht nur die körperliche, sondern auch die psychologische Herausforderung am größten, weil man über die gesamte Dauer einzig auf sich gestellt ist. Der kleinste Fehler kann bei solchen Unternehmungen das Aus bedeuten.

Als volle Polfahrten zählen nur die, die am Land starten, in Sibirien meistens vom Arktischen Kap, in Kanada von Ward Hunt Island. Wer einen Last Degree hinter sich gebracht hat, darf nach dieser Einteilung von sich sagen, eine Teilexpedition zum Nordpol vollbracht zu haben. Alle kürzeren Touren zählen nicht.

Whiteout

Bei einem Whiteout verschwinden alle Konturen, Schatten, der Horizont und der Himmel werden eins – alles ist weiß, das Auge erkennt keine Erhebungen oder Mulden mehr, kann nicht einmal mehr abschätzen, ob es bergauf oder bergab blickt. Zu diesem Phänomen kommt es bei bedecktem Himmel über verschneiten Gebieten. Das von der Sonne eingestrahlte Licht wird wiederholt von der Wolkenunterseite und der weißen Schneeoberfläche diffus reflektiert, es wird sehr hell. In polaren Gebieten kommen Whiteouts relativ häufig vor, sie treten aber auch in den Bergen auf.

Whiteouts bergen mehrere Gefahren: Entfernungen und die eigene Geschwindigkeit können nicht mehr eingeschätzt werden, Gleichgewichts- und Orientierungssinn gehen verloren. Es entsteht das Gefühl, sich in völliger Leere zu bewegen. Bei manchen Menschen löst der Mangel an Orientierungspunkten, vor allem über einen längeren Zeitraum hinweg, großen psychischen Stress aus. In den Bergen sollte besonders im Absturzgelände besser das Ende des Whiteouts abgewartet werden, bevor man weitergeht. In Polarregionen ist eine ständige Überprüfung des Kurses notwendig, die einzelnen Mitglieder des Teams sollten außerdem so nah wie möglich zusammenbleiben.

Windchill

Unter Windchill versteht man, vereinfacht gesagt, den auskühlenden Effekt von Wind. Jeder kennt das unangenehme Gefühl, dass man bei kühlen Temperaturen schneller zu frösteln beginnt, wenn dazu noch Wind weht. Das hat einen einfachen Grund: Bei relativer Windstille bildet sich um den Körper eine Luftschicht, die wärmer ist als die Umgebung und isolierend wirkt. Wenn Wind weht, wird diese Schicht davongetragen und die Angleichung der Oberflächentemperatur des Körpers an die Umgebungstemperatur beschleunigt. Es gibt ganze wissenschaftliche Abhandlungen über die genauen Berechnungen und Definitionen des Windchill-Effekts.

Es ist sinnvoll, sich mit diesem Effekt auseinanderzusetzen, wenn man in kalten Regionen unterwegs ist. Einer Temperatur von -20 Grad entspricht in Kombination mit einem Wind von 50 Kilometern pro Stunde eine gefühlte Temperatur von -35,4 Grad, -30 Grad werden zu -49 Grad. Diese Werte sind ausschlaggebend für die Geschwindigkeit, in der es zu Erfrierungen kommen kann. Je mehr also der Wind zunimmt, umso wichtiger wird es, besonders die Gesichtshaut vor Erfrierungen zu schützen und sie immer bedeckt zu halten, denn vor allem im Gesicht merkt man es kaum, wenn die Haut erfriert.

Um möglichst ökonomisch mit der vorhandenen Körperwärme umzugehen, ist es wichtig, dem Windchill-Effekt so weit es geht entgegenzuwirken, einfach, indem man in Pausen, beim Zeltaufbauen oder Schlittenpacken immer mit dem

Rücken zum Wind steht oder arbeitet. Nicht nur Schmuck, sondern tatsächlich sehr wichtig sind Pelzkrägen an den Kapuzen: Meistens sind diese noch mit einem Draht verstärkt, so dass der Pelzkragen das Gesicht schützend einrahmt. So entsteht vor dem Gesicht relative Windstille und dadurch ein Mikroklima, das vor Erfrierungen schützt.

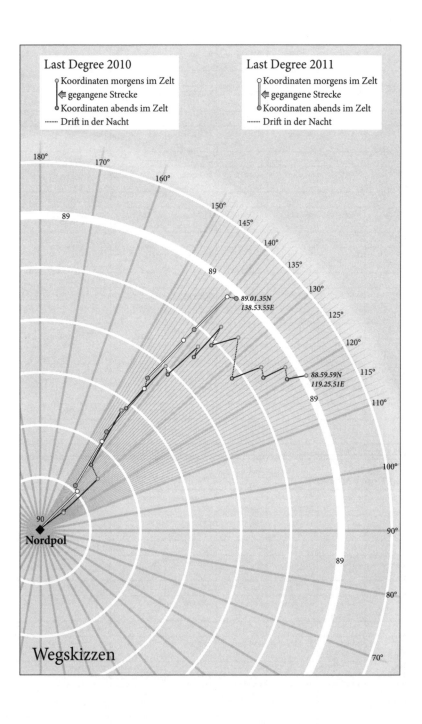

Last Degree April 2010

Etappe	Datum	Poldistanz Morgen	Poldistanz Abend	gegangene Strecke	Gegangene Zeit	Drift in der Nacht und Richtung	
1	4.4.10	111 km	105 km	6,4 km	3h		
						4,7 km SO	
2	5.4.10	107 km	97,4 km	10,1 km	8h		
						4,9 km SO	
3	6.4.10	100 km	88,8 km	12,2 km	8h		
						14 km SSO	
4	7.4.10	99,8 km	90,5 km	10,5 km	6h		
						7,9 km SSO	
5	8.4.10	98 km	82,7 km	15,2 km	10,5h		
						4,2 km SO	
6	9.4.10	87,3 km	72,4 km	14,6 km	9,5h		
						2,6 km SO	
7	10.4.10	73,2 km	52,5 km	20,9 km	10h		
						1,6 km NO	
8	11.4.10	51,2 km	29 km	22,4 km	11h		
						5,7 km NWW	
9	12.4.10	28,8 km	11 km	15,2 km	7,45h		
						3 km NWW	
10	12./13.4.10	11,5 km	0 km	11,4 km	4,45h		

13.4.10, 19 Uhr: Distanz zum Pol: 13 Kilometer. 14.4.10, 21 Uhr: Distanz zum Pol: 34 km, 89.41.65N 016.21.80E.

Last Degree April 2011

Etappe	Datum	Poldistanz Morgen	Poldistanz Abend	Gegangene Strecke	Gegangene Zeit	Drift in der Nacht und Richtung	
1	10.4.11	110 km	108 km	2 km	1,5h		
						3,2 km NO	
2	11.4.11	106 km	89,7 km	16,8 km	7h		
						4,35 km NO	
3	12.4.11	85,6 km	66 km	19,7 km			
						3,66 km NO	
4	13.4.11	62,4 km	42,7 km	19,8 km			
						3,5 km NW	
5	14.4.11	39,3 km	19,7 km	19,7 km			
						2,6 km NWW	
6	15.4.11	18,7 km	0 km	17,3 km			

16.4.2011 Abholung gegen Mittag und Flug nach Barneo

Koordinaten morgens im Zelt	Koordinaten abends im Zelt	Bedingungen
88.59.59N 119.25.51E	89.03.16N 120.23.25E	Gutes Eis, nicht kalt.
89.02.16N 122.44.09E	89.07.41N 123.08.15E	-15 Grad, leichter Wind, große Rinne, hohe Presseisrücken, gute Sicht.
89.06.03N 125.22.52E	89.12.16N 127.46.17E	-15 Grad, diffuses Licht, starker Wind, Neuschnee, am Abend Felle auf zwei Ski.
89.06.23N 133.04.20E	89.11.21N 136.04.39E	Sturm, schlechte Sicht, starten erst gegen Mittag, abends Felle auf restliche Ski.
89.07.22N 137.48.51E	89.15.32N 137.31.54E	Evakuierung um 13 Uhr, starker Wind aus Nordwest, Licht meist diffus, Entscheidung: weniger schlafen.
89.13.14N 138.21.25E	89.21.05N 139.32.58E	Sehr starke Drift, riesiges Presseisfeld, leichter Wind, Sinken der Temperatur auf -20 Grad, grandioser Lichtwechsel.
89.20.39N 141.28.28E	89.31.44N 143.13.20E	Sonnenschein, leichte Bewölkung, leichter Wind, -25 Grad, gutes Eis, einige Rinnen, nachts heftige Eispressungen, Wind dreht, Drift kehrt zeitversetzt langsam um.
89.32.28N 144.09.07E	89.44.26N 140.47.46E	-25 Grad, große Rinne, starker Wind, Drift wird schneller, Whiteout, dann Sonne, Schmerzen, am Ende riesiges Rinnensystem.
89.45.42N 130.06.15E	89.53.50N 125.39.28E	-25 Grad, starker Sturm, schlechte Sicht, viele Presseisrücken, Notcamp.
89.53.59N 110.03.08E	90N	-25 Grad, starker Sturm, schlechte Sicht, Kälte, 13. April 1.58 Uhr: am Ziel.
15.4.2010 Abholung nach Barneo um 11 Uhr.		

Koordinaten morgens im Zelt	Koordinaten abends im Zelt	Bedingungen
	89.01.35N 138.53.55E	-29 Grad, kaum Wind, Sonnenschein, kurzes Eingehen nach dem abendlichen Start.
89.02.54N 140.02.18E	89.11.47N 141.01.14E	-27 Grad, leichter Wind, Sonnenschein, kommen sehr gut voran für den ersten Tag.
89.14.01N 141.53.32E	89.24.34N 143.15.22E	-28 Grad, leichter Wind, Sonnenschein, einige Presseisrücken, gutes Eis.
89.26.29N 142.28.48E	89.37.03N 144.28.14E	-29 Grad, leichter Wind, Sonnenschein, Naomi fällt ins Wasser, Wind dreht, Drift ebenso.
89.39.50N 143.123.12E	89.49.23N 141.42.06E	-29 Grad, Whiteout, bald Wetterbesserung, leichter Wind, Drift deutlicher nach Westen.
89.49.57N 134.26.52E	90N	-25 Grad, leichter Wind, Sonnenschein, Camp am Pol.

Danke

Victor Boyarsky – spasibo bolschoi, molodez! You are – one of the best. Thomas Ulrich – vielen, vielen Dank für alles, Du wildester Kerl von allen, danke für all die Hilfe und dafür, dass wir so viel lachen miteinander. Hans Ambühl, Silvia Reinhard und Marianne Lutz – danke für die Unterstützung von zuhause. All helicopter and polar pilots on Barneo, Yamal and 50 Let Pobedy – spasibo bolschoi for flying so safely and cooking so good. Irina Orlowa and Alexander Orlow – spasibo bolschoi for your hospitality on Barneo. Galina Lebedewa and Nikolay Saveliev – spasibo bolschoi for good times and great cooperation. May we soon see the face of Arctic again! Katerina Petrova, Max Chernyshev, Sasha Talanow, Mikhael, Vadim, Don Alessandro, Victoria, Leonid Plenkin and Margerita – spasibo bolschoi for all your help, again and again. Sepp Friedhuber, Andreas Umbreit, Christoph Höbenreich, Tatiana Alexeeva, Georg Kleinschmidt, Heidi von Lesczcynski, Frank Berger, Harald Fuchs – danke, dass Ihr mir so viel erzählt und erklärt habt. Katharina und Marlene Lutz – danke für die schönen Bilder in meinem Tagebuch. Markus Merk – danke, dass wir es zusammen schaffen wollten, und geschafft haben! Hannes Boneberger – danke für die schöne Begleitung auf der Heimreise durch die Aschewolke. Elfriede Abel, Jürgen Wrogemann, Peter Crayen, Gert Saborowski und Sepp – danke für unsere erste gemeinsame Eisfahrt. In Erinnerung an den lieben Heinerich. Alexey Mironow – spasibo bolschoi, dafür, dass Du 2007 beschlossen hast, mich auf der Yamal mitzunehmen – denn damit hat alles erst angefangen.

Wolfgang und Petra Lutz, Vroni Freundl,
Michael Vitzthum, Sylke Gerhardt, Carmen Stephan,
Renate Schick, Stephan Loichinger, Sarah Leibl,
Georg Huber, Hauke Bendt, Martin Lange, Christiane und
Paul Suppé, Bengt Egil Rotmo, Thomas Ulrich, Jörg Reichle
und Wolfgang Krach, Larissa de la Fontaine,
Martina Kirchdörfer, Silvie Weinberger –
danke für Eure Ausdauer bei der Begleitung an einen
anderen Pol und vor allem wieder zurück.

Bildnachweis

Bildteil 1

S. 1   Jürgen Wrogemann
        Jürgen Wrogemann
S. 2–3 Birgit Lutz
S. 4–5 Birgit Lutz
S. 6   Birgit Lutz
        Birgit Lutz
S. 7   Birgit Lutz
        Jürgen Wrogemann
S. 8   Birgit Lutz
        Birgit Lutz
S. 9   Birgit Lutz
        Birgit Lutz
S. 10   Bengt Egil Rotmo
        Thomas Ulrich/visualimpact.ch
S. 11   Birgit Lutz
        Thomas Ulrich/visualimpact.ch
S. 12   Uli Wiesmeier/visualimpact.ch
        Thomas Ulrich/visualimpact.ch
S. 13   Thomas Ulrich/visualimpact.ch
        Thomas Ulrich/visualimpact.ch
S. 14   Birgit Lutz
        Dasha Shlykova
S. 15   Birgit Lutz
        Thomas Ulrich/visualimpact.ch
S. 16   Thomas Ulrich/visualimpact.ch
        Birgit Lutz

Bildteil 2

S. 1   Hanni Schmieder
        Birgit Lutz
S. 2   Birgit Lutz
        Birgit Lutz
S. 3   Ullstein Bild/histopics
        Birgit Lutz
S. 4   Birgit Lutz
        Birgit Lutz
S. 5   Birgit Lutz
        Birgit Lutz
S. 6–7 Birgit Lutz
S. 8   Birgit Lutz
        Thomas Ulrich/visualimpact.ch
S. 9   Thomas Ulrich/visualimpact.ch
        Thomas Ulrich/visualimpact.ch
S. 10   Thomas Ulrich/visualimpact.ch
        Birgit Lutz
S. 11   Markus Merk
        Markus Merk
S. 12   Thomas Ulrich/visualimpact.ch
        Thomas Ulrich/visualimpact.ch
S. 13   Thomas Ulrich/visualimpact.ch
        Thomas Ulrich/visualimpact.ch
S. 14   Birgit Lutz
        Markus Merk
S. 15   Thomas Ulrich/visualimpact.ch
        Birgit Lutz

S. 16   Thomas Ulrich/visualimpact.ch
        Birgit Lutz